教育部人文社会科学研究基金项目资助　项目批准号：09YJA820031

经济法专题研究书系

DAXUESHENG JIUYE CUJIN
FALÜ JIZHI YANJIU

# 大学生就业促进法律机制研究

杨德敏　著

知识产权出版社
全国百佳图书出版单位

**责任编辑：** 刘　睿　刘　江　　　　**责任校对：** 董志英
**文字编辑：** 刘　江　　　　**责任出版：** 卢运霞

**图书在版编目（CIP）数据**

大学生就业促进法律机制研究／杨德敏著．—北京：知识产权出版社，2013.11
ISBN 978－7－5130－2418－1

Ⅰ.①大…　Ⅱ.①杨…　Ⅲ.①大学生－劳动就业－劳动法－研究－中国　Ⅳ.①D922.504

中国版本图书馆CIP数据核字（2013）第266619号

**大学生就业促进法律机制研究**
杨德敏　著

出版发行：知识产权出版社有限责任公司
社　　址：北京市海淀区马甸南村1号　　邮　　编：100088
网　　址：http：//www.ipph.cn　　邮　　箱：bjb@cnipr.com
发行电话：010－82000860转8101/8102　　传　　真：010－82005070/82000893
责编电话：010－82000860转8113　　责编邮箱：liujiang@cnipr.com
印　　刷：北京富生印刷厂　　经　　销：新华书店及相关销售网点
开　　本：880mm×1230mm　1/32　　印　　张：10
版　　次：2013年11月第1版　　印　　次：2013年11月第1次印刷
字　　数：239千字　　定　　价：32.00元
**ISBN 978－7－5130－2418－1**

# 内容摘要

大学生就业促进，是指为实现国家充分就业的目标，保障大学毕业生实现劳动就业权，促进经济社会发展，通过运用经济、法律和行政手段调控社会就业，所采取的创造就业条件、促使大学毕业生实现就业的一系列措施的总称。大学生就业促进机制，是指国家为了促进大学毕业生就业和社会和谐发展，以市场供求为导向，政府、用人单位、高校、就业服务机构、毕业生各自应当承担的就业促进责任，包括相互之间所形成的政策法律机制。大学生自身在就业经历、实践经验、择业手段、自我权益保护等方面存在不足，用人单位存在“资历歧视”，高校人才培养质量与社会经济发展对人才的需求不尽一致，劳动力中介市场侵害大学就业权益的现象较为严重，政府在大学生就业方面的措施执行不力，等等。这些原因导致大学生处于就业弱势地位，形成就业难局面，这无疑将给国家、社会、家庭带来巨大损失，因为大学生是人力资源中的优质资源，是人才强国战略中的重要力量。可见，建立大学生就业促进机制极其必要，只有这样，才能规范在大学生就业促进过程中的相关主体的责权义关系，为大学生顺利就业提供强有力的制度保障。

政策和法律都是促进大学生就业的重要手段，大学生就业政策法制化是大学生就业促进的根本路径，大学生就业政策需要定型化、条文化、规范化，构建一个长期稳定的法律制度以及营造健全的、长远性的法制环境，这是解决大学生就业难问题的根本举措。大学生就业促进法律机制有利于引导、规范政府出台大学生就业促进政策和采取就业促进具体措施，规范高校理论和实践教学等人才培养各个环节，指引用人单位合法招用大学毕业生和保护大学毕业生的合法权益，惩治劳动力市场中侵害大学生权益的不法行为。构建大学生就业促进法律机制是世界各国的共同经验和必然趋势，我国宪法、劳动法、就业促进法、高等教育法等法律法规以及现行的大学生就业促进实践经验，为我国构建大学生就业促进法律机制提供了法理、法律和实践依据，使我国大学生就业促进法律机制的构建具有必要性和可行性。

本书立足大学生就业促进主体的角度，基于对大学生就业促进法律机制基本理论和制度现状的分析，考察并总结国外大学生就业促进立法经验的基础上，结合我国政策、法律和实践的实际，就完善政府、高校、用人单位等大学生就业促进法律机制进行全面、系统、深入研究，以期实现大学生就业促进制度化、法制化、长效化，促进和谐就业、保障公民的生存和发展权，推动经济社会可持续发展，促进高等教育发展，实现人才强国战略。

第一章，界定大学生就业促进的内涵，剖析大学生就业的影响因素和大学生就业促进的理论基础，并分析我国大学生就业促进政策的发展历程，为构建我国大学生就业促进法律机制奠定坚实的理论基础。就业促进是治理失业、实现充分就业的关键环节，大学毕业生没有实际工作经历，在劳动力市场竞争中处于弱势地位，离不开政府及相关部门的支持和帮助。大学生就业促进，是政府、高校、就业服务机构、用人单位等相关部门履行调控、协调和服务的职能，采用经济、行政、法律等手段，为大学毕业生创造就业条件，帮助他们实现就业。我国大学毕业生就业状况主要表现为就业率低、有业难就、无业可就、就业被歧视严重等，存在就业信息不畅通、就业能力不足、政策实施力度不足、就业权益保障不足等问题。这主要是由于政府就业调控不力、高等教育与现实需求不匹配、劳动力市场监管不力、用人单位用人机制偏离、大学毕业生就业观和权利保护意识缺失等所致。可见，大学生就业促进涉及方方面面，是一个系统工程，其中政府起主导作用。我国在计划经济和市场经济阶段，采取了不同的大学生就业促进政策：是由“统包统分”转变为“市场引导、政府促进、自主择业”。市场失灵理论、权利保障理论、人才强国理论、政府责任理论是大学生就业促进的理论基础。

第二章，对我国现行大学生就业促进政策及法律制度进行梳理，分析现行制度的不足，指出构建大学生就业促进法律机制的必要性和可行性。我国颁布了一系列有关大学生就业促进的政策及法律法规，从政策内容来说，我国大学生就业促进政策主要包括服务型政策、激励型政策、引导型政策、保障型政策等。大学生就业促进法律主要包括《宪法》《劳动法》《就业促进法》《劳动合同法》《中小企业促进法》《高等教育法》《民办教育促进法》等，大学生就业促进相关法规和规章主要有《残疾人就业条例》《就业服务与就业管理规定》《普通高等学校毕业生就业工作暂行规定》《事业单位公开招聘人员暂行规定》等。应当说，我国已初步形成大学生就业促进政策法律体系，对促进大学生就业发挥了重要作用，但现行政策法律制度存在措施多样化且实施机制不力、政策文件多法律规定少、立法滞后且内容过于原则、相关法律保障机制不足、就业促进法律责任机制尚未形成等缺陷。政策和法律都是大学生就业促进的重要手段，法制是就业促进最根本、最重要的手段，大学生就业促进法律机制的构建，既是世界各国共同趋势，又是我国促进大学生就业的必然要求。

第三章，考察分析发达国家和发展中国家大学生就业促进立法经验，为构建我国大学生就业促进法律机制提供国际视野，使制度的构建更具有可实施性。英、美、日、德、法等发达国家大学生就业促进立法，充分发挥劳动力市场在配置人力资源过程中的基础性作用，形成政府大力支持、用人单位有效配合、高校措施有力、社会积极响应、大学生自觉提高就业能力等成功经验。印度、巴西、泰国等发展中国家大学生就业促进立法，形成在加快经济发展中创造更多就业岗位、大力发展职业培训、鼓励灵活就业、完善相关制度，政府积极引导和支持等成功经验。国外大学生就业促进立法经验主要表现为：构建大学生就业促进法律体系、明确大学生就业促进责任主体、政府主导、高校就业促进机制规范化、强化对劳动力市场监管、形成用人单位就业促进激励机制、保障毕业生就业权益等，这些成功的立法经验为我国大学生就业促进立法提供了有益借鉴。

第四章，对政府就业促进责任、就业宏观调控政策制定、法规制定等方面构建大学生就业促进法律机制进行专题研究。构建大学生就业促进法律机制，应当坚持政府主导的原则。首先，明确政府在促进大学生就业中的责任制度，包括明确执法责任、强化监督责任、明确责任承担方式等；其次，形成就业宏观调控法律机制，将大学毕业生就业工作内容、措施、程序纳入法制化视野，包括完善扩大就业的经济政策、完善自主创业政策、完善大学生灵活就业制度、完善失业保险制度及其他就业保障制度等；再次，建立大学生就业促进监管法律机制，包括人才培养质量监督法律机制、完善劳动力市场监管法律机制等方面；第四，建立大学生就业促进法律法规体系，包括制定《大学生就业促进条例》、完善《就业促进法》《高等教育法》及相关立法与配套制度等；最后，采取切实措施保障大学生就业权益，明确大学毕业生在招聘、就业及失业等不同阶段都应当具有相应的就业权利，并明确保障大学毕业生就业权利实现的具体配套措施。

第五章，对教学内容、就业指导方法、校企合作等方面构建高校大学生就业促进法律机制进行专题研究。高校在大学生就业促进机制中处于重要地位，高校人才培养质量直接影响到毕业生能否顺利实现就业，高校教学内容、就业指导方法等方面法制化，是大学生就业促进法律机制构建的重要组成部分。应当在以人为本、高校主导、提升就业能力、社会责任本位的原则指导下，明确教学内容制定、实施和监督主体，建立教学内容和专业设置规范化制度；按照关联性、实效性、长效性原则，建立课堂实践教学、校园实践教学、基地实践教学、社会实践教学等多样化的实践教学机制，建立实习实训、考评方式规范化制度；强化高校就业指导职能，鼓励高校充分利用企业资源、行业资源、校友资源等开展形式多样的就业指导活动，将高校就业指导机构和职能、就业指导专业师资、就业指导内容、就业指导方法等纳入法制化视野；建立校企合作制度，推动高等教育与社会实践相结合，对校企合作范围、方式、运行制度、考评指导、监督制度等方面建立法制化制度，明确合作各方的权利、义务及法律责任，以确保高校人才培养质量，从而促进大学毕业生就业。就大学生个人而言，应当在就业观念转变、就业能力提升、就业权益保护等方面提高意识和相应技能，并建立相应的责任制度。

第六章，从择人机制、解雇制度、反就业歧视、企业社会责任等角度构建用人单位促进大学生就业法律机制，从就业培训、就业服务、就业信息系统建立等角度构建就业服务机构促进大学生就业法律机制进行专题研究。根据按需设岗，因事用人原则，建立职位分类与用人标准法律制度，建立公务员招聘、事业单位招聘、企业招聘法制化制度。规范用人单位单方解雇制度，制定“严重违反”“严重损失”等标准并完善相关配套制度，规范用人单位的过失性和预告性解雇行为，以维护大学毕业生就业的稳定性。对就业歧视标准、就业歧视类型、反就业歧视机构、法律责任承担方式等方面在立法上予以明确规定，以建立公平、公正、平等的就业制度，保障大学毕业生顺利实现就业。构建企业吸纳就业社会责任机制，并将其纳入法制化视野，通过制定和修改相关法律法规，将企业吸纳大学毕业生就业规定为企业应当履行的社会责任，并规定企业接受一定数量的大学毕业生就业应当享有的政策优惠权利，促使企业积极履行促进大学生就业的责任。就业培训、就业服务是大学生就业能力提升的重要途径，就业信息系统建立是大学生就业促进机制必要组成部分，尽管是政府、高校、中介机构等单位和组织的共同责任，然而作为专门的就业服务机构，应当建立规范化的法律制度，并由相关部门共同建立规范化的就业联动机制，以促进大学毕业生顺利实现就业。

# 目　录

# 第一章　大学生就业促进基本理论问题研究

根据我国《就业促进法》的规定，就业促进是指国家为了保障公民实现充分就业，通过发展经济和调整产业结构、规范人力资源市场、采取财税金融激励政策、完善就业服务、提供职业教育和培训、提供就业援助等措施，创造就业条件，增加就业岗位，扩大就业机会的各种措施的总称。大学生是接受过高等教育的毕业生，相对于其他人群来说，自身素质较高，但由于受到经济发展、教育体制等因素制约，他们成为就业难的主要人群，大学生就业促进制度是我国就业促进制度的重要组成部分。

## 第一节　大学生就业促进的界定

大学生就业促进法律机制的构建，与整个就业促进法律机制的构建既有共性，又有个性，因为此类人群的年龄、素质等方面与其他人群相比较而言，都具有自身特点，这些都决定了应当对其采取不同的就业促进措施。在具体制度设计之前，有必要对相关概念进行界定。

### 一、大学生就业

#### （一）就业

要对大学生就业的含义进行阐释和界定，必须首先对就业的含义进行分析和界定。劳动力是人在劳动中所运用的能力，并非人的一切能力都是劳动力，人在其他活动中所体现的能力则不是劳动力。即人是劳动力的承担者，但不是任何人都是劳动力的承担者，只有达到一定的年龄，达到健康条件，享有劳动权利能力和劳动行为能力，能够参加社会劳动力的人才是劳动力的承担者，世界上大多数国家法律规定年龄在16周岁以上的人视为劳动年龄人口。

就业含义从不同的角度有不同的表述：（1）从劳动者群体的角度，就业是指总人口中在正式工作组织里从事并且一直从事社会所必不可少的活动的那部分人口。强调就业人口与寻找职业的人口在劳动人口中所占的比例。（2）从就业年龄及经济收入角度，就业是指达到劳动年龄，具有劳动能力的人，所从事的有报酬或收入的活动。根据2003年5月劳动和社会保障部规定，"就业人员"是指男性在16~60岁、女性在16~55岁的法定劳动年龄内，从事一定的社会经济活动，并取得合法劳动报酬或经营收入的人员。其中劳动报酬达到当地最低工资标准的，为充分就业；低于当地最低工资标准、高于城市居民最低生活保障标准，本人愿意从事更多工作的，为不充分就业。"失业人员"是指在法定劳动年龄内，有工作能力，无业且要求就业而未能就业的人员。（3）从就业的合法性角度，就业是指在一定的劳动合同关系条件下，所从事的有报酬的活动。法学角度的就业，要求人们有意识并有一定目的地提供劳动力，必须履行法律上的义务，且从事的职业性的有偿劳动。（4）从劳动者与生产资料相结合的角度，就业是指劳动者运用生产资料从事合法社会劳动，创造社会价值，并获得相应的劳动报酬或经营收入，以满足自己及家庭成员的生活需要的经济活动。该观点指出，就业实际上是劳动者与生产资料的结合，如果两者比例协调，公民就能够比较顺利地实现就业。失业实际上是劳动力与生产资料相分离的一种状态。

上述定义从不同的角度，一定程度上揭示了就业的含义。笔者认为，在对就业含义进行界定时，应更注重对它是一种状态及其可操作性的描述，我国理论界对就业进行定义时，缺乏对其可操作性特征的表达。❶ 就业的含义强调可雇佣的劳动者人数是由“在有组织的市场活动中从事有收益职业的人们所组成的”。❷ 1982年，国际劳工统计大会作出《关于经济活动人口、就业、失业及不充分就业统计的决议》，对就业含义进行阐释：就业是指在一定年龄阶段内人们所从事的为获取报酬或利润进行的活动。该决议对就业概念的界定侧重对就业不同状况的描述，具有较强的指导性和可操作性，有利于建立市场导向的就业机制，促使劳动力市场机制的建立得到世界大多数国家的认同。劳动和社会保障部对就业的界定吸收了这一标准，具有可操作性，但它相对于决议来说，更侧重于经济收入、生活保障的角度的限制，导致就业人员认定范围更窄。

综上所述，就业的含义可以表述为：达到法定年龄，具有劳动能力并愿意从事劳动的人，从事能够获得相应劳动报酬或经营收入的合法的社会经济活动。就业的含义不完全等同于劳动就业，学者通常是从劳动法的角度对劳动就业的含义进行界定，即劳动就业是指具有劳动权利能力和劳动行为能力并有劳动意愿的公民获得报酬的活动。广义的劳动就业包括建立劳动关系的劳动者，也包括没有建立劳动关系的其他就业人员；狭义的劳动就业

❶ 杨德敏：《就业援助法律机制研究》，中国法制出版社2012年版，第3页。

❷ 道格拉斯·格林沃尔德主编，李滔等译：《经济学百科全书》，中国社会科学出版社1992年版，第233页。转引自陈晓云：《就业行为管理》，上海人民出版社2007年版，第4~5页。

一般仅指已建立劳动关系中的就业人员。应当说，以形成劳动关系为目的的劳动就业只是就业的一种主要情形，除此之外，就业还应包括雇主和个体经营者等自主就业的情形，本书所指的劳动就业属于广义上的。就业人员实现就业的方式主要有：（1）全日制就业，即就业人员接受用人单位管理，在用人单位从事全日制劳动，属于比较典型意义上的就业，❶ 也有学者称之为正规就业或典型就业，国外学者称之为体面就业；（2）非全日制就业，又称灵活就业，即就业人员从事非全日制劳动，包括各种短期临时性就业、非全日制就业等形式，也有学者称之为非正规就业或非典型就业，这种用工形式已逐渐成为我国劳动就业的主流形式；（3）个体经营劳动，即就业人员从事个体工商户经营活动、农民承包生产经营活动；❷（4）自主创业，即就业人员自行创业、自我雇佣，成为雇主的就业形式。

（二）大学生就业

大学生就业，可以界定为，达到法定年龄，具有劳动能力并愿意从事劳动的大学毕业生，从事能够获得相应劳动报酬或经营收入的合法的社会经济活动。可见，大学生就业的内涵应包括五个层面的含义，或者说，实现大学生就业应具备五个方面的条件。

1. 达到法定就业年龄

各国均规定本国的法定劳动年龄，没达到法定劳动年龄的，

❶ 中国许多承担社会公益性服务的事业单位，往往存在发展滞后、服务不到位、效率低下、依赖政府拨款和吸纳就业少等问题。转引自孔泾源主编：《中国劳动力市场发展与政策研究》，中国计划出版社2006年版，第20页。

❷ 陈训敬主编：《社会法学》，厦门大学出版社2009年版，第94页。

不属于就业人员范畴。由于劳动权利能力和劳动行为能力是不能分割的，因此，公民只有达到法定最低就业年龄方能同时拥有这两种能力。国际劳工组织1973年《准予就业最低年龄公约》第2条规定，准予就业的最低年龄应不低于完成义务教育的年龄，并在任何情况下不低于15岁；但在经济和教育设施不够发达的成员国，可初步规定最低年龄为14岁。而我国《劳动法》规定，公民的最低就业年龄为16岁。

2. 具有劳动能力

劳动者的身体状况是判断劳动者是否具备履行劳动义务的基本因素，如果因身体状况致使劳动者不具备劳动能力，则公民的就业资格将受到影响。公民在法定的就业年龄范围内，身体健康，通常具有劳动能力，丧失劳动能力的人员不属于就业人员范畴。

3. 主观上有就业意愿

就业是公民出于自愿，我国《就业服务与就业管理规定》（劳动保障部2007年10月30日颁布）第6条规定："劳动者依法享有自主择业的权利。劳动者年满16周岁，有劳动能力且有就业愿望的，可凭本人身份证件，通过公共就业服务机构、职业中介机构介绍或直接联系用人单位等渠道求职。"就业具有双向选择、市场调节、意思自治等特性，劳动既是公民的权利，也是公民的义务，目前允许自愿失业群体存在。[1] 这些理论及立法规定均表明，国家应当尊重公民本人的就业意愿。

4. 属于合法的社会经济活动

就业是指职业性劳动，要求劳动的内容要具有合法性，非法

[1] 林嘉主编：《劳动与社会保障法》，中国人民大学出版社2011年版，第65页。

的社会经济活动不属于就业范畴，如加工毒品、色情服务、从事传销活动等，这种“就业”缺乏合法依据。

5. 有报酬的社会经济活动

就业实际上是从事某种职业，体现为劳动力的使用。劳动力的使用是市场交换的过程，就业人员从事的这种活动应当获得报酬或经营收入，这也是就业的目的，且报酬或经营收入低于某一标准时，则不属于充分就业人员范畴。

根据国际劳工组织规定的通用就业标准，凡是在规定年龄以上，具有下列情况的都可以作为就业人员：（1）正在工作中的人；（2）有职业但是临时没有工作的人；（3）雇主和个体经营者，或正在家庭经营企业或农场劳动或经营其他手工业、商业等不领取报酬的家庭成员，在规定的时期内，从事其工作的时间为正常工作时间的1/3以上者。在我国，凡年满16周岁以上的公民，从事有劳动报酬或经营收入的职业，都属于就业。

根据现行政策法律规定，大学生就业形式一般包括：（1）大学生毕业生与用人单位签订国家认可的三方就业协议书；（2）出国，包括出国工作或读书；（3）毕业后直接攻读国内的研究生；（4）定向或委培毕业生回原单位工作；（5）灵活就业；（6）其他国家政策认可的就业方式，如师范类专业毕业生回生源地区，由地方毕业生就业主管部门安排就业的，以及应征入伍、户口档案回原籍等。

## 二、大学生就业促进

促进就业是治理失业、实现充分就业的关键。国际劳工组织及世界各国都把促进就业放在经济社会发展中的突出位置，促进就业是提高人们生活水平和生活质量的重要前提和基本途径，这一点已成为国际共识。政府促进就业的目标人群将不再局限于城镇人口，政府促进就业要着力推动经济增长方式转变、帮助就业弱势群体就业和再就业、培育市场就业环境等。

促进就业，是指为实现国家充分就业的目标，保障公民实现劳动就业权，促进经济社会发展，通过运用经济、法律和行政手段调控社会就业所采取的创造就业条件、促使公民实现就业的一系列措施的总称。包括以下五个层面含义：（1）主体是政府，包括中央人民政府和地方各级人民政府。促进就业、实现充分就业是国家的基本职责，是市场经济的客观要求。（2）具体措施包括发展经济、调整产业结构、完善就业服务、加强职业教育和培训、提供就业援助等。（3）前提是尊重并充分发挥市场机制对人力资源的配置效应，在市场机制无力发挥作用的领域，政府则运用经济、法律和行政手段调控社会就业。（4）其性质属于政府宏观调控范畴。（5）其目标是实现充分就业。政府促进就业的目的是通过促进经济和社会发展，创造就业条件，扩大就业机会，实现经济增长与扩大就业协调发展，最终实现充分就业目标。

大学生就业促进，是指为实现国家充分就业的目标，保障大学毕业生实现劳动就业权，促进经济社会发展，通过运用经济、法律和行政手段调控社会就业，所采取的创造就业条件、促使大学毕业生实现就业的一系列措施的总称。大学生就业促进机制，是指国家为了促进大学毕业生就业和社会和谐发展，以市场供求为导向，政府、用人单位、高校、就业服务机构、毕业生相互之间所形成的政策法律机制。从所采取就业促进措施的角度看，包括财税金融等政策促进机制、信息反馈机制、劳动力市场机制、公共就业服务机制、培训援助机制等；从就业促进主体角度看，该机制包括政府、高校、用人单位、就业服务机构等大学生就业促进机制，其内涵为：（1）责任主体包括政府及其所属部门、用人单位、高校、就业服务机构等；（2）目的是促进大学毕业生就业，保障大学毕业生就业权，促进经济社会和谐发展；（3）基本原则是以市场供求为导向，毕业生自主择业，政府促进就业；（4）措施包括财税金融等政策促进机制、信息反馈机制、劳动力市场机制、公共就业服务机制、培训援助机制等；（5）性质是政府、高校、就业服务机构、用人单位等相关部门履行调控、协调和服务的职能。

## 第二节　我国大学生就业现状及其影响因素分析

### 一、我国大学生就业现状

#### （一）就业率低

2010 年全国毕业生 575 万人，2011 年达 608 万，2012 年达 624 万，2013 年则达到 699 万人，为历年最多。❶ 与此同时，2013 年全国计划招聘岗位数下降近 15%。从 2013 年就业工作会议统计数据来看，截至 2013 年 5 月上旬，“上海、广东、江西高校毕业生总体签约率为 44.4%、50%、53%，相比 2012 年下降 2% ~7%，北京高校截至 4 月底的大学生就业率仅为 30%，比上年下降达到 10%，另外江西、武汉等高校的签约率同期也仅为 5 成左右”。❷

综上数据可知，我国大学毕业生人数逐年增加，但就业率偏

❶ 毕西娟：“当前大学生就业形势分析”，载《河南科技》2013 年第 8 期。

❷ 徐静：“我国大学生就业难的制度因素及治理对策分析”，载《中国青年研究》2013 年第 9 期。

低，大学生就业形势较为严峻。

（二）有业难就

高校专业设置与市场需求之间的结构性矛盾，导致大量毕业生处于有业难就的困境。在专业设置上，高校盲目跟风，过分崇拜热门专业，肆意扩大就业率较低的专业规模，学校专业设置的整体结构不能与就业市场的需求相对接，这一结构性矛盾的受害者是大学毕业生。2011 年就业蓝皮书显示，最热门专业是地质工程、工程装备与控制工程、审计学、水文与水资源工程、港口船道与海岸工程、石油工程、船舶与海洋工程、采矿工程、矿物加工工程，而前几年极为热门的法学、计算机科学与技术、生物工程等专业则逐渐被就业市场所“冷落”，毕业生就业率逐渐走低。但很多高校基于前几年对法学、计算机、生物工程等专业的“追捧”，盲目跟风，纷纷设置上述专业或者扩大上述专业的招生规模，导致学科专业“泡沫”逐渐形成，使得部分上述专业毕业生无法及时找到工作，遭遇就业难的困境。此外，用人单位需求的不平衡、各地区之间需求的不平衡等问题加剧了就业结构的失衡，使就业供需矛盾日益严重，❶ 进一步扩展了有业难就的局面。

（三）就业歧视严重

大学生就业除了就业率低和有业难就外，还存在不同程度的就业歧视。当前我国大学生就业过程中出现的就业歧视主要分为：性别歧视、学历歧视、地域歧视（也称做“户籍歧视”）以及资历歧视。性别歧视是所有歧视中极为常见的一种歧视。大学生签约率中，男生比女生高 8%；而且有约 80% 的女大学生遇到

❶ 王宁：《当前形势下我国高校毕业生就业问题研究》，南京师范大学 2012 年硕士学位论文，第 11 页。

过性别歧视，其中34.3%的女大学生在择业时有过多次被拒绝的经历。[1] 学历歧视主要表现为企业对于职业院校的专科学生存在偏见，使得具有职业技能的专科学生就业形势异常严峻，学历越高，就业率越高，而且对于高学历的盲目崇拜更加剧了就业学历歧视的问题。地域歧视源于户籍歧视，我国“城乡二元户籍制度使人口缺乏流动性，即使流动，也具有很强的单向性（从大中城市流向小城市或乡镇容易，反之却很难）”。[2] 户籍歧视的存在使得异地求职的大学生遭受就业上的不公平待遇；而来自农村的大学毕业生，要想在城市找到一份工作也比较艰难，即使是找到工作，高昂的城市房租费用也使得大学毕业生生活艰难。所谓的“资历歧视”，就是目前职业招聘中常常存在的“工作经验”要求，对于工作经验缺乏的大学毕业生，许多用人单位都存在不同程度的歧视：有的用人单位直接拒绝录用工作经验缺乏的大学毕业生，而有的用人单位则设置了重重障碍限制录用缺乏经验的大学毕业生，即使大学毕业生被录用，其工资待遇也存在一定的不公平问题。

## 二、我国大学生就业存在的问题

### （一）就业信息不畅通

从近几年的大学生就业形势来看，就业几近饱和的一线城市仍然是很多毕业生的首选就业地点，即使在一线城市很难找到工作，许多大学毕业生也宁愿“漂”在一线城市而不愿意去二、

---

[1] 韩爱萍：《当前我国大学生就业问题与对策研究》，山西财经大学2012年硕士学位论文，第10页。

[2] 狄成杰、朱明：“我国大学生就业难的成因及对策建议”，载《经济纵横》2006年第11期。

三线城市寻找就业机会。与一线城市形成鲜明差别的是：许多二、三线城市，尤其是新兴二、三线城市人才资源短缺的状况已成为阻碍城市发展的瓶颈之一。❶就业信息对人才流动至关重要，城市人才资源短缺由多种因素所致，就业信息不畅通是其重要原因之一。所谓“就业信息不畅通”，是指许多大学毕业生只知道所在城市的就业信息，对其他城市尤其是二、三线城市的就业信息几乎一无所知。一方面高校大多数布局在一线城市，另一方面绝大部分高校毕业生思维也停留在一线城市，对二、三线城市的就业机会存在误读。这就在客观上和主观上共同导致大学生就业信息的不畅通问题。此外，各个地方的就业信息平台存在割裂，地区和地区之间的就业信息各自独立，中央和地方之间的就业信息也存在沟通不畅的问题，并未形成全国性的就业信息共享平台，这就进一步加剧了高校毕业生就业信息不畅通的问题。要解决就业信息不畅通的问题，首先需要建立全国性的就业信息共享平台，促进各地区之间就业信息的互通互动；其次，二、三线城市也应当积极主动地宣传本地的就业信息，并积极主动地与在外求学的优秀大学毕业生取得联系，鼓励离乡在外求学的“游子”回乡就业。最后，大学毕业生也应该积极主动地去二、三线城市了解就业信息，转变对二、三线城市的看法，而不是被动式地等待各种就业机会，一直“漂”在一线城市无法就业。

（二）灵活就业形式少

灵活就业是指在劳动时间、收入报酬、工作场所、保险福利、劳动关系等方面不同于建立在工业化和现代工厂制度基础上

❶ “专家称大学生因就业信息沟通不畅不去二三线城市”，载《中国青年报》2011 年 3 月 31 日，http://www.chinanews.com/edu/2011/03-31/2943444.shtml，2013 年 9 月 23 日访问。

的传统主流就业方式的各种就业形式的总称。目前，灵活就业的形式主要为非全日制就业、兼职就业、自谋就业、临时就业等。❶ 灵活就业也称非典型就业，在灵活就业方面，英国高校毕业生灵活就业的形式主要包括零售业、餐饮业和酒吧行业，“有15% 的毕业生在这些行业工作，有 5% 的自己给自己打工，还有不少人选择去国外就业”。❷ 与英国形成鲜明反差的是，我国许多大学毕业生在观念上还是固守于传统主流就业形式，不重视通过灵活就业的形式实现自己的梦想。不仅如此，即使有大学生选择了灵活就业的方式进行就业，但是其灵活就业的形式也比较单一，主要集中在劳务派遣、人才租赁方面，诸如在广东省，“越来越多的大学生把劳务派遣机构和人才租赁公司作为就业选择”。❸ 除了劳务派遣和人才租赁之外，诸如自主创业、零售业、酒吧行业、中小型餐饮行业等灵活就业的形式未能在大学生中普及，使得大学毕业生要么很少选择灵活就业的形式解决就业问题；要么即使选择了灵活就业的方式，其灵活就业的形式也比较少，不够多样化。

(三) 就业能力不足

大学生就业能力是指能使大学毕业生更容易获得职业和在其

❶ 韩薇薇：“新形势下大学生灵活就业面临的问题及对策研究”，载《新西部》2008 年第 11 期。

❷ “大学生须灵活应对就业难”，载《光明日报》2012 年 12 月 21 日，http://edu.people.com.cn/n/2012/1221/c1053-19968459.html，2013 年 9 月 23 日访问。

❸ 《广东：大学生选择灵活就业成为主流》，《人才网信息中心》2007 年 11 月16 日。

所选择的职业中获得成功发展的一系列技能、知识和人格特征。❶ 我国高等教育在培养方式上尚未真正摆脱应试教育和书本教育的传统束缚，因而对于大学生的培养教育存在重理论轻实践、重课堂轻课外的问题。这客观上导致部分大学毕业生高分低能，实践操作能力不足，职业技能水平低，难以满足用人单位的岗位需求。此外，大学生自身也对实践实训重视不够，在校期间对于专业技能把握不够扎实、参与课外实践活动少等，这就从主观上进一步削弱了大学毕业生的就业能力。目前，大学毕业生的就业能力不足主要体现在六个方面：（1）实践能力不足。高校在重理论轻实践的传统培养方案下，造成学生难以实现理论与实践的结合，即使有部分实践课程，也往往流于形式。（2）就业准备不充分。许多大学毕业生对于自己的职业生涯规划不够清晰，对于各种招聘岗位也认识不到位，而且缺乏与用人单位之间的交流沟通，这些现象的存在说明部分大学毕业生的就业准备不充分。（3）学习能力不足。这里的学习能力主要是指自主学习能力和态度。部分大学生在大学期间，未能延续高中时勤学苦练的学习状态，而且缺乏自学能力，使得自身专业知识不扎实，个人专业技能不牢固，从而导致就业能力不足。（4）未能充分利用各种就业资源。就业除了需要掌握扎实的专业知识和专业技能之外，还需要学会及时准确地把握各种就业信息。但是，目前许多高校毕业生对于就业信息掌握不足、社会人脉资源也很窄，导致其未能充分利用各种资源实现就业。（5）择业观不合理。在选择就业地域时，许多大学毕业生喜欢把眼光紧紧地盯在一线城市，不愿到二、三线城市就业；在选择就业行业时，许多大学生

❶ 陈勇：《大学生就业能力及其开发路径研究》，浙江大学2012年博士学位论文，第41页。

只愿到政府、国企或者其他大型企事业单位就职。此外，部分大学毕业生“急功近利”，频繁跳槽，未能踏踏实实地在某一岗位干出一番事业。（6）缺乏长远观念，未能活到老、学到老，喜欢安于现状，停滞于某一岗位不愿进步，可持续就业观严重匮乏。

（四）政策实施力度弱

目前，我国对于促进大学生就业的政策，既有中央层级的政策措施，也有地方层级的具体办法，整体而言，关于促进大学生就业的政策措施较多。但是，众多的就业促进政策在具体实施过程中的力度明显偏弱，主要表现为：（1）政策本身比较笼统，存在众多原则性、抽象性的规定，具体实施细则未能及时跟进，导致促进大学生就业的政策缺乏可操作性。（2）部分就业促进政策的制定未能结合本地实际，违背了具体问题具体分析的原则：部分地方的就业政策照搬照抄其他地方或者国外的经验，导致制定的就业促进政策“水土不服”，这自然也就削减了就业促进政策的实施力度。（3）部分政策存在过度倾斜问题，尤其是对于非“211”或者“985”高校的毕业生给予的政策优惠措施不足。“211”或“985”高校集“万千宠爱”于一身，从中央到地方均给予各种政策上的倾斜；而对于非“985”或者“211”高校的毕业生，则在就业政策的待遇方面遭遇不同程度的困境。此外，政策的针对性不强也进一步削弱了就业促进政策的实施力度。由于高校毕业生不同于下岗失业或者待业的普通就业人员：一方面，高校毕业生缺乏丰富的工作经验，与下岗或跳槽人员相比，其在工作经验的竞争力方面处于弱势地位；另一方面，高校毕业生的社会人脉资源也不足，因而在就业资源的利用上也处于弱势地位。但是，部分关于大学生就业促进的政策在制定过程中未能充分考虑大学生在工作经验、人脉资源等方面的不足，将适用于一般就业人员的政策转移适用于大学毕业生，缺乏高度针对性的就业促进政策，导致在实践中的政策措施力度大打折扣。

（五）就业权益保护措施缺失

大学生的就业权益是指大学生在就业过程中所依法享有的各种合法权益，主要包括平等就业权、自主择业权、公平录用权、违约求偿权以及信息知情权。这些大学生就业权益主要依靠劳动法、劳动合同法、就业促进法、劳动争议调解仲裁法、职工带薪年休假条例、社会保险法等法律法规予以确认和保护。虽然有上述众多的法律法规对大学生就业的权益予以法律保护，但是许多侵犯大学生就业权益的现象仍然存在，诸如：招聘和中介过程中的陷阱，提供假薪资待遇的就业信息，侵犯大学生的信息知情权甚至财产权益；户籍、性别、身高的歧视则侵犯了大学生的公平录用权和平等就业权；合同陷阱则有可能侵犯大学生的违约求偿权、休息休假权等。[1] 以上侵犯大学生就业权益的现象，则暴露出我国在相应领域具体保护措施的不足或缺失的现象。因此，打破户籍壁垒、禁止性别和身高歧视、规范职业中介行为、监督劳动合同的有效实施等均应纳入到大学生就业权益的保护措施体系之中。只有通过构建由法律法规和其他具体保护措施构成的就业权益保护体系，才能更好地为促进大学生就业创造良好的环境。

## 三、影响大学生就业的因素分析

（一）政府宏观调控因素

政府的宏观调控手段包括财税政策、货币政策等，在宏观调控的影响下，国家的产业结构也势必受到影响，而产业结构将直

[1] 梁昌丹、郭学军：“大学生就业权益保护问题及对策”，载《经济与法》2012 年第 3 期。

接关系到大学生的就业前景。正是基于这一认识，政府的宏观调控因素是影响大学生就业的重要因素之一。虽然我国出台了大量针对大学生就业的专门政策和文件，逐步建立健全了大学生就业促进机制，使得毕业生与用人单位之间的互动和选择空间得以扩大，但是我国在就业市场的发育程度、促进就业的制度、就业的供需结构等方面仍然存在诸多体制机制缺陷，这些都有赖于政府的宏观调控加以引导。加之，广为诟病的户籍制度弊端仍然存在，严重地阻碍了毕业生这一人力资源的合理充分流动，并在客观上催生了就业歧视和就业不公平问题。对此，政府需要积极出台政策措施加以解决，尽早改革户籍制度，以便建立起公正的就业市场秩序与环境，促进人力资源的自由流动，遵守市场在配置资源过程中的基础性作用。此外，政府还可以通过财税优惠、小额金融贷款支持鼓励大学生创业或者中小企业扩大生产经营规模，从而创造出更多的就业岗位，为大学毕业生的择业提供更多的机会和更广的空间。

（二）高等教育因素

高等教育培养模式不适应市场经济发展的需要也是导致大学生就业难的重要原因。在教学方式上，高等教育没有摆脱传统的应试教学方式，培养出大批“高分低能”的毕业生。在专业设置上，高校盲目跟风，肆意扩大就业率较低的专业规模，学校专业设置的整体结构并没有与就业市场的需求相对接，形成高校与就业市场之间严重的结构性供需矛盾。在课程安排上，理论性课程过多，而实践性课程稀少，即使设置了实践或操作性课程，也因应试教育的束缚而沦为走形式的悲惨境地。在就业指导方面，很多高校的就业指导服务也是流于形式，并未建立起较为成熟可行的就业指导制度；而且职业技能培训、职业生涯规划、创业教育等课程在高校也极为薄弱。职业指导的滞后性带来的严重后果便是，很多高校毕业生不清楚自己未来的职业定位，甚至对就业、择业等没有一个清晰的概念认识。在专业划分上，“专业划分过细导致学生的知识面过窄”❶。细分的专业划分方式，不仅使得学生视野日益收缩，乃至具有博士学历的人也因专而不“博”无法满足用人单位对于复合型人才的需求，且绝大部分用人单位所提供的岗位是需要有综合性知识与技能的人员，而不是过于细而窄的某一个知识领域。

（三）劳动力市场中介因素

劳动力市场是合理配置大学生劳动力资源的基本工具。其中劳动力市场的中介力量主要有三类：第一类是在各地人力资源和社会保障部门的组织下，举办各种就业招聘大会；第二类是学校组织各种大型招聘会；第三类是营利性的中介机构进行职业中介。第一类属于政府提供的职业介绍服务，这类职业介绍相对安全可靠，而且岗位也比较多，是广大毕业生重点选择的市场中介力量；第二类是学校组织的各种大型招聘会，该类中介形式是应届大学生接触最多的中介力量；第三类营利性中介机构的中介服务因其提供的岗位层级低、安全可靠性较差，因此很少有大学毕业生选择其作为求职的中介人。可见，我国劳动力市场的中介形式相对多元，但是职业中介机构的发展不甚规范，民间公共服务中介组织极少，这些不足有待进一步改善。从整体而言，劳动力市场中的中介因素为大学生提供了大量的就业信息，使用人单位和大学生能够实现互动与了解，便于用人单位招聘和大学生求职。

---

❶ 孙海英：“促进大学生就业的对策及建议”，载《吉林工商学院学报》2011 年第 6 期。

（四）用人单位因素

用人单位的用人观念、用人制度以及劳动政策、劳动法律法规的执行情况是影响大学生就业的又一重要因素。用人单位在就业市场中处于强势地位，因而大学生在就业过程中，时常会遇到用人单位违反劳动法或劳动合同法的现象，例如，用人单位不及时签订劳动合同、违法设置试用期、违法解除劳动合同等。针对用人单位的违法违规现象，有必要加以惩处，以维护大学生合法的就业权益。与此同时，用人单位在用人观念上也严重影响着大学毕业生的充分就业。诸如有的企业在招聘条件中明确列示不招聘应届毕业生，严重歧视应届毕业生，对应届毕业生存在误解，认为应届毕业生因其经验不足而无法胜任岗位要求，或者“有的有些企业盲目的提高用人标准，人才高消费的现象越来越严重”。[1] 比如，有些企业喜欢追捧高学历或者有留学背景的毕业生，而企业相应岗位根本用不着高学历人员，这样就造成了人才的不合理消费，而且使得能够胜任工作岗位需求的其他大学毕业生无法得到公平的就业机会。以上是用人单位中存在的影响着大学生就业的不合理因素。但是除了前述不合理因素之外，企业也存在一些客观合理的因素影响着大学生的就业。比如，企业近年来对于综合型、复合型人才的需求以及高技能人才的需求日益增强，还有一些高级技工人才的空缺等，给求职面试的大学毕业生带来了新的挑战和机遇。

（五）学生自身因素

除了政府、用人单位、就业市场等因素影响着大学生就业外，大学生自身存在的部分问题也是影响其就业的重要原因。首

[1] 毕西娟：“当前大学生就业形势分析”，载《河南科技》2013年第8期。

先，大学毕业生的知识和技能未能满足用人单位的要求，甚至和用人单位之间存在较大的差距。随着经济社会以及科技的发展，很多用人单位对劳动者的需求由劳动密集型向知识、技术密集型转移，因此用人单位的用工标准也日益提高。具体而言，社会对于复合型人才的需求不断增加，尤其是高素质、高技能人才的需求量大，这就需要求职应聘的高校毕业生必须掌握扎实的专业技术知识才能满足用人单位的岗位要求。而现实情况是，很多求职应聘者的专业知识不扎实，实际操作的技能水平也较低，因而无法满足用人单位的要求，进而使得许多大学毕业生求职屡屡受挫。许多毕业生未形成正确合理的择业观。部分毕业生好高骛远，高不成低不就，期望值往往死死地捆绑在城市发达的东部地区、垄断行业或者国企，而对西部地区、乡镇和私营企业的岗位态度冷淡。此外，大学生在毕业之前也没有积极参加各种职业技能培训，更没有制定科学合理的职业生涯规划，导致许多大学生未能很好地适应市场，或者即使是找到了工作，大学生的失业率也比较高，很大一部分原因在于大学生没有一个清晰的职业生涯规划。

## 第三节　大学生就业促进理论基础

### 一、市场失灵理论

市场机制具有局限性，在经济理论上，这种市场自身的局限性和其他外来因素的干扰，导致市场经济中资源配置缺乏效率进而影响社会发展目标实现的情况，被称为市场失灵。许多学者从信息及信息不对称等角度对市场失灵理论进行了深入研究。我国经济学家张荐华将市场失灵划分为“结构性市场失灵”“功能性市场失灵”和“制度性失灵”三类。[1] 政府对经济运行的介入或调控，包括对宏观经济介入和对微观经济介入两方面。宏观角度，为实现宏观经济变量的基本平衡和经济结构优化，引导国民经济持续、稳定、协调发展，通过制定指导性计划和产业政策，运用财政、金融等经济手段调节市场，引导国民经济良性运转；微观经济调控是调整具体的市场及市场主体的行为，消除破坏市场机制正常运作而市场自身又无法克服的现象，以保障市场主体享有自由发展的良好环境。

英国著名经济学家凯恩斯 1936 年发表的《就业、利息和货币通论》，从理论上否定了市场价格机制会自动调节经济，实现充分就业均衡的古典就业理论观点，认为失业在于有效需求不足。他认为就业量的多少取决于企业对劳动力的雇佣量，企业对劳动力的雇佣量又取决于市场对企业产品的需求量，所以总就业量是由总需求量决定的。[2] 由此主张通过国家扩张性宏观经济政策实现充分就业，政府通过各种政策对市场进行介入和调控，扩大就业，减少失业，认为解决失业问题是国家经济政策的主要目标。凯恩斯的就业理论，承认了资本主义失业不仅是摩擦性失业和自愿性失业，还存在非自愿性失业，指出了政府调控经济，促进就业的必要性。

鉴于市场失灵本身固有的效率缺陷和道德缺陷，人力资源不可能通过市场配置自发达到均衡状态，拉动就业增长离不开国家

---

[1] 张荐华主编：《政府经济学概论》，湖北人民出版社 1997 年版。转引自王宏军：“论市场失灵及其规制方法的类型”，载《经济问题探索》2005 年第 5 期。

[2] ［英］约翰·梅纳德·凯恩斯著，高鸿业译：《就业、利息和货币通论》，商务印书馆 1999 年版，第 29、103 ~ 105 页。

的介入和调控。为此，政府采取就业促进措施、介入人力资源市场成为克服市场失灵的必然要求。实践证明，市场本身存在局限性和盲目性，自身无法克服。我国就业存在城乡差别、区域差别、行业差别，劳动力市场不统一，就业不公平等问题，这些问题的存在，仅靠“无形之手”的市场无力解决。市场失灵的种种表现均要求政府应积极运用其“有形之手”，针对市场的缺陷进行充分、有效的调整，政府应当并有能力担当起职责，包括通过宏观调控去克服市场失灵。当然，在强调政府对人力资源市场介入的同时，也要注重对政府行为进行限制，因为政府同样可能存在失灵。为此，政府行为的边界只能以市场失灵的领域为限，应从就业促进制度性、程序性、责任性规范的角度，对负有促进就业责任的政府有关部门及其工作人员予以约束，否则将会影响市场机制作用的充分发挥，影响人力资源的有效配置。

政府促进就业，实际上是从克服人力资源市场失灵需要的角度，在人力资源市场秩序维护、宏观经济调控、经济增长与就业增长同步推进等方面提供必要的政府介入。市场失灵决定市场机制不可能自动地使经济趋于充分就业均衡，政府的性质决定它应当发挥其职能作用，承担保持宏观经济稳定性的作用。发达市场经济国家的历史表明，就业始终是政府宏观经济政策的重要目标。事实上，西方宏观经济政策的产生本身就始于就业难题，1946 年美国通过的《就业法》开创了西方国家推行政府介入宏观经济政策的先河。其后，西方各国把实现充分就业、促进经济繁荣作为政府的基本职责。[1] 市场失灵主要表现在市场唯利性、

---

[1] 曲顺兰：《就业再就业财税政策研究》，经济管理出版社 2006 年版，第 159 页。

市场调节的被动性和滞后性三大缺陷。[1] 针对市场存在的障碍，政府应采取反劳动力市场不公平竞争行为的措施，制定相关政策和法律，排除劳动力市场障碍，使市场机制充分发挥其调节作用，以形成自由、统一的人力资源市场。针对市场唯利性，对一些有利于拉动就业而又关系国计民生和国民经济持续发展的行业，或一些特别需要扶助的地区，当民间资本不愿进入而出现投资不足状况时，国家参与直接投资；政府也可以通过对私人部门产品和服务的购买支出、转移支付和补助支出，从而对劳动力的供给和需求产生影响。针对市场调节的被动性和滞后性，政府对就业情况进行统计、分析，发表就业信息和预测，进而制定就业中长期发展规划，并运用各种经济政策和手段，引导和促进经济运行，在经济发展中增加就业。总之，政府就业促进职能是为了弥补市场缺陷，克服“市场失灵”而产生的，市场失灵理论是政府促进就业，包括政府促进大学生就业的理论基础。

## 二、权利保障理论

促进大学生就业，是保障大学生就业权益所必须的，就业权是指具有获得就业机会的权利，既具有经济权利属性，又具有社会权利属性，是公民生存和发展的最重要、最基础的权利。政府应以最大的努力为国民谋取利益，为国民提供生存、发展环境，对公民就业权的实现负有责任和保障义务。公民在通过个人自身主观努力无法实现就业权的情况下，政府介入就业，调节经济运行，促进经济增长，并制定和完善就业政策，创造良好就业环境，促进就业岗位增加，推动公民就业权的实现，使公民通过参

[1] 漆多俊主编：《宏观调控法研究》，中国方正出版社2002年版，第2页。

加社会经济活动获得报酬和经营收入，以满足自身及家庭基本生活的需要。因此，保障就业权的实现，也是实现人权的最基本条件，促进充分就业是兑现就业权基本保障。

就业平等权是就业权中的一项重要权利。为了实现真正的就业机会平等，国家负有营造公平的就业环境义务，既要通过完善立法、强化执法，采取多种措施防止就业歧视现象的出现，又要根据不同群体就业能力的差异采取不同措施，鼓励、支持和帮助就业困难群体就业。如通过公共财政开支，由政府及其职能部门购买或设立相应的公益性就业岗位。这种形式上的不平等，却体现了实质平等，保障公民就业平等权，促使公民就业权的实现。由于就业权远远超出个人私权范畴，涉及社会公共利益性，市场失灵同样导致在促进就业中市场失灵，靠市场机制本身无法、也无力解决促进就业这样涉及面广，且具有社会公益性的问题。为维护社会整体利益，必须由政府采取积极措施，保障公民就业权的实现。可见，保障公民就业权的实现是政府促进就业的根本目的，也是促进就业的基础。由于就业权具有经济权利属性，所以促进就业的理念与经济法理念具有契合性。经济法以“社会本位”为基本原则，追求“社会责任本位”为己任，在对经济关系进行调整时，始终立足于社会整体，以大多数人的意志和利益为重。经济法以社会整体利益为最高准则，从整体上看，国家代表全局利益、根本利益、长远利益，但在具体的经济过程和经济关系中，它以具体的国家机关或授权的组织，依法行使权力，对社会负责。❶ 在对就业权予以何种方式保障时，不同的选择，对就业权实现的程度也不同。国家是将劳动权仅作为纲领性权利，

❶ 潘静成、刘文华主编：《经济法（第三版）》，中国人民大学出版社2008年版，第58页。

还是把国民能够自由地进行劳动当做可以向国家请求的权利，或者将其视为一种国民可以向国家请求像获得劳动机会之类的一定给付具体性权利的问题。韩桂君认为，如果仅仅将劳动权视为纲领性权利，这就忽视了现行宪法的人权保障的现代意义，是没有正当性的，是一种达不到的保障，所以对就业权作为具体性权利进行立法是各国必然的选择。[1] 政府促进就业，其目标是实现公民就业权、保障公民生存和发展的需要，而就业本身是一个涉及经济、社会和政治的综合性问题，这就决定了政府在促进就业的过程中，必然要求采取综合性的社会经济政策及法律措施。

就业是生存之本，就业权的实现必须借助政府的积极作为，是公民对国家的请求、期待权。政府的权力来源于人民，政府有责任采取积极措施创造公平的就业环境，提供更多的就业机会，帮助公民实现就业权。霍布豪斯认为，“国家的职责是为公民创造条件，使他们能够依靠本身努力获得充分公民所需要的一切。国家的义务不是直接为公民提供食物，给他们房子住或者衣服穿，而是创造这样一些经济条件，使他自己和他的家庭有食物吃，有房子住和有衣服穿”。[2] 党的“十六大”报告将政府职能确定为，经济调节、市场监管、社会管理、公共服务。促进就业既需要政府在考虑就业目标的基础上，调节经济运行，促进经济增长；也需要政府加强劳动力市场监管，建立自由、统一的劳动力市场制度；也离不开政府提供公共就业服务和培训。

可见，大学生权利保障的核心是就业权，就业权是大学毕业

---

[1] 韩桂君、刘金：“和谐社会视野下对《就业促进法》之审视”，载《法学评论》2008 年第 5 期。

[2] ［英］霍布豪斯著，朱曾汶译：《自由主义》，商务印书馆 1996 年版，第 80 页。

生的重要权利，广义上说，因就业而享有的相关权利和利益，是国家履行创造公民就业条件、提供就业保障义务的坚实理论基础，相应地要求政府、高校、用人单位和社会就业服务组织必须履行相应职责和义务。

## 三、人才强国理论

人才强国战略，作为我国经济社会发展战略的重要组成部分，是关于人力资源发展的总体思路和总体规划。“人才强国”包含两方面含义：一方面可以理解为，即中国的人才资源在总量、素质和结构上能有效支撑整个社会经济的发展，在国际竞争中具有人才优势，成为人才资源强国。这可以看做是实施人才强国战略的目标。另一方面可以理解为，通过人才来强国，即通过实施“人才强国”战略，改革人才工作的体制和制度，依靠人才这一战略资源，推进中国经济社会的可持续发展，提升国家的综合国力和国际竞争力。[1] 2002 年，党和国家制定下发《2002～2005 年全国人才队伍建设规划纲要》，首次提出“实施人才强国战略”。2007 年，在《中国共产党党章》和党的“十七大”报告中，阐述了人才强国战略理论，并作为发展中国特色社会主义的基本战略之一。

中共中央、国务院 2010 年 6 月 6 日印发的《国家中长期人才发展规划纲要（2010～2020 年）》中指出：人才是指具有一定的专业知识或专门技能，进行创造性劳动并对社会作出贡献的人，是人力资源中能力和素质较高的劳动者。高校毕业生无疑属于这样一类人群。我国大学数量的增加并没有带来相应质量的提

[1] 郑万敏：《高校在人才强国战略中的地位和使命》，西南大学 2011 年硕士学位论文，第 7 页。

高，人才是第一资源的效应并没有充分发挥作用，高校毕业生的大量失业和低质量就业是一种极大的浪费。政府根据实际情况，成立就业创业专项基金，对大学毕业生进行适当倾斜，或者从政策上给地方政府以更大的自主权，这将不仅是大学生就业促进的有效措施，而且有利于产业结构转型和当地经济发展，符合人才强国战略要求。

人才强国战略理论是促进和确保人才培养质量的有力支撑，有利于引导和促进大学生顺利就业。当今世界各国竞争，已不再是表现为有形物质的竞争，而是表现为科技的竞争。科技创新与进步依赖于人才，只有发挥人才的作用，才能将科技转化为直接的、现实的生产力，人才资源是人类社会进步与发展的第一资源，是最重要的资源。大学生是我国人才资源库中的重要组成部分，高校人才培养质量及其标准，应当以我国的人才强国战略为指引，也就是说，人才强国理论是高校人才培养的基础和重要依据。人才强国理论为高校制定与社会经济发展相适应、相协调的人才培养方案、培养标准、培养措施等提供了一个方向。如果高校课程设置不合理、专业设置不科学，培养的人才与社会经济发展所需要的人才相矛盾，就不能促进大学生顺利就业，人才强国战略也就无法实现。人才强国战略理论有利于引导高校设置专业、规范就业指导，提高大学生的就业能力，成为大学生就业促进的坚实理论基础。

人才强国战略理论是大学生就业促进政策及法律制定的理论基础。作为优秀人力资源的大学毕业生，如果他们在毕业时，不能顺利就业，无论对国家社会还是家庭来说，都是巨大损失，人才强国理论在高校人才培养和大学就业之间搭起一座有益的桥梁。“人才强国”的重要之义就是要加大力度培养人才，高校作为培养人才的主要阵地，要创新人才培养模式，只有这样，才能通过人才资源来提高综合国力和国际竞争力，实现我国社会经济的可持续发展。大学生作为人才资源的主力军，如果培养的人才符合人才强国战略要求和标准，这样既适应现在经济社会发展需要，又顺利地促进了大学生就业。因此，大学生就业促进离不开政策和法律制度的保障，而这些政策法律制度的制定又离不开人才强国战略理论的指引，大学生就业促进政策的制定以及法律机制的构建，必须符合人才强国战略的思路，以人才强国战略理论为指导。人才强国战略理论是我国大学生就业促进政策制定和落实的行动指南，是大学就业促进法律制度主体、内容、措施、程序等指导设计的理论基础。

## 四、政府责任理论

促进大学生就业是政府的责任，这是世界各国的共同认识。政府责任，是指政府能够及时地、积极地对社会民众的需求作出回应，并采取积极的、有效的措施，公正、有效率地实现社会公众的需求和利益。政府必须是“市场”的导向，遵循并充分发挥市场机制对资源配置的基础作用。政府责任要求政府组织机构和其公职人员，履行其在整个社会中的职权、职责和义务，即社会公众和法律所要求的职能和义务。政府拥有公共权力即管理社会的权利，服务社会的义务，满足公众需求的责任即政府根据社会契约所要承担的责任包括道义责任、政治责任和法律责任。道义责任是指行政组织及成员所必须遵循的道德规范、承担的道德责任。政治责任是指政府机关及其工作人员的所有行为必须符合人民的利益、权利和福利。法律责任是指政府违法所应承担的法律后果。从就业的角度而言，就是指社会成员就业权得到充分实现，对就业困难人员采取必要的帮扶措施，确保整个社会就业率增加、失业率下降和由此带来的社会稳定及发展。

促进大学生就业是建设责任政府的一项重要内容，政府必须强化公共服务职能。但应当明确政府责任，如果政府责任缺失，那么在政府、高校、用人单位之间的大学生就业促进工作就缺失制约机制。大学生专业知识丰富，但没有走出校门，没有就业经验，尤其是家庭贫困的大学毕业生更加处于就业弱势地位，就业问题解决办法应当予以特殊规定，否则，会直接影响他们实现就业及社会稳定。因此，必须要构建一套较为完善的社会援助体系，为有效治理贫困，需要建立社会救助与就业援助的衔接机制，一方面政府需通过社会救助、收入支持的方式对就业困难大学生提供最低生活水平保障的政策；另一方面，还要制定促进他们就业的财政、税收、信贷等相关的支持政策。政府可通过有利于就业援助的财政支持政策，在财政预算中安排专项的就业资金，运用于就业培训、职业介绍、公益岗位开发、提供小额贷款等方面，从而扶持他们实现就业。所有这些，都离不开政府在就业领域的公共政策的制定和实施，因此，政府对促进就业、治理失业有着不可推卸的责任，如果政府没有履行或没有恰当履行促进就业义务，则不是责任政府。可见，政府促进就业，既是政府的权利，也是政府的责任，当雇主、公民和大学毕业生均对就业促进无能为力时，政府必须担当起就业促进责任，这是政府应尽的责任，是大学生就业促进的理论基础。

## 第四节　我国大学生就业促进政策的发展历程

为了解决大学生就业问题，实现人才资源优化配置，维护社会稳定和谐这一目标，在不同时期，政府都制定了一系列与之相适应的促进大学生就业的政策。从新中国成立至今，大学生就业促进政策主要经历了三个阶段：计划经济体制阶段、过渡时期阶段和市场经济体制阶段，实现了从“统包统分”到“双向选择”再到“自主择业”政策的转变。加深对我国大学生就业促进政策发展历程的了解和研究，为今后指导大学生就业政策的制定，大学生就业问题的解决奠定坚实的理论基础。

## 一、计划经济体制下的大学生就业促进政策

计划经济体制是由政府对生产、资源分配及产品消费事先计划的一种经济体制。大学生就业属于人才资源分配的一种，从新中国成立到20世纪80年代中期，国家实施的就业促进政策主要是“统包统分”，即“高等学校学生的培养费全部由国家承担，毕业生全部由国家按指令性计划分配到全民所有制单位（至少也是到集体所有制单位）当国家干部”。[1] 新中国成立之初，当时的高校毕业生都是从旧社会过来的，政府主要忙于稳定学校秩序，改造私立学校，并没有制定相关政策，大学生就业主要靠自谋职业。1950年6月22日，发布《为有计划地合理分配全国公私立高等学校今年暑假毕业生工作的通令》，指出应尽可能地让毕业生服从政府的分配，但同时也允许其自谋职业。这标志着政府开始有计划地分配大学生就业。1951年10月1日，政务院发布的《关于改革学制的决定》，明确规定“高等学校毕业生的工作由政府分配”。[2] 1959年5月，国家计委制定《关于高等学校毕业生分配暂行办法（草案）》，他部门直接领导的高校毕业生由中央统一分配。1960年5月27日，中共中央批转国家计委党

[1] 吴汉德：《大学生就业指导》，东南大学出版社2006年版，第2页。

[2] 孙步凌：“我国高校招生就业体制的历史演变探析”，载《中国成人教育》2010年第1期。

组《关于1960～1962年高等学校理工科毕业生分配问题的报告》指出，中央和地方相结合，合理地分配毕业生。1966年起进入了“文化大革命”时期，教育体系处于瘫痪状态，高校停止招生。1970年，各高校恢复招生，但并不是通过高考的形式入学，而是采取政审、推荐等形式招收“工农兵学员”，“工农兵学员”毕业后，由政府分配到原地区工作。1977年恢复高考后，高校毕业生的就业政策也随之沿袭以前的“统包统分”政策。1981年《关于改进1981年普通高校毕业生分配工作的报告》中指出：“在国家统一计划下，实行抽成调剂，分级安排的方法对高校毕业生进行分配。”

计划经济体制下的“统包统分”就业政策，是适应高度集中的计划经济发展的产物。新中国成立之后，我国的高等教育人才十分稀缺，地区分布不均。在这种供需极不平衡的情况下，为支援新中国的建设，政府对这些有限的毕业生进行统一分配，有利于保障各行各业尤其是国家重点建设行业对人才的需求，协调各地区人才不均的状况，实现人才资源的优化配置，促进新中国经济的快速复苏和发展。但该体制下的政策也存在着不足，国家计划分配缺乏必要的灵活性，忽略了高校、大学生和用人单位自身的需求。高校在政府的指导下，按照政府的要求，为社会培养人才，学校专业设置和教学内容不是由学校根据社会发展的需要自行决定的，使高校缺乏办学的自主性，教学和管理严重滞后于现实的需求，限制了其进一步培养人才能力的发挥，不利于调动高校办学的积极性。由国家统一分配工作，不利于调动学生在校期间学习的积极性，毕业意味着就业，使得他们毫无压力，怠于加强自身建设。毕业生没有权利选择职业，毕业后分配的工作不论其喜好，必须接受政府安排，不利于调动毕业生工作的积极性；同时忽略了市场的需求，用人单位可能接受不符合岗位需求的毕业生，又不能任意解雇，造成人才的浪费和企业成本的增加，且不能及时反映社会对新型人才的需要。

## 二、过渡时期的大学生就业促进政策

在计划经济向市场经济的过渡时期，经济体制改革不断深入，经济结构也呈现出多样性特征。集体企业、合伙企业、合资企业等不断涌现，但“统包统分”政策只是把毕业生分配到全民制单位，严重地限制了人才的流动。人才的合理流动成为当时转型经济下的迫切需求，为了顺应社会经济发展的需要，政府开始探索转变大学生就业政策，“双向选择”政策由此产生，即不仅仅是由国家统一分配的单向决定，毕业生和用人单位也享有一定的选择权。该政策的实施为“统包统分”政策到毕业生“自主择业”政策提供了一个合理的过渡。

针对国家计划招生、用人单位委托培养、自费这三种不同的招生方式，国家采取不同的就业政策。1985 年 5 月 27 日，国家教委颁布《中共中央关于教育体制改革的决定》，改革毕业生分配制度，改变高等学校全部按国家计划统一招生、毕业生全部由国家包下来的就业办法。该决定明确指出，对于国家计划招生内的学生，其毕业分配，实行在国家计划指导下，由本人选报志愿，学校推荐，用人单位择优录用的制度；采取委培方式招生的，毕业生毕业后按合同约定到委托的用人单位就业；对于少部分自费生，他们毕业后，国家不对其进行统一分配，主要通过学校推荐或自谋职业的方式就业。其不仅规定了在委培和自费招生方式下，毕业生有就业选择权，用人单位有自己的用人标准，而且在国家计划招生方式中，毕业生和用人单位也有一定的选择权，毕业生有权选报志愿，用人单位可以择优录取。该决定为就业体制改革奠定了坚实的基础，标志着“统包统分”政策开始向毕业生“自主择业”政策过渡。之后，政府又要求降低国家计划招生比例，扩大委培特别是自费招生，并完善与该招生政策相适应的毕业生就业制度。1989 年国务院批准原国家教委提出的《高等学校毕业生分配制定改革方案》，把竞争机制引入到高校教育和就业中，“双向选择”的就业政策得到进一步推广，逐渐引导毕业生的就业政策朝着市场化方向转变。

在过渡时期的经济体制下，国家的“统包统分”政策已不适应时代发展的需要，而高校毕业生就业还不完全具备“自主选择”的条件。这一时期，各方在就业政策中发挥的作用有了较大的调整，“高校毕业生就业政策中国家主体地位有所削弱，高校上升到主导地位，用人单位和毕业生个人获得了有限主体地位”。❶ 政府更多的是对大学生就业进行宏观指导，逐渐放宽对毕业生的具体分配。这样，既有利于适应转型经济发展的要求，又能够确保重点单位、艰苦地区和困难行业人才的需要。高校成了连接用人单位和毕业生之间的“桥梁”，为毕业生推荐工作岗位，同时有利于高校自身的建设，深化学校教育体制改革。用人单位可以对毕业生进行考核，择优录取，也可以自主选择培养对象，委托学校培育人才，使用人单位能够尽可能地合理使用人才。毕业生可以根据自己的喜好选报志愿，自费毕业生可以自主择业，充分地调动毕业生学习和工作的积极性。虽然在“双向选择”政策中，用人单位和毕业生的选择权具有一定的局限性，还不能完全地自主选择，但已经对传统的由政府计划分配就业政策造成巨大冲击，“自主择业”成为市场经济发展下的一大趋势，为进一步深化就业体制改革发挥着极大的促进作用。

---

❶ 奉海英：《大学生就业政策及保障体系研究》，湖南师范大学 2009 年硕士学位论文。

## 三、市场经济体制下的大学生就业促进政策

1992 年，我国确立社会主义市场经济体制改革的宏伟目标，改革内容涉及社会各个领域，大学生就业作为教育领域中的重要组成部分，颁布新的大学生就业促进政策以适应改革发展的需要显得迫在眉睫，我国开始逐步探索一条适应市场经济体制下的大学生就业制度——“自主择业”。

1993 年，国务院发布《中国教育改革和发展纲要》，指出改革高等学校毕业生“统包统分”和“包当干部”的就业制度，实行少数毕业生由国家安排就业，多数由学生“自主择业”的就业制度。随着社会主义市场经济体制的建立和劳动人事制度的改革，大部分毕业生实行在国家方针政策指导下，通过人才劳务市场，采取“自主择业”的就业方法。但由于我国人才分布不均，某些重点行业人才短缺等因素，这一时期并不能完全排除国家安排就业。1994 年，原国家教委在《关于进一步改革普通高等学校招生和毕业生就业制度的试点意见》中明确提出：“改变学生上大学由国家包下来、毕业时国家包安排职业的做法。同时，建立相应的奖学金、贷学金制度，鼓励学生努力学习，引导学生毕业后参与劳动力市场竞争，国家不再以行政分配而是以方针政策指导、贷学金制度和社会就业需求信息来引导毕业生自主择业。”此时，政府开始制定一系列配套措施来促进大学生就业。1995 年原国家教委在《关于 1995 年深入进行普通高等学校招生和毕业就业制度改革的意见》中，指出应依据 1994 年的《改革试点意见》落实具体改革办法，确立到 2000 年时，基本实现招生和毕业生就业制度的新旧体制转轨的目标。但该时期的“自主择业”有一定的行业限制，即中央部门所属普通高校中，规定毕业生原则上要在本系统、本行业范围内自主择业，待条件成熟后

才可逐步过渡到大多数毕业生自主择业。1997年原国家教委颁布的《普通高等学校毕业生就业工作暂行规定》，对毕业生就业过程中的各个方面、各部门职责的划分、各主体地位的转变都做了详细规定，提出“供需见面和双向选择活动”，加强了高校、用人单位和毕业生之间的联系，其自主选择权得到空前扩大。1998年，第一批“并轨”招收的大学生毕业后，政府出台了一系列的优惠政策，积极鼓励、支持非全民所有制企业接受毕业生。2000年，教育部要求加大毕业生就业制度改革力度，在《教育部2000年工作要点》文件中明确指出从2000年起，取消高等学校的“毕业派遣证”。至此，改由毕业生就业报到证取代派遣证，标志着我国长期以来由国家计划引导的包分配工作体制结束，大学生就业转入“自主择业”的体制。

随着高校扩招，大学毕业生迅猛增加，东、中部地区出现了部分毕业生就业难的情形。但从总体来看，大学毕业生的数量还不能满足各行业的需求量，由于大学毕业生的地区分布极不平衡且就业观念陈旧，许多地区和岗位都还急需人才，就业难只是结构上存在问题。面对这种情形，2002年，国务院办公厅转发教育部等部门《关于进一步深化普通高等学校毕业生就业制度改革有关问题的意见》，指出“要进一步解放思想、转变观念，深化高校毕业生就业制度和社会用人制度等方面的改革”，“采取积极有效的措施，进一步转变高校毕业生就业观念，建立市场导向、政府调控、学校推荐、学生与用人单位双向选择的就业机制”。2003年，国务院办公厅发出《关于做好2003年普通高等学校毕业生就业工作的通知》指出，鼓励高校毕业生到基层和艰苦地区工作，支持实施“大学生志愿服务西部计划”，引导大学生到西部去、到基层去、到祖国和人民最需要的地方去建功立业。出台一系列的优惠政策，把东、中部的人才吸引到西部，既促进西部贫困地区教育、卫生、农技、扶贫等各项事业的发展，又拓展了大学生就业渠道，进一步缓解了部分东、中部毕业生就业压力。针对用人单位，政府在《关于鼓励中小企业聘用高校毕业生搞好就业工作的通知》中，采取了许多财政、税收等各方面的有效措施，鼓励中小企业聘用高校毕业生。2004 年，国务院办公厅印发《关于进一步做好 2004 年普通高等学校毕业生就业工作的通知》指出："培养和建设更加完善的毕业生就业市场。各级人民政府要采取有效措施，推动高校毕业生就业市场、人才市场、劳动力市场相互贯通和资源共享。"

面对城乡差距的不断扩大，中国共产党十六届五中全会中提出建设社会主义新农村的重大战略决策。为完成这一伟大使命，政府开始鼓励和支持大学毕业生到农村基层中去锻炼。2005 年，中共中央办公厅、国务院办公厅印发《关于引导和鼓励高校毕业生面向基层就业的意见》中不断引导高校毕业生树立服务基层的就业观，大力推动高校毕业生进村工作，服务农村。2006 年，国家人事部颁布的第 16 号文件《关于组织开展高校毕业生到农村基层从事支教、支农、支医和扶贫工作的通知》，提出开始实施"三支一扶"计划。该政策的出台不仅有利于扩展大学生的就业渠道，增强大学生为人民服务、报效祖国的使命感，而且为农村吸引了大批青年人才，注入了新生力量，为"新农村"建设提供了人才保障和智力支持。

自 2003 年以来，国家的大学生就业政策一直在持续地向着以促进就业为重点的方向调整和发展。[1] 2007 年 8 月 30 日，人大常委会通过《就业促进法》，内容主要包括政府在促进就业过

---

[1] 王丽娟：《中国大学生就业权益的法律保护》，南京大学出版社 2011 年版，第 11 页。

程中所发挥的职能、促进就业的工作方针和政策、劳动者享有的各项就业权利和服务以及就业援助、监督管理、法律责任等。《就业促进法》从各个方面对如何促进就业作了具体规定，是我国就业领域中第一部基本法，为促进大学生就业提供了必要的法律依据。

随着市场经济的自由快速发展，中小企业顿时纷纷涌现，政府开始鼓励、支持大学生自主创业。但由于大学生的经济能力和实践经验不足，大学生创业存在着许多困难。2008 年，政府颁布的《关于促进以创业带动就业工作指导意见的通知》中提出一系列扶持大学生自主创业的优惠政策，尤其是在税收、贷款等方面出台了许多照顾政策。这不仅带动了部分大学生的就业，而且为度过 2008 年金融危机，繁荣市场经济发挥了积极作用。

自市场经济体制确立以来，为适应这一改革的目标，政府出台了一系列政策来完善大学生就业环境，并逐步形成以“市场导向、政府调控、学校推荐、学生与用人单位双向选择的就业促进机制”。在该就业体制下，政府只发挥其宏观调控的作用，在整体上引导和保障我国大学生就业安全。高校地位得到加强，不仅为市场提供源源不断的人才，而且还肩负着为毕业生提供就业信息和指导的重任。现各高校都纷纷建立大学生就业指导中心，增设职业生涯规划课程，积极引导和促进大学生择业。毕业生的劳动主体地位得到充分肯定，能够自由选择职业，以市场为导向，平等地参与竞争，自主择业权也不再受行业范围的限制。用人单位的用工自主权也得到保障，其完全可以通过招聘会、人才市场等方式自由选择所需人才，不再局限于学校的推荐。用人单位注重毕业学校、学历和专业的同时，大学生的思想品质、专业知识、实践能力的考查等各方面因素也越来越受到重视。

综上所述，自新中国成立以来，我国大学生就业促进政策随着时代发展的需要，经历了从“统包统分”到“双向选择”再到“自主择业”的发展历程，反映了由国家统一分配工作向大学生自主选择职业转变的全过程。每一阶段的大学生就业促进政策的改革都是为了适应我国经济体制改革的需要。新中国成立之初，我国实行的是计划经济体制，各项工作都是在国家有计划的指导下进行，大学生就业也是由政府统一分配。随着社会经济的发展，计划经济体制的弊端不断涌现，我国开始探索一条适合中国特色的发展道路——社会主义市场经济体制。但从计划经济体制到社会主义市场经济体制的转变并不是一蹴而就的，在这段过渡时期里，政府在大学生就业领域中实行的是“双向选择”政策，逐步削弱政府在其中的主导作用，更加注重学校、用人单位和大学生三者之间的联系。自 1992 年以来，我国确立市场经济体制的目标之后，逐步取消政府安排就业，强调以市场为导向，注重大学生和用人单位的自主选择权，提倡“供需见面”计划，通过人才市场、招聘会和网络平台等多种方式自由选择职业。从这三个阶段的大学生就业促进政策中，可以看出：虽然不同阶段的政策有所不同，并且不够完善，但都顺应着某一历史时期发展的需要，促进了大学生就业事业的发展。每个阶段的就业政策目标都是为了能够合理地分配人才资源，人尽其用，为我国社会主义建设作贡献。

# 第二章 我国大学生就业促进政策及法律制度分析

21世纪开端，我国高等教育逐步由“精英式”教育向“大众式”教育转变，相应地我国大学生就业模式由“国家统一分配”模式稳步过渡到“市场为主、政府调节为辅”的模式。正是这次转型，大学生数量逐年不断增加，就业市场不足，从而加剧大学生就业难的事实。为解决大学生就业难的问题，国家和地方政府相继出台了一系列大学生就业促进政策，颁布了一系列就业相关的法律、法规、规章等。

## 第一节 我国现行大学生就业促进政策制度

政策是国家机关、政党以及其他政治团体在特定时期为实现或服从于一定社会政治经济文化目标所采取的政治行为或规定的行为准则，它是一系列谋略、法令、措施、办法、方法、条例等的总称。[1] 就业政策，是指国家机关、政党以及其他政治团体在一定的历史条件和历史阶段为促进经济发展和社会进步，为劳动者创造就业条件，扩大就业机会所制定的行为准则。当然，要分析我国大学生就业促进政策，首先就要明确大学生就业政策是源自政府的行为。所谓政府行为，即政府在一定时期内为实现国家

[1] 夏道明：“公共政策执行中的问题及其对策”，载《党政干部论坛》2007年第10期。

利益和社会发展职能而采取的一系列活动形式和具体行动的过程。[1] 政府行为的工具一般为政策，所以说大学生就业促进政策，是政府机构为解决大学生就业中存在的问题，实现大学生充分就业，维护社会的和谐稳定，通过整治过程所选择和制订的方案。[2] 具体来讲，大学生就业促进政策是国家在一定的历史条件和历史阶段，为促进经济发展和社会发展，为毕业生创造就业条件、扩大就业机会，实现毕业生的充分就业，维护毕业生和用人单位的合法权益所制定的指导方针和行为准则。

可见，大学生就业促进政策包括以下几层含义：（1）大学生就业促进政策制定主体是政府，包括中央人民政府和地方各级人民政府。涉及主要的部门有教育行政部门、人力资源与社会保障部门、财政部门以及人事部门等。（2）大学生就业促进政策的目标是实现大学生充分就业。即相关主体通过促进经济与社会的发展，创造就业条件，扩大就业机会，改善就业环境，最终实现充分就业。（3）大学生就业促进政策的实施需要依靠政府、高校、用人单位、劳动就业服务组织以及大学生自身等协同配合，才能取得比较理想的效果。（4）大学生就业促进政策的性质属于政府宏观调控范畴。

值得一提的是，我国现行的就业促进政策的出现基本上是始于 2002 年和 2003 年，也就是 1999 年“扩招”以后的第一届毕业生开始毕业的时候（专科 2002 年，本科 2003 年）。因为自此以后，我国大学毕业生人数在逐年不断地增长，由 2003 年人数

---

[1] 陈济、许斌：《社会自治与政府职能的转变》，中国社会出版社 2005 年版，第 217～221 页。

[2] 高翔：《促进大学毕业生就业政策研究》，中国海洋大学 2011 年硕士学位论文，第 11 页。

不足212万，至2013年接近700万，十年间增加了2倍有余。从此，大学生就业俨然成为中国社会经济发展中突出的社会热点问题之一。为此，基于大学生就业的现实考虑，更是基于对社会经济的前瞻性战略思考，政府特别关注大学生就业问题。国家劳动与社会保障部、人事部、教育部、团中央等各部委纷纷出台相关政策促进大学生就业。[1] 到2009年，我国确立了以市场为导向的大学生就业制度，"已基本形成由15个配套文件组成的一整套高校毕业生就业政策体系。根据国务院文件精神，结合本地实际，全国已有27个省级政府出台具体实施办法"。[2] 根据大学生就业促进政策所起的作用不同，我国现行的大学生就业促进政策可以分为服务型政策、激励型政策、引导型政策以及保障型政策。

## 一、服务型政策

从世界各国的就业实践来看，就业服务是能够有效改善和调节市场供求的直接手段，是一种客观存在的劳动力市场机制。其主要是通过劳动力市场信息、职业介绍、职业指导和相应的职业培训等手段的运用，实现劳动力供求均衡、减少劳动力市场摩擦、降低劳动力交易成本。也就是说，大学生就业服务政策是"由学生、高校、政府和市场等共同构建的，以促进高校毕业生

[1] 杨伟国、王飞："大学生就业：国外促进政策及对中国的借鉴"，载《中国人口科学》2004年第4期。

[2] "中国大学生就业政策体系基本形成27省出台细则"，载《中国青年报》2009年6月5日。

充分就业并能维持较好的就业状态为终极目标的综合服务体系”。❶ 从总体上来看，我国大学生就业促进服务政策包括就业指导服务、就业信息服务、就业见习服务和职业培训服务等。

（1）就业指导政策。所谓就业指导，就是由专门的就业指导机构帮助择业者确定职业方向、选择职业、准备就业，并谋求职业发展的咨询指导过程。❷ 大学生就业指导，能够校正大学生的就业观、择业观；能让大学生熟悉就业的基本途径，掌握就业的基本知识，促进大学生就业。为此，国务院、教育部、人力资源社会保障部等部门以通知、意见以及发函等形式建立了以政府公共就业服务机构和高等院校为主体的大学生就业指导制度。一方面，要求“政府有关部门要切实做好高校毕业生就业工作，加强就业指导，全面提高服务水平”。❸ “各省（自治区、直辖市）人民政府要尽快建立并完善高校毕业生就业指导服务机构，在场地、经费、人员等方面给予充分保证”。❹ “地方各级政府要高度重视公共就业服务体系建设工作，将其作为服务型政府建设的重要内容。县级以上人民政府建立健全公共就业服务体系，加强公

---

❶ 吴世丽、仪建红：“关于促进和完善高校毕业生就业服务体系建设的思考——基于国际经验的分析视角”，载《理工高教研究》2010 年第 1 期。

❷ 高继花：“浅谈高校就业职业指导工作”，载《出国与就业》2012 年第 2 期。

❸ 国务院办公厅转发教育部等部门《关于进一步深化普通高等学校毕业生就业制度改革有关问题意见的通知》（国办发［2002］19 号）。

❹ 教育部、公安部、人事部、劳动保障部《关于切实做好普通高等学校毕业生就业工作的通知》（教学［2002］16 号）。

共就业服务机构建设”。❶ 另一方面，明确“高校必须建立并健全毕业生就业指导服务机构，在办公条件、人员等方面给予充分保证。要尽快提高就业指导教师队伍的整体业务素质，把就业指导教师队伍建设摆到整个高校师资队伍建设的重要位置，努力提高就业指导队伍的专业化和职业化水平”。❷ 同时，要求“所有普通高校开设职业发展与就业指导课程，并作为公共课纳入教学计划，贯穿学生从入学到毕业的整个培养过程”。❸

（2）就业信息服务政策。就业信息服务，主要是指政府、高校、用人单位以提高大学生岗位—需求匹配效率为目的，共同为大学生提供多渠道就业信息、开展信息素质教育、建设信息服务平台等一列服务过程。❹ 就业信息服务是促进毕业生顺利就业的前提和基础。有鉴于此，我国出台了一系列加强就业信息服务的政策。在人才市场方面，1994 年，中共中央组织部、人事部关于印发《加快培育和发展我国人才市场的意见》，明确人才市场应通过人才需求、人才供给等信息服务促进人才合理流动，实现人才充分就业的职能，并强调重视人才信息业的发展，充分利用现有的传播媒介，发展专门的人才信息传播媒介，逐步实现信息手段现代化，建立全国性的人才供求信息网络。随后，无论是中共中央国务院《关于进一步加强人才工作的决定》，还是人事

---

❶ 人力资源和社会保障部《关于进一步加强公共就业服务体系建设的指导意见》（人社部发［2009］116 号）。

❷ 教育部《关于进一步加强普通高等学校毕业生就业指导服务机构及队伍建设的几点意见》（教学［2002］18 号）。

❸ 教育部《大学生职业发展与就业指导课程教学要求》（教高厅［2007］7 号）。

❹ 何可凝：《中美大学生就业服务体系比较研究》，苏州大学 2012 年硕士学位论文，第 41 ~42 页。

部《关于加快发展人才市场的意见》（国人部发［2004］12号）都提出要建立和完善人才市场体系，以提高人才市场服务的信息化水平，开展网上招聘应聘、人才推荐、远程面试等活动，促进人才合理流动。在高校方面，教育部发布《关于加强高校毕业生就业信息服务工作的通知》（教学［2013］5号）要求高校既要大力收集岗位信息，为毕业生提供多种就业服务，持续举办优质高效的招聘活动；也要充分发挥网络招聘服务及时、高效、便捷的优势，充分运用“全国大学生就业信息服务一体化系统”及就业网、微博、手机短信等新型传播手段及时发布招聘信息，进一步完善岗位信息收集、发布、查询和更新功能，开展远程视频面试、就业创业模拟实训、网上测评、在线政策咨询、求职帮扶、在线招聘预约等服务，切实降低高校毕业生求职成本。

（3）就业见习政策。所谓高校毕业生就业见习，就是政府劳动保障部门与企业单位合作，确定一批见习基地，提供见习岗位，组织已进行失业登记并有见习要求的高校毕业生参加见习，由各级劳动保障部门与有关部门协调，落实见习期间高校毕业生的基本生活补助，适当给予见习补贴。❶ 建立高校毕业生就业见习制度是疏通高校毕业生面向基层就业渠道、改善基层人才匮乏现状的重要措施。所以，我国已经开始高校毕业生就业见习制度的探讨以及就业见习政策的推行。2005年中共中央办公厅、国务院办公厅印发《关于引导和鼓励高校毕业生面向基层就业的意见》的通知（中办发［2005］18号）中规定：“探索建立高校毕业生就业见习制度”。2006年，人事部、教育部、财政部、劳动和社会保障部、国务院国有资产监督管理委员会、国防科学技

❶ 张勇：“高校毕业生就业见习的法律规范及权益保障”，载《河南师范大学学报》2010年第6期。

术工业委员会《关于建立高校毕业生就业见习制度的通知》（国人部发［2006］17号）要求："各相关部门要积极做好见习单位和见习基地建设工作；有计划地组织未就业高校毕业生参加就业见习；促进供需见面，尽快实现就业。"2009年，人力资源社会保障部等部门《关于印发三年百万高校毕业生就业见习计划的通知》（人社部发［2009］38号）决定："自2009～2011年，用3年时间组织100万离校未就业高校毕业生参加就业见习。"同时，共青团中央办公厅关于印发《关于建立共青团"青年就业创业见习基地"的指导意见（试行）》的通知（中青办发［2009］3号）决定在全国范围内建立共青团青年就业创业见习基地。截至2013年全国已建成202家高校毕业生就业见习国家级示范单位，至此一项旨在促进大学生就业的制度在我国基本建立起来并得到逐步实施。

（4）职业培训政策。大学生的职业培训指接受过高等教育的在校生或毕业不久的毕业生，基于求职需求、个人兴趣等原因，进行的职业培训，并且获得相应的职业资格证书。[1] 我国的职业培训政策，包括就业技能培训、岗位技能提升培训、创业培训、职业技能鉴定服务以及职业培训补贴政策等内容。鉴于职业培训是提高劳动者技能水平和就业创业能力的主要途径，劳动与社会保障部门下发《关于开展技能岗位对接专项服务活动的通知》（劳社部函［2005］35号）和《关于开展2006年技能岗位对接专项服务活动的通知》（劳社部函［2006］55号），对毕业生"技能岗位对接活动"作出明确部署。同时，在《关于开展大中专技校毕业生就业服务月活动的通知》（劳社厅函［2006］

[1] 牛贵贤：《中澳大学生职业培训的比较研究》，陕西师范大学2012年硕士学位论文，第6页。

388号）中要求“各地对登记失业的大中专毕业生，应根据其意愿，组织其参加职业资格培训、职业技能鉴定”。国务院《关于加强职业培训促进就业的意见》（国发［2010］36号）、人力资源社会保障部《关于加强高校毕业生职业培训促进就业的通知》（人社部发［2012］20号）、人力资源社会保障部办公厅《关于举办公共就业和人才服务业务培训班的通知》（人社厅函［2013］435号）等文件明确在促进大学生就业方面应健全职业培训制度、大力开展就业技能培训、切实加强岗位技能提升培训、完善职业培训补贴政策。另外，为应对国际金融危机对我国就业局势的影响，人力资源社会保障部、发展改革委、财政部发布《关于实施特别职业培训计划的通知》（人社部发［2009］8号）和《关于进一步实施特别职业培训计划的通知》（人社部发［2010］13号），决定于2009~2010年联合实施对登记求职的高校毕业生，要结合企业的实际需要和劳动者就业要求，积极开展中短期（1~6个月）实用技能培训的特别职业培训计划。

## 二、激励型政策

### （一）鼓励大学生自主创业的相关政策

“创业政策”是为激励一个国家或地区经济主体的创业精神并提高其创业活动水平而采取的政策措施，其内容主要针对创业过程的前期、中期和后期各个阶段，着眼于创业者的创业动机、机会和技能并以鼓励更多的人创建自己的企业作为首要目标。[1]大学生自主创业政策是政府以文件形式为大学生创业活动提供经

[1] Anders Sundstrand and Lois Stevenson, Entrepreneurship Policy for the Future, Swedish Foundation for Small Business Research, Irwin, 2003（1）：45.

济、教育、政府服务等扶持所做出的各种规定。[1] 大学生自主创业不仅可以解决自己的就业问题，还可以为社会创造更多的就业岗位。政府通过政策扶持大学生自主创业，对促进经济社会发展、缓解就业压力、实现政府责任、满足高等教育发展需要等具有重要意义。因此，近年来，国务院办公厅及有关部门制定一系列相关政策支持毕业生自主创业。

2002 年国务院办公厅转发教育部《关于进一步深化普通高等学校毕业生就业制度改革有关问题意见的通知》（国办发［2002］19 号），提出“鼓励和支持高校毕业生自主创业，工商和税收部门要简化审批手续，积极给予支持”。2003 年财政部、国家发展和改革委员会发布《关于切实落实 2003 年普通高等学校毕业生从事个体经营有关收费优惠政策的通知》（财综［2003］48 号）规定：“凡 2003 年应届高校毕业生从事个体经营的，除国家限制的行业（包括建筑业、娱乐业以及广告业、桑拿、按摩、网吧、氧吧等）外，自工商部门批准其经营之日起一年内免交登记类和管理类的各项行政事业性收费。”2004 年，共青团中央、劳动和社会保障部颁发《关于深入实施“中国青年创业行动”促进青年就业工作的意见》，提出普及创业意识、培养创业能力、提高创业服务和优化创业环境四项具体对策。2005 年，教育部发布《关于做好 2005 年普通高校毕业生就业重点工作的通知》（教学厅［2005］4 号）要求：“促进毕业生就业和创业的各项政策落实到位。”2006 年，国务院十四部委联合发出《关于切实做好 2006 年普通高等学校毕业生就业工作的通知》，提出：“切实加大对高校毕业生自主创业的扶持力度；要进一步

[1] 吴珊：《大学生自主创业的政府扶持政策研究》，中南大学 2012 年硕士学位论文，第 7 页。

落实对从事个体经营的高校毕业生三年内免交登记类、管理类和证照类的各项行政事业性收费的优惠政策。”2008 年，《国务院关于做好促进就业工作的通知》（国发［2008］5 号）规定：“改善创业环境，促进创业带动就业。完善支持自主创业、自谋职业政策体系，建立健全政策扶持、创业服务、创业培训三位一体的工作机制。”中国人民银行、财政部、人力资源和社会保障部《关于进一步改进小额担保贷款管理积极推动创业促就业的通知》（银发［2008］238 号）提出完善“小额担保贷款 + 信用社区建设 + 创业培训”的联动工作机制；进一步扩大借款人范围，提高贷款额度，对个人新发放的小额担保贷款最高额度由 2 万元提高到 5 万元。2010 年，教育部《关于做好 2010 年普通高等学校毕业生就业工作的通知》在创业政策方面有了更为具体的规定，要求全面加强高校学生创业教育、建设高校学生创业实践及孵化基地、省级主管部门加大自主创业政策扶持力度。教育部《关于大力推进高等学校创新创业教育和大学生自主创业工作的意见》，从高校创新创业教育与创业基地建设两方面对大学生自主创业工作提出详细要求。人力资源和社会保障部《关于实施大学生创业引领计划的通知》（人社部发［2010］31 号）提出：“2010 ~ 2012 年，三年引领 45 万名大学生实现创业。其中，2010 年不少于 10 万人，2011 年不少于 15 万人，2012 年不少于 20 万人。”

### （二）鼓励大学生到特定地区、行业就业的相关政策

为鼓励大学生到特定地区就业或从事特定的职业，实施大学生人力资本投资收益的补偿机制及国际管理。我国自 2003 年开始实施就业激励政策，并取得显著的成效，这些政策在此之后得到进一步的完善和强化。国务院办公厅在《关于做好 2003 年普通高等学校毕业生就业工作的通知》（国办发［2003］49 号）

规定："鼓励各类企事业单位特别是中小企业和民营企业单位聘用高校毕业生，政府有关部门要为其提供便利条件和相应服务。"国务院办公厅《关于进一步做好2004年普通高等学校毕业生就业工作的通知》（国办发［2004］35号）部署：政府支持的西部大开发、振兴东北地区等老工业基地、国家西部地区"两基"攻坚等重大项目，要积极吸纳高校毕业生。中共中央办公厅、国务院办公厅印发《关于引导和鼓励高校毕业生面向基层就业的意见》的通知（中办发［2005］18号）提出："完善鼓励高校毕业生到西部地区和艰苦边远地区就业的优惠政策。要完善人才资源市场配置与政府宏观调控相结合的运行机制，进一步消除政策障碍，健全社会保障体系，促进高校毕业生到西部地区、艰苦边远地区和艰苦行业就业。"中共中央组织部、人事部等八部门下发《关于组织开展高校毕业生到农村基层从事支教、支农、支医和扶贫工作的通知》（国人部发［2006］16号）规定："鼓励高校毕业生到西部去、到基层去、到祖国最需要的地方去，国家从2006年开始连续5年，每年招募2万名高校毕业生，主要安排到乡镇从事支教、支农、支医和扶贫工作。"国务院办公厅《关于加强普通高等学校毕业生就业工作的通知》（国办发［2009］3号）要求："鼓励高校毕业生积极参加社会主义新农村建设、城市社区建设和应征入伍。对到中西部地区和艰苦边远地区县以下农村基层单位就业、并履行一定服务期限的高校毕业生，以及应征入伍服义务兵役的高校毕业生，按规定实施相应的学费和助学贷款代偿。"

（三）鼓励高校毕业生到中小企业和非公有制企业就业

各类中小企业和非公有制企业是高校毕业生就业的主要渠道。要进一步清理影响高校毕业生就业的制度性障碍和限制，为他们提供档案管理、人事代理、社会保险办理和接续、职称评定以及权益保障等方面的服务，形成有利于高校毕业生到企业就业的社会环境。对企业招用非本地户籍的普通高校专科以上毕业生，各地城市应取消落户限制（直辖市按有关规定执行）。企业招用符合条件的高校毕业生，可按规定享受相关就业扶持政策。劳动密集型小企业招用登记失业高校毕业生等城镇登记失业人员达到规定比例的，可按规定享受最高为200万元的小额担保贷款扶持。

（四）鼓励骨干企业和科研项目单位积极吸纳和稳定高校毕业生就业

为提高骨干企业人力资源质量和科研项目质量，进一步促进高校毕业生就业，对于有技术专长的优秀高校毕业生等，要采取相应的鼓励政策。鼓励国有大中型企业特别是创新型企业创造条件，更多地吸纳有技术专长的高校毕业生就业。充分发挥高新技术开发区、经济技术开发区和高科技企业集中吸纳高校毕业生就业的作用，加强人才培养使用和储备。2009年金融危机期间，国家颁布一系列促进就业政策规章，要求各地在实施支持困难企业稳定员工队伍的工作中，要引导企业不裁员或少裁员，更多地保留高校毕业生技术骨干，对符合条件的困难企业可按规定在2009年内给予不超过6个月的社会保险补贴或岗位补贴，由失业保险基金支付；困难企业开展在岗培训的，按规定给予资金补助。承担国家和地方重大科研项目的单位要积极聘用优秀高校毕业生参与研究，其劳务性费用和有关社会保险费补助按规定从项目经费中列支，具体办法由科技、教育、财政等部门研究制定。高校毕业生参与项目研究期间，其户口、档案可存放在项目单位所在地或入学前户籍所在地人才交流中心。聘用期满，根据工作需要可以续聘或到其他岗位就业，就业后工龄与参与项目研究期间的工作时间合并计算，社会保险缴费年限连续计算。

## 三、引导型政策

在引导高校毕业生就业方面，国家一方面要求加强对毕业生的就业指导和思想政治工作，鼓励和教育毕业生面向基层，自觉到经济建设和社会发展最需要的地方去工作，主动到祖国最需要的地方和艰苦行业去工作；另一方面加大舆论的宣传力度，提出要在全社会营造有利于高校毕业生就业，特别是到基层就业的良好社会氛围。目前国家引导和鼓励毕业生到城乡基层就业的政策主要包括大学生志愿服务西部计划、“三支一扶”计划、农村义务教育特设教师岗位政策、村官计划、选调生计划、卫生系统招募计划等。这些政策，明确了对到中西部基层就业的大学生学费和助学贷款代偿制度，对毕业后自愿到艰苦地区、艰苦行业工作，服务达到一定年限的和到农村从事支教、支农、支医和扶贫工作的学生的国家助学贷款、工资和职称评定以及报考研究生和公务员等给予优惠制度。

### （一）西部计划

西部计划，全称“大学生志愿服务西部计划”。2003 年 6 月 8 日，共青团中央、教育部、财政部和原人事部联合下发《关于实施大学生志愿服务西部计划的通知》（中青联发［2003］26 号），决定从 2003 年开始，按照公开招募、自愿报名、组织选拔、集中派遣的方式，每年招募一定数量的普通高校应届毕业生（含高职毕业生），到西部贫困县的乡镇一级从事为教育、卫生、农技、扶贫及青年中心建设和管理、全国农村党员干部现代远程教育试点工作、基层法院、基层检察院、基层司法援助、农村文化建设等各方面的志愿服务工作。服务期为 1 ~3 年。

### （二）“三支一扶”计划

“三支一扶”计划是指高校毕业生到农村从事支教、支农、支医和扶贫工作。2006 年 2 月 25 日，原人事部、中组部、教育部、财政部、农业部、卫生部、国务院扶贫办和团中央联合下发《关于组织开展高校毕业生到农村基层从事支教支农、支医和扶贫工作的通知》（国人部发［2006］16 号），决定从 2006 年起连续 5 年，按照公开招募、自愿报名、组织选拔、集中派遣的方式，每年招募 2 万名普通高校应届毕业生（含高职毕业生），安排到乡镇从事“三支一扶”工作。服务期一般为 2～3 年。2011 年，中组部、人力资源社会保障部、教育部、共青团中央等八部门联合下发《关于继续做好高校毕业生三支一扶计划实施工作的通知》（人社部发［2011］27 号）决定继续组织开展高校毕业生“三支一扶”计划，从 2011 年起，每年选拔 2 万名，5 年内选拔 10 万名高校毕业生到基层从事“三支一扶”服务。服务期间，“三支一扶”大学生户口保留在原学校管理，也可根据本人意愿将户口转至入学前户籍所在地，公安机关应按规定为其办理落户手续。服务期间人事档案统一转至服务单位所在地的县级政府人事部门，提供免费人事代理服务。

（三）农村义务教育特设教师岗位政策

特岗计划是从 2006 年开始启动，其背景是针对西部地区一些“两基”攻坚县教师紧缺的事实，公开招募高校毕业生到农村从事义务教育工作，创新农村学校教师的补充机制，逐步解决农村学校师资总量不足和结构不合理等问题，提高农村教师队伍的整体素质。2009 年继续实施“特岗计划”，并将实施范围扩大到中西部地区国家扶贫开发工作重点县。

2006 年 5 月 15 日，教育部、财政部、原人事部和中央编办联衔下发《关于实施农村义务教育阶段学校教师特设岗位计划的通知》（教师［2006］2 号），决定从 2006 年开始，用 5 年的时间公开招募毕业生（含专科毕业生）到西部地区“两基”攻坚县以下农村学校任教。服务期为3年。农村教师特岗计划要求是高等师范院校及其他院校应届毕业生、具有教师资格和实践经验的高校毕业生，公开招聘。“特岗计划”教师主要安排在县以下的农村乡镇初中，可适当兼顾乡镇中心小学。

（四）村官计划

高校毕业生到村任职工作计划，简称“村官计划”。为加快推进社会主义新农村建设，培养党政干部后备人才，2008年4月10日，中组部、教育部、财政部、人力资源和社会保障部联合发出《关于选聘高校毕业生到村任职工作的意见（试行）》（组通字［2008］18号），决定以公开招募、自愿报名、组织选拔、集中派遣的方式，从2008年开始，连续5年，每年选聘2万名专科以上毕业生到村任职工作，主要担任村党组书记助理、村委会主任助理以及村团组织书记和副书记等职务。服务期为2~3年。选聘工作一般通过个人报名、资格审查、组织考察、体检、公示、决定聘用、培训上岗等程序进行。

（五）选调生计划

选调生是组织部门有计划地从高等院校选调品学兼优的应届大学本科以上毕业生到基层工作，作为党政领导干部后备人选和县级以上党政机关高素质的工作人员人选进行重点培养，这批毕业生简称“选调生”。按照党中央关于抓紧培养选拔优秀年轻干部的要求，1980年以来，各省区市党委组织部有计划地从高等院校选调品学兼优的应届大学毕业生到基层工作，重点培养。2000年，中央组织部发布《中央组织部关于进一步做好选调应届优秀大学毕业生到基层培养锻炼工作的通知》（组通字［2000］3号），要求由组织部牵头，坚持“公开、平等、竞争、择优”的原则，采取本人自愿报名、院校党组织推荐、组织（人事）部门考试考核相结合的办法，选调品学兼优的应届大学毕业生到基层工作，重点是培养党政领导干部后备人选，同时为县级以上党政机关培养高素质的工作人员。2008年，时任中央政治局常委习近平在全国组织工作会议上指出，要坚持和完善选调生制度。2010年，李源潮同志指出，选调生作为“基层一线党政领导下部培养选拔链”的紧密一环，要成为中共未来10年干部培养规划的组成部分。

（六）卫生系统招募计划

招募大学生到乡镇卫生院工作；服务期不低于5年；木科生一次性补助2万元/人，专科生1万元/人；工资直接定级并高于同类人员一档，还可享受浮动岗位津贴。从1999年9月开始，安徽省以“青年卫生志愿者服务队”形式在全国较早开展这项工作。[1]这项工作由卫生部门牵头，各地轰轰烈烈地开展此项工作。

## 四、保障型政策

就业保障扶持政策即就业保障性政策，包括派遣接收政策、毕业生权益维护政策及社会保障政策，如对高校毕业生就业市场、人才市场、中介服务机构进行监督规范管理，维护毕业生权益，改革阻碍毕业生异地就业的户籍、干部人事制度，促进人才合理流动，加强对各类招聘会的监督规范管理等。对自主创业毕业生、困难家庭毕业生、女性毕业生、少数民族毕业生、对毕业时尚未落实就业岗位的毕业生及登记失业的毕业生等特定群体的扶持政策。

（一）派遣接受政策

人事部《关于做好2003年全国普通高等学校毕业生就业接

[1] 周玲：《大学毕业生基层就业导向研究》，安徽农业大学2012年学士学位论文，第14页。

收工作的通知》（人发［2003］10 号）提出，“对现行的高校毕业生就业接收政策进行清理，修改、取消不利于高校毕业生择业的政策规定，允许高校毕业生跨省（自治区、直辖市）、跨地（市）就业，并要进一步简化有关就业接收手续；要协助到非公有制单位就业和自主创业的高校毕业生办理报到、落户手续，提供相关的人事代理服务，解除其后顾之忧”。“对毕业离校时未落实工作单位的高校毕业生，本人要求户口和人事档案保留在学校的，按规定保留两年。对企业跨地区聘用的高校毕业生，要取消落户限制”。2007 年出台的《关于进一步发挥政府人事部门职能作用促进高校毕业生就业的通知》（国人部发［2007］107 号）中提出：“各级政府人事部门要积极开展面向到非公单位工作和到农村基层服务的高校毕业生的人事代理服务，为他们提供人事关系接转、人事档案管理、转正定级、党团关系接转、专业技术职称申报、社会保险缴纳、户口迁转手续等方面的优质服务。”另外，《关于切实做好 2007 年普通高等学校毕业生就业工作的通知》（国办发［2007］26 号）提出：“地方有关部门要简化手续，方便已落实就业岗位的高校毕业生落户，提倡有条件的地方实行先落户后就业。”

（二）大学生就业权益维护政策

在权益维护政策方面，《关于贯彻落实国务院办公厅关于做好 2003 年普通高等学校毕业生就业工作的通知若干问题的意见》（劳社部发［2003］14 号）提出要加强宣传指导，防止招聘过程的各种歧视，保障高校毕业生在内的全体劳动者的合法权益。组织开展企业用工情况大检查，对各类用人单位招聘高校毕业生不签订劳动合同、滥用试用期、拖欠和克扣工资、拒缴社会保险费等违法行为，要依法查处。《关于进一步做好 2004 年普通高等学校毕业生就业工作的通知》提出，“对于以非全日制、临时性和弹性工作等灵活形式就业以及到个体、私营等非公有制经济组织就业的高校毕业生，要按照有关规定，在工资支付、社会保险、劳动争议处理等方面维护其合法权益”。另外，不得以营利为目的举办高校毕业生招聘活动，严格规范各种毕业生招聘会秩序，切实维护毕业生的合法权益，保障毕业生人身安全。高校毕业生就业主管部门及其他有关部门要建立用人单位招聘毕业生信用制度，对发布虚假招聘信息，利用招聘进行欺诈，损害毕业生权益的，要及时严肃处理。2005 年《关于贯彻落实中共中央办公厅国务院办公厅引导鼓励高校毕业生面向基层就业意见的通知》提出，要加强劳动保障监察常规检查，重点检查中小企业和非公有制单位在招用高校毕业生过程中执行劳动合同制度、支付工资报酬和参加社会保险等情况，维护高校毕业生合法权益。

（三）大学生就业社会保障政策

对于高校毕业生的社会保障政策，2002 年《关于进一步深化普通高等学校毕业生就业制度改革有关问题的意见》规定，用人单位要按照国家有关规定与所聘高校毕业生签订劳动合同，为其办理社会保险手续，缴纳社会保险费，保障其合法权益。从事个体经营和自由职业的高校毕业生要按当地政府的规定，到社会保险经办机构办理社会保险登记，交纳社会保险费。2005 年出台的《关于贯彻落实中共中央办公厅国务院办公厅引导鼓励高校毕业生面向基层就业意见的通知》规定：各级劳动保障部门要不断完善高校毕业生到基层就业的社会保险参保办法，切实搞好社会保险关系转移和接续服务。对于到基层灵活就业和自主创业、在企业工作以及在机关事业单位工作的高校毕业生的社会保障问题进行了详细规定。

（四）大学生就业援助政策

“就业援助”这一概念正式提出于 2002 年我国的《政府工作

报告》，其中提出："对弱势群体要给予特殊就业援助"。[1] 高校毕业生的就业援助，就是通过政府、企事业单位等社会组织和高校制定各种措施，帮助毕业后未能顺利就业的大学生就业的过程，包括就业指导、就业培训、就业推荐以及创造其他条件就业等。

2008 年国务院多部门联合发布的《关于促进以创业带动就业工作的指导意见》规定："为贯彻落实'十七大'思想，全面实施《就业促进法》，要求完善扶持政策，改善创业环境，加强组织领导，强化创业培训，提高创业能力，健全服务体系，提供优质服务。"2009 年人力资源和社会保障部、教育部、财政部等六部门联合下发《关于实施"2010 高校毕业生就业推进行动"大力促进高校毕业生就业的通知》规定："要求各地区、各部门继续把高校毕业生就业摆在当前就业工作的首位，全力促进高校毕业生就业。"2009 国务院出台《国务院关于做好当前形势下就业工作的通知》规定："紧密结合实施扩大内需促进经济增长的措施，扩大就业；采取各项措施减轻企业负担，鼓励企业稳定就业岗位；进一步加大政策扶持力度，鼓励劳动者多渠道就业；切实做好重点人群的就业工作，强化公共就业服务；实施特别职业培训计划，帮助更多的劳动者提高职业技能。"2010 年人力资源社会保障部发布《关于加强就业援助工作的指导意见》规定："全面履行就业促进法赋予的就业援助工作职责，切实做好就业困难人员和零就业家庭就业工作，实现就业援助工作精细化、长效化。"2010 年国务院发布《国务院关于加强职业培训促进就业的意见》规定："认识职业培训的重要性，加大资金支持，大力开展各种形式的职业培训以促进就业。"相关文件见表 2-1。

---

[1] 马美：《大学生就业困难群体援助：现状、困境与出路》，云南师范大学 2009 年硕士学位论文，第 11 页。

**表 2－1　我国现行大学生就业促进政策相关文件（部分）（2002～2013）**

| 年份 | 大学生就业促进政策相关文件 |
|---|---|
| 2002 | 国务院办公厅转发教育部等部门《关于进一步深化普通高等学校毕业生就业制度改革有关问题意见的通知》国办发［2002］19 号（2002. 3），中共中央组织部、人事部、中央机构编制委员会办公室、财政部《关于做好选拔到农村基层工作的高校毕业生管理使用工作有关问题的通知》人发［2002］60 号（2002. 6），教育部、公安部、人事部、劳动保障部《关于切实做好普通高等学校毕业生就业工作的通知》教学［2002］16 号（2002. 9），中共中央、国务院《关于进一步做好下岗工人再就业工作通知》中发［2002］12 号（2002. 9），教育部《关于进一步加强普通高等学校毕业生就业指导服务机构及队伍建设的几点意见》教学［2002］18 号（2002. 12），等等 |
| 2003 | 人事部《关于做好 2003 年全国普通高等学校毕业生就业接收工作的通知》人发［2003］10 号（2003. 1），教育部《关于进一步深化教育改革，促进高校毕业生就业工作的若干意见》教学［2003］6 号（2003. 4），国务院办公厅在《关于做好 2003 年普通高等学校毕业生就业工作的通知》国办发［2003］49 号（2003. 5），财政部、国家发展和改革委员会《关于切实落实 2003 年普通高等学校毕业生从事个体经营有关收费优惠政策的通知》财综［2003］48 号（2003. 6），2003 年 6 月，劳动与社会保障部《关于贯彻落实国务院办公厅关于做好 2003 年普通高等学校毕业生就业工作的通知若干问题的意见》劳社部发［2003］14 号（2003. 6），国家工商行政管理局《关于 2003 年普通高等学校毕业生从事个体经营有关收费优惠政策的通知》工商个字［2003］第 76 号（2003. 6），共青团中央、教育部、财政部、人事部《关于实施大学生志愿服务西部计划的通知》中青联发［2003］26 号（2003. 6），国家发展和改革委员会下发《关于鼓励中小企业聘用高校毕业生搞好就业工作的通知》发改企业［2003］1209 号（2003. 9），等等 |
| 2004 | 人事部《关于加快发展人才市场的意见》国人部发［2004］12 号（2004. 2），中国人民银行、财政部、劳动和社会保障部《关于进一步推进下岗失业人员小额担保贷款工作的通知》银发［2004］51 号（2004. 3），共青团中央、教育部、财政部、人事部《关于做好 2004 年大学生志愿服务西部计划工作的通知》中青联发［2004］16 号（2004. 4），国务院办公厅《关于进一步做好 2004 年普通高等学校毕业生就业工作的通知》国办发［2004］35 号（2004. 4），等等 |
| 2005 | 劳动和社会保障部《关于开展技能岗位对接专项服务活动的通知》劳社部函［2005］35 号（2005. 3），中共中央办公厅、国务院办公厅印发《关于引导和鼓励高校毕业生面向基层就业的意见》的通知中办发［2005］18 号（2005. 6），国务院《关于进一步加强就业再就业工作的通知》国发［2005］36 号（2005. 12），人事部办公厅关于转发辽宁省人事厅、公安厅《关于高校毕业生通过中国东北毕业生人才市场办理就业手续有关问题的通知》的通知国人厅发［2005］146 号，劳动和社会保障部《关于上报高校毕业生就业工作情况的函》劳社培就司函［2004］131 号（2005. 12），等等 |

续表

| 年份 | 大学生就业促进政策相关文件 |
|---|---|
| 2006 | 财政部、国家发展改革委《关于对从事个体经营的下岗失业人员和高校毕业生实行收费优惠政策的通知》财综［2006］7号（2006.1），中央组织部、人事部、教育部、财政部、农业部、卫生部、国务院扶贫办、共青团中央《关于组织开展高校毕业生到农村基层从事支教、支农、支医和扶贫工作的通知》国人部发［2006］16号（2006.2），人事部、教育部、财政部、劳动和社会保障部、国务院国有资产监督管理委员会、国防科学技术工业委员会《关于建立高校毕业生就业见习制度的通知》国人部发［2006］17号（2006.2），劳动保障部办公厅《关于开展大中专技校毕业生就业服务月活动的通知》劳社厅函［2006］388号（2006.8），教育部、人事部、劳动保障部、国家发展改革委、国资委《关于组建全国高校毕业生就业网络联盟及举办首次网络招聘月活动的通知》教学厅［2006］8号（2006.12），等等 |
| 2007 | 教育部办公厅、人事部办公厅、劳动和社会保障部办公厅《关于2007年联合举办高校毕业生网上招聘活动的通知》教学厅函［2007］3号（2007.2），国务院办公厅《关于切实做好2007年普通高等学校毕业生就业工作的通知》国办发［2007］26号（2007.4），劳动和社会保障部《关于做好2007年高校毕业生就业有关工作的通知》劳社部发［2007］13号（2007.4），国务院《关于建立健全普通本科高校高等职业学校和中等职业学校家庭经济困难学生资助政策体系的意见》国发［2007］13号（2007.5），教育部、人事部、劳动保障部《关于积极做好2008年普通高等学校毕业生就业工作的通知》教学［2007］24号（2007.11），等等 |
| 2008 | 国务院《关于做好促进就业工作的通知》国发［2008］5号（2008.2），教育部办公厅、人事部办公厅、劳动和社会保障部办公厅《关于2008年联合举办高校毕业生网上招聘活动的通知》教学厅函［2008］1号（2008.2），劳动和社会保障部《关于印发2008年培训就业工作安排的函》劳社培就司函［2008］1号（2008.2），劳动与社会保障部关于贯彻实施《国务院关于做好促进就业工作的通知》的通知劳社部发［2008］8号（2008.3），中共中央组织部、教育部、财政部、人力资源和社会保障部《关于选聘高校毕业生到村任职工作的意见（试行）》组通字［2008］18号（2008.4），人力资源和社会保障部《关于开展2008年高校毕业生就业服务月专项活动的通知》人社部明电［2008］17号（2008.8），等等 |

续表

| 年份 | 大学生就业促进政策相关文件 |
|---|---|
| 2009 | 国务院办公厅《关于加强普通高等学校毕业生就业工作的通知》国办发［2009］3号（2009.1），共青团中央办公厅关于印发《关于建立共青团“青年就业创业见习基地”的指导意见（试行）》的通知中青办发［2009］3号（2009.1），人力资源社会保障部、发展改革委、财政部《关于实施特别职业培训计划的通知》人社部发［2009］8号（2009.1），人力资源社会保障部、教育部、工业和信息化部、国资委、国家工商总局、全国工商联、共青团中央《关于印发三年百万高校毕业生就业见习计划的通知》人社部发［2009］38号（2009.4），人力资源社会保障部办公厅、教育部办公厅《关于做好高校毕业生就业见习有关工作的通知》人社厅函［2009］196号（2009.5），国家工商总局《关于实施三年百万高校毕业生就业见习计划做好毕业生就业创业工作的通知》工商个字［2009］121号（2009.6），等等 |
| 2010 | 人力资源社会保障部、发展改革委、财政部《关于进一步实施特别职业培训计划的通知》人社部发［2010］13号（2010.2），中共中央组织部、人力资源和社会保障部、教育部、财政部、农业部、卫生部、国务院扶贫开发领导小组、共青团中央《关于做好2010年高校毕业生三支一扶计划实施工作的通知》人社部发［2010］23号（2010.4），国务院《关于加强职业培训促进就业的意见》国发［2010］36号（2010.10），人力资源社会保障部办公厅《关于做好2010年高校毕业生就业见习目标任务和见习示范基地申报工作的函》人社厅函［2010］250号（2010.6），人力资源社会保障部办公厅《关于下达2010年度高校毕业生就业见习任务和公布首批高校毕业生就业见习国家级示范单位名单的通知》人社厅发［2010］75号（2010.8），等等 |
| 2011 | 国务院《关于进一步做好普通高等学校毕业生就业工作的通知》国发［2011］16号（2011.5），国资委办公厅《关于做好2011年招收高校毕业生工作的通知》国资厅发分配［2011］45号（2011.6），人力资源和社会保障部《关于开展2011年全国高校毕业生就业服务月活动的通知》人社部函［2011］228号（2011.7），人力资源和社会保障部办公厅《关于下达2011年度高校毕业生就业见习任务的通知》人社厅发［2011］79号（2011.8），教育部《关于做好2011年全国普通高等学校毕业生就业工作的通知》教学［2010］11号（2011.11），等等 |
| 2012 | 教育部《关于做好2012年全国普通高等学校毕业生就业工作的通知》教学［2011］12号，人力资源社会保障部《关于加强高校毕业生职业培训促进就业的通知》人社部发［2012］20号（2012.3），国务院办公厅《关于做好2013年全国普通高等学校毕业生就业工作的通知》国办发［2013］35号（2012.5），人力资源和社会保障部财政部《关于进一步完善公共就业服务体系有关问题的通知》人社部发［2012］103号（2012.12），等等 |

续表

| 年份 | 大学生就业促进政策相关文件 |
|---|---|
| 2013 | 人力资源社会保障部办公厅、教育部办公厅《关于做好未就业普通高校毕业生信息衔接工作的通知》人社厅发［2013］30号（2013.3），人力资源和社会保障部《关于建立31个大中城市就业形势分析月报制度的通知》人社部函［2013］67号（2013.4），人力资源社会保障部、教育部、全国总工会、全国工商联《关于举办2013年全国民营企业招聘周活动的通知》人社部函［2013］80号（2013.4），人力资源社会保障部《关于实施离校未就业高校毕业生就业促进计划的通知》人社部发［2013］41号（2013.5），人力资源社会保障部、教育部、财政部《关于做好高校毕业生求职补贴发放工作的通知》人社部发［2013］43号（2013.6），人力资源社会保障部办公厅《关于公布第二批高校毕业生就业见习国家级示范单位名单的通知》人社厅发［2013］83号（2013.8），人力资源社会保障部办公厅《关于举办公共就业和人才服务业务培训班的通知》人社厅函［2013］435号（2013.9），财政部、人力资源社会保障部、中国人民银行《关于加强小额担保贷款财政贴息资金管理的通知》财金［2013］84号（2013.9），等等 |

## 第二节　我国现行大学生就业促进法律制度

促进大学生就业既是对大学生就业权的保障，也是对社会整体经济利益的维护。“法律的全部意义是实践问题”，❶ 就业促进法律制度是促进就业的重要保障制度。我国现行大学生就业促进法律制度可以从内容和形式上予以把握。

在内容上，就业促进法律一般可以分为广义的就业促进法律、中义和狭义三个层次。❷ 广义的就业促进法律涵盖就业前和就业中两个阶段，包括劳动合同和就业后职业培训；中义的内容仅涵盖就业前阶段，以未实现就业和未实现充分就业的劳动者为

❶ Pound, *On My Philosophy of Law*, New Haven Press, 1942, p. 249.

❷ 王全兴、侯玲玲：“我国制定‘就业促进法’的若干问题初探”，载《中国劳动》2004年第7期。

促进对象，其中不包括劳动合同制度，但包括职业培训和失业保险制度；狭义的就业促进法也仅涵盖就业前阶段，不包括劳动合同、职业培训和失业保险制度。

在形式上，根据我国《立法法》的规定，法律在形式上包括法律、行政法规、地方性法规、自治条例和单行条例、国务院部门规章和地方政府规章等。由此可知，就业促进法律应包括与就业促进有关的法律、法规、条例、规章以及与促进就业有关的其他规范性文件等形式。[1] 相应的，我国大学生就业促进立法应当包括与大学生就业促进有关的法律、法规、条例、规章以及相关规范性文件等形式。

## 一、大学生就业促进相关法律

与大学生就业促进相关的法律主要有《宪法》《劳动法》《劳动合同法》《就业促进法》《中小企业促进法》《高等教育法》以及《民办教育促进法》等。

(1)《宪法》。《宪法》在第二章“公民的基本权利和义务”中明确规定劳动权是公民的一项基本权利。一方面它以根本法的形式保护劳动者通过出让劳动力使用权的方式，从而获取报酬的权利，以维护劳动者最基本的生存和个人发展权，保护公民所享有的基本人权。另一方面其强调公民不能实现就业时，国家有保障其基本生活的义务，也即“公民通过个人努力，自谋职业不成时，可以要求国家提供就业机会，如仍不能实现就业，国家应通

[1] 杨德敏：《促进就业的财政法保障研究》，中国政法大学出版社2010年版，第114页。

过相应的社会保障制度来保障公民的基本生活需要”。[1] 具体来讲，我国《宪法》第 42 条规定：“中华人民共和国公民有劳动的权利和义务。国家应通过各种途径，创造劳动就业条件，加强劳动保护，改善劳动条件，在发展生产的基础上，提高劳动报酬和福利待遇。国家对就业前的公民进行必要的劳动就业训练。”其确立了政府促进就业的原则，从而为促进大学生就业提供了最高法律依据。

（2）《劳动法》。大学生毕业去找工作，实现就业是其就业权的应有之义，而《劳动法》作为一部专门保护劳动者权益的部门法，对于诸如大学生等劳动者就业权益的保障也是理所当然的。首先，《劳动法》在遵循《宪法》基本思想的指导下进一步且更加细致地规定劳动者平等权的行使，并明确规定禁止就业歧视。如第 3 条规定：“劳动者享有平等就业和选择职业的权利。”第 12 条规定：“劳动者就业，不因性别、宗教信仰、民族、种族不同而受歧视。”第 13 条规定：“妇女享有与男子平等的就业权利。除国家规定的不适合妇女的工种或者岗位外，在录用职工时，不得以性别为由拒绝录用妇女或者提高对妇女的录用标准。”其次，《劳动法》是促进经济发展和社会进步之法，其在“总则”中就提出国家采取各种措施，促进劳动就业，发展职业教育。同时，在第二章和第八章对促进就业和职业培训作了较详细的规定。在促进就业上，第 10 条规定：“国家通过促进经济和社会发展，创造就业条件，扩大就业机会。国家鼓励企业、事业组织、社会团体在法律、行政法规规定的范围内兴办产业或者拓展经营，增加就业。”关于职业培训制度，有如第 66 条：“国家通

[1] 林嘉、杨飞等：《劳动就业法律问题研究》，中国劳动社会保障出版社 2005 年版，第 105 页。

过各种途径，采取各种措施，发展职业培训事业，开发劳动者的职业技能，提高劳动者素质，增强劳动者的就业能力和工作能力。”第67条：“各级人民政府应当把发展职业培训纳入社会经济发展的规划，鼓励和支持有条件的企业、事业组织、社会团体和个人进行各种形式的职业培训。”第68条：“用人单位应当建立职业培训制度，按照国家规定提取和使用职业培训经费，根据本单位实际，有计划地对劳动者进行职业培训。从事技术工种的劳动者，上岗前必须经过培训。”第69条：“国家确定职业分类，对规定的职业制定职业技能标准，实行职业资格证书制度，由经过政府批准的考核鉴定机构负责对劳动者实施职业技能考核鉴定。”这些条文对于国家、各级政府、用人单位等劳动培训主体权利和义务作出指导性规定。

（3）《劳动合同法》。《劳动合同法》是为保护劳动者的合法权益而立，旨在构建和发展和谐稳定的劳动关系。因而，它的实施规范了用人单位的用工行为，加强对劳动者就业的权益保护，这对大学生就业无疑是有利的。[1] 它表现在以下方面：①《劳动合同法》第19～21条和第70条等对劳动合同试用期的约定、期限、薪酬和解除作了详细规定。同时，该法第83条明确用人单位违反试用期规定的由劳动行政部门责令改正，对于单独约定试用期期限的，视为正式劳动合同期限，对于侵犯劳动者合法权益的，应当向劳动者支付相应的赔偿金。这在一定程度上遏止了用人单位滥用试用期和压缩劳动合同期限的行为，促进了大学良好就业。②《劳动合同法》规定建立劳动关系，应当订立书面劳动合同。对于已建立劳动关系，未同时订立书面劳动合同的，应

[1] 崔玉隆、秦岭：“劳动合同法对大学生就业机制完善的促进”，载《市场论坛》2009年第12期。

当自用工之日起1个月订立书面劳动合同。若用人单位自用工之日起超过1个月不满1年未与劳动者订立书面劳动合同的，应当向劳动者每月支付2倍的工资。这意味着建立劳动关系用人单位必须订立书面合同，否则就要承担不签劳动合同的违法责任，这对提高大学生就业的签约率和就业质量起到促进作用。③严格规定解雇条件，明确规定解雇保护的情形。该法严格限定了用人单位解除劳动合同的条件，也在一定意义上维护了劳动关系稳定，促进了大学生就业。④《劳动合同法》规定用人单位具有如实告知劳动工作岗位相关真实情况的义务，劳动合同终止时，用人单位不再与劳动者续签合同的，也须向劳动者支付经济补偿金。这对大学毕业生签约前以及合同到期的权益都是很好的保障。

（4）《就业促进法》。2007年8月30日通过的《就业促进法》对于规范大学生就业具有十分重要的指导意义。[1] 这是我国第一部以就业促进为主要内容的法律，它的颁布施行，标志着我国在建设以《宪法》为依据、以《劳动法》为基础、以《就业促进法》和《劳动合同法》以及《社会保险法》为主干、以相关法律法规为配套的劳动保障法律体系方面，又迈出了至关重要的一步。①明确政府应建立就业专项资金，用于改善和扩大就业。第15条规定，县级以上人民政府应当根据就业状况和就业工作目标，在财政预算中安排就业专项资金用于促进就业工作。②规定劳动者的平等就业权，第3条、第26~29条等多项条款对于平等就业问题作出规定。③构建公共就业服务机构，第35条规定，县级以上人民政府建立健全公共就业服务体系，设立公共就业服务机构。公共就业服务机构应当不断提高服务的质量和

---

[1] 李清霞："试论就业促进法与大学生就业"，载《咸宁学院学报》2008年第2期。

效率，不得从事经营性活动。公共就业服务经费纳入同级财政预算。④规定就业援助制度，第 52 条规定，各级人民政府建立健全就业援助制度，采取税费减免、贷款贴息、社会保险补贴、岗位补贴等办法，通过公益性岗位安置等途径，对就业困难人员实行优先扶持和重点帮助。⑤“《就业促进法》把就业歧视的法律责任写进第 62 条，指出违反本法规定，实施就业歧视的，劳动者可以向人民法院提起诉讼”。[1] 所有这些，为促进大学生就业提供了法律制度保障。

（5）《中小企业促进法》。《中小企业促进法》是促进中小企业健康发展，扩大城乡就业之法；是改善中小企业经营环境，增加就业之法。该法涉及大学生就业促进的制度有：①政府有关部门应当采取措施，拓宽渠道，引导中小企业吸纳大中专学校毕业生就业。国家对失业人员创立的中小企业和当年吸纳失业人员达到国家规定比例的中小企业，在一定期限内减征、免征所得税，实行税收优惠。②国家鼓励中小企业与研究机构、大专院校开展技术合作、开发与交流，促进科技成果产业化，积极发展科技型中小企业；鼓励有关机构、大专院校培训中小企业经营管理及生产技术等方面的人员，提高中小企业营销、管理和技术水平。

（6）《高等教育法》。《高等教育法》立法宗旨是发展高等教育事业，实施科教兴国战略。当然，其主要内容是关于高等教育制度，高等学校的设立、组织和活动，高等教育投入和条件保障等问题。从文本上看，虽然《高等教育法》提到大学生就业问题的地方寥寥无几，但是大学生就业也是其关注的内容。一方面，以法律的形式确定高等教育基本制度，并明确高等教育的目

[1] 李明宇：“就业促进法助推大学生就业”，载《中国劳动保障报》2007 年 9 月 22 日，第 2 版。

的，为大学生知识、能力培养做足制度保障。这样，大学生能力培养得到保质、保量，其就业适应能力也会提高。另一方面，在《高等教育法》第六章关于高等学校的学生中规定，高等学校应当为毕业生、结业生提供就业指导和服务。

(7)《民办教育促进法》。《民办教育促进法》涉及大学生就业的条文有：第4条，民办学校应当遵守法律、法规，贯彻国家的教育方针，保证教育质量，致力于培养社会主义建设事业需要的各类人才。第25条，民办学校对招收的学生，根据其类别、修业年限、学业成绩，可以根据国家有关规定发给学历证书、结业证书或者培训合格证书。对接受职业技能培训的学生，经政府批准的职业技能鉴定机构鉴定合格的，可以发给国家职业资格证书。第33条，民办学校的受教育者在升学、就业、社会优待以及参加先进评选等方面享有与同级同类公办学校的受教育者同等权利。

此外，《职业教育法》《妇女权益保障法》《残疾人保障法》《民族区域自治法》《兵役法》《归侨侨眷权益保护法》《外国人在中国就业管理办法》等对促进大学生就业有所涉及。

## 二、大学生就业促进相关法规和规章

大学生就业促进相关法规和规章主要有《残疾人就业条例》《就业服务与就业管理规定》《普通高等学校毕业生就业工作暂行规定》《事业单位公开招聘人员暂行规定》以及各省、自治区、直辖市就业促进条例等。

### （一）《残疾人就业条例》

《残疾人就业条例》以就业保护和就业促进为宗旨，对保护和促进残疾人就业的形式、内容、政府职责、社会义务、组织实施、保障措施和应当遵循的原则等作出明确规定，以消除或减轻残疾障碍对残疾人平等就业权利实现的影响，促进残疾人与其他人群一道成为经济社会发展的重要力量。其中促进就业的规定有：（1）规定促进残疾人就业的保障措施。残疾人就业保障金的缴纳与管理；政府开发公益性岗位；国家扶持集中使用残疾人的用人单位；国家鼓励扶持残疾人自主择业、自主创业；政府扶持从事农业生产劳动的农村残疾人；为残疾人就业提供服务；等等。（2）明确不履行职责的法律责任。包括对侵犯残疾人就业保障金行为的处罚；对欠缴残疾人就业保障金行为的处罚以及对骗取税收优惠待遇行为的处罚。

（二）《就业服务与就业管理规定》

就业服务和就业管理是就业过程中重要的环节，良好的就业服务和高效的就业管理，为培育和完善统一开放、竞争有序的人力资源市场提供重要保障，也是服务和促进劳动者充分就业的助力器。鉴于此，《就业服务与就业管理规定》在求职与就业、招用人员、公共就业服务、就业援助、职业中介服务、就业与失业管理等问题上作出了明确规定。

在规范求职与保障就业上，规定“劳动者依法享有平等就业的权利”“劳动者依法享有自主择业的权利”“国家鼓励劳动者在就业前接受必要的职业教育或职业培训；国家鼓励劳动者自主创业、自谋职业”。在引导招录人员上规定，“用人单位招用人员，应当向劳动者提供平等的就业机会和公平的就业条件”。“用人单位招用人员时，应当依法如实告知劳动者有关工作内容、工作条件、工作地点、职业危害、安全生产状况、劳动报酬以及劳动者要求了解的其他情况”。“用人单位发布的招用人员简章或招聘广告，不得包含歧视性内容”。在建立公共服务上，规定县级以上劳动保障行政部门要建立健全覆盖城乡的公共就业服务体系。公共就业服务机构根据政府确定的就业工作目标任务，制定就业服务计划，推动落实就业扶持政策，组织实施就业服务项目，为劳动者和用人单位提供就业服务，对人力资源市场开展调查分析，并受人力资源与社会保障部门委托，办理促进就业的相关事务。在就业援助工作中，公共就业服务机构应当及时有效地为就业困难人员提供就业信息和服务，并建立就业困难人员帮扶制度，如建立零就业家庭即时岗位援助制度，提供就业岗位信息、组织技能培训，实现就业困难人员就业。在公益性岗位上安置的就业困难人员，按照国家规定给予岗位补贴。在职业中介管理上，要求“县级以上劳动保障行政部门应当加强对职业中介机构的管理，鼓励其提高服务质量，发挥其在促进就业中的作用”。“禁止任何组织或者个人利用职业中介活动侵害劳动者和用人单位的合法权益。”在就业与失业管理上，要求劳动保障行政部门应当建立健全就业登记制度和失业登记制度，完善就业管理和失业管理。

（三）《普通高等学校毕业生就业工作暂行规定》

为了理顺高等学校毕业生就业体制，完善改革措施，健全服务体系，优化资源配置，提高办学效益，使毕业生就业工作全面适应社会主义现代化建设对各类人才培养的需要，教育部研究制定了《普通高等学校毕业生就业工作暂行规定》（以下简称《规定》），以指导和管理全国高校毕业生就业工作，逐步把这项工作纳入规范化、法制化的轨道。这是我国第一部全面地规定普通高等学校毕业生就业工作的政府规章，它主要由总则、职责分工、毕业生就业工作程序、毕业生就业指导与毕业生鉴定、供需见面和双向选择活动、就业计划的制订、调配和派遣工作、接收工作及毕业生待遇以及违反规定的处理等部分构成。

该规定在“总则”中明确了做好普通高等学校毕业生就业工作、维护毕业生的合法权益的目标，并且在具体制度上也贯彻了促进大学生就业的理念。首先，界定国家教委，国务院有关部委主管部门，省、自治区、直辖市主管部门，高等学校和用人单位在大学生就业工作中的主要职责；其次，科学地规划就业工作时间和划分毕业生就业工作程序为就业指导、收集发布信息、供需见面及双向选择、制订就业计划、进行毕业生资格审查、派遣、调整、接收等阶段。接着，分章对于大学毕业生就业指导与毕业生鉴定、供需见面和双向选择活动、就业计划的制订、调配、派遣、接收工作以及毕业生待遇做了详尽部署。另外，对于普通高等学校毕业生就业工作不予配合的，明确部委、地方、高校、用人单位以及毕业生等主体的责任。

（四）《事业单位公开招聘人员暂行规定》

为实现事业单位人事管理的科学化、制度化和规范化，规范事业单位招聘行为，人事部 2005 年颁布《事业单位公开招聘人员暂行规定》。该规定对于事业单位用人标准及原则、招聘方式、和招聘范围、条件及程序等作了明确规定。其在用人标准上坚持德才兼备；在用人原则上贯彻公开、平等、竞争、择优；在招聘方式上坚持政府宏观管理与落实单位用人自主权相结合；在招聘条件上禁止设置歧视性条件要求等；这些体现出保障和改善事业单位招聘，营造良好、公平的招聘氛围，保障大学生在应聘事业单位的权益，促进就业发展。

（五）省、自治区、直辖市就业促进法规或规章

为了促进就业，保障和改善民生，促进社会和谐稳定，各省、自治区、直辖市根据《劳动法》《就业促进法》等有关法律法规，结合本省区实际，截至目前先后有 27 个省、自治区、直辖市制定就业促进地方性法规或规章。

就其形式而言，这些规范性文件是多样的。其中天津、山西、内蒙古、广西、吉林、江西、山东、河南、湖北、重庆、陕

西、甘肃、贵州、辽宁等14个省、自治区、直辖市制定和颁布就业促进条例；河北、江苏、安徽、新疆、广东、海南、西藏、湖南等8个省、自治区、直辖市制定和颁布实施《中华人民共和国就业促进法》办法；北京制定就业援助条例，上海颁布促进就业若干规定，云南是劳动就业条例，宁夏则是创业与就业促进条例。

就其内容来讲，大多数是就业促进法的转化版。内容主要包括政策支持、公平就业、就业服务和管理、职业教育和培训、就业援助、监督检查等。一部分是将《就业促进法》关于就业一般性规定的照本宣科，作为主体框架内容；另一部分，则是根据各省市、区的实际情况，对于一些就业制度或安排进行细化规定。同时，极少数也会对于其中的某个制度，如就业援助、创业促进等单独进行立法。

## 第三节　大学生就业促进政策及法律制度评析

中央和地方政府相继出台的一系列大学生就业促进政策和颁布的一系列与大学生就业促进有关的法律、法规以及规章，虽然在一定程度上缓解了现期大学生就业难的问题，改善了高等毕业生的就业环境，加强了大学生的就业权益维护，但同时还存在很多问题。

### 一、政策措施多样化

我国针对大学生就业工作出台了一系列、多样化的政策。考究这些措施，其多样性反而影响了大学生就业充分实现，主要表现如下。

（1）制定主体多样性，规范性不强。我国现行大学生就业政策发布的主体有国务院、教育部、公安部、人事部、劳动与社会保障部、财政部、国家发展和改革委员会、国家工商行政管理局、共青团中央、农业部、卫生部、国务院扶贫办、国有资产监督管理委员会、国防科学技术工业委员会、中共中央组织部、中国人民银行等部门，其政策制定的主体涉及的部门具有多样性。当然，多部门重视大学就业对大学生实现充分就业是个福音。然而，一旦这些部门各自为政，缺乏沟通或沟通不足的话，就会导致就业信息的传递、分析以及预测滞后，从而影响到政策制定和发布的协调性，反倒加重就业形势。如教育部负责管理高校毕业生就业工作，但教育部与人事部的沟通平台还不够完善，使得有关部门对大学生就业相关信息、需求的了解和把握不够，影响政策的整体性，导致规范性差，不协调且实施难。❶ 因此，现行政策制定的主体多样性，导致政策规范性不强，实施起来自然也就不易协调。

（2）政策类型多样化，缺乏体系性。我国大学生政策类型有服务、激励、引导和保障型。其中，服务政策包括就业指导服务、就业信息服务、就业见习服务和职业培训服务等；激励政策有鼓励大学生自主创业的相关政策，鼓励大学生到特定地区、行业就业的相关政策，鼓励高校毕业生到中小企业和非公有制企业就业，鼓励骨干企业和科研项目单位积极吸纳和稳定高校毕业生就业等；引导政策有大学生志愿服务西部计划、“三支一扶”计划、农村义务教育特设教师岗位政策、选聘生计划、选调生计划、卫生系统招募计划等；保障政策有派遣接收政策、毕业生权益维护政策、社会保障政策、就业援助政策。政策具体类型可谓

❶ 肖海芹、李玉雄：“大学生就业问题的社会控制：就业政策述评与反思”，载《广西教育学院学报》2013 年第 2 期。

是琳琅满目，种类繁多，然而这些繁华掩盖不了就业政策缺乏系统性的事实。这表现在两个方面：①某个具体就业政策系统性的不足。如我国鼓励自主创业政策，就没有形成以创业教育为出发点，以大学生为明确的目标群体，以创业环境和融资为保障的政策体系。②整个就业政策系统性缺失。就业服务政策是大学生就业政策的起点，鼓励和引导政策是大学生就业的方式，保障政策是大学生就业的后盾。而目前，政策的发布基本未考虑政策相互之间的职能，认为只要是能促进就业就发布，而对不同部门之间的职能协调不够。

（3）政策手段多样性，作用难于协同。我国大学生就业促进政策手段，主要包括思想引导、行政强制、经济干预等。思想引导手段是通过思想政治教育、就业教育等在思想上贯彻让大学生自觉到经济建设和社会发展最需要的地方去工作，主动到祖国最需要的地方和艰苦行业去工作，树立良好的就业观和择业观。行政强制手段，是国务院以及各就业工作相关部门通过下达行政命令，强令各下属部门做好就业工作。经济干预手段，也就是在财政、税收等经济方面给予支持，干预市场实现就业。手段的多样性为促进就业提供了多种路径选择，然而由于我国是个行政权强大的社会，国家行政手段在就业政策手段中占据主导性地位，影响各种手段的均衡。因此，其他非政治手段就难以充分发挥作用，协同也就很困难了。

## 二、政策实施机制不力

大学生政策制定颁布后，就需要一定的实施机制去贯彻。就目前我国的政策实施机制而言，其主要存在以下几点问题。

（1）政策落实机制不强。大学生就业政策的落实需要政府、高校、用人单位、就业服务机构等多方配合，才能确保政策实施的效果。但是就目前的大学生就业促进政策的落实情况而言，因各责任主体职责不明确、政策配套细则不完善等造成大学生就业政策没有得到较好贯彻，影响政策实施效果。如档案管理和户籍制度等改革没有跟上大学生就业制度改革的步调，高校毕业生跨省市流动渠道仍不够畅通等情况，客观上制约了高校毕业生顺利择业与就业。❶ 尽管我国《社会保险法》规定异地社保转移制度，但相关配套实施政策至今仍然没有得到落实。

（2）岗位开发机制不实。高校毕业生就业政策在拓宽就业渠道方面虽然已经尽力做到千方百计，但是与庞大的现实需求相比却仍然存在一些不足和问题。❷ 就业制度改革之前，我国主要依靠政府行政引导大学生就业，严重制约了市场岗位开发机制的形成与发展。现在，我们就业岗位开发逐渐迈向市场，但仍不能摆脱其深刻的影响。如高校毕业生对就业单位的选择仍然是追求稳定，公务员、事业单位和国企仍然受到追捧，而对中小企业则是反映冷淡；高校毕业生就业往往集中于发达地区及东南沿海城市，而到西部、基层就业的规模还十分有限。因此，基层岗位、中小企业、重大科研项目等岗位开发和宣传有待进一步做实。

（3）就业援助机制不完善。大学生就业援助机制应该包括困难毕业生就业的政府工作机制、法律制度保障机制、财政资金支持机制、社区扶持机制、公共政策支持系统和完善的服务流程。我国现行的大学生就业政策，没有以大学生为主要内容的通知、意见或函等文件，大学生就业援助政策大多是散落在各相关

---

❶ 万龙：《政府促进大学生就业：切入点与配套政策》，西南财经大学2012年硕士学位论文，第49页。

❷ 李迎果：《国家促进高等学校毕业生就业政策的理论和实践研究》，云南大学2012年博士学位论文，第87页。

政策文件中，实际上是缺少系统、专门的大学生就业援助规定。另外，在实际工作中存在着管理方式粗放、服务针对性不强、政策落实不到位等突出问题。就业援助是一项动态工程，需要健全完善各项工作制度，形成一套规范有序、行之有效的援助服务运作机制，才能确保各项就业政策落实到位。[1]

（4）创业培训机制未形成长效。我国大学生创业培训机制主要是依靠政府的力量来推动，并且政府重视创业指导平台的建设，却忽视长期创业教育。正是由于这种创业培训机制，带来一系列问题，诸如没有将创业教育纳入人才培养目标和体系中；缺少专业化、系统化的创业教育；创业资金扶持除了政府的大力支持，其他来源有限等。究其根源不是我国大学生相关的创业政策可行性差，而是相配套的实施机制不力，制约了创业培训体系的完善。

（5）就业服务机制不可持续。我国大学就业服务是由政府、高校、社会就业服务机构等提供的，然而就业服务机制缺乏长效制约了就业促进的效果，影响就业工作的可持续。如目前高校普遍采取的是“学校就业中心 + 院系就业辅导员”的就业指导服务模式，这样实际上产生大学生的就业指导是由辅导员负责的现象，就会使得服务欠缺主动性、专业性、针对性，从而高等院校的毕业生获得的就业指导服务是比较有限的。另外，国家虽已推行职业资格认证，但发证不够严格，几乎没有后续培训。

## 三、政策文件多，法律规定少

近些年，中共中央、国务院和教育部、人力资源、社会保障

---

[1] 娄玉珍：“关于建立大学生就业援助制度的思考”，载《黑龙江教育》2010 年第 2 期。

部等就业相关部门为促进大学就业出台了很多就业促进政策。据笔者不完全统计，自 2002 年至今，直接涉及促进大学生就业文件的就有 65 个，如国务院办公厅转发教育部等部门《关于进一步深化普通高等学校毕业生就业制度改革有关问题意见的通知》（国办发［2002］19 号）；中共中央办公厅、国务院办公厅印发《关于引导和鼓励高校毕业生面向基层就业的意见》的通知（中办发［2005］18 号）；国务院《关于建立健全普通本科高校高等职业学校和中等职业学校家庭经济困难学生资助政策体系的意见》（国发［2007］13 号）；人力资源社会保障部、教育部、财政部《关于做好高校毕业生求职补贴发放工作的通知》（人社部发［2013］43 号）等。其中 2013 年涉及促进大学生文件就有 8 个。[1] 但是与大学生就业促进直接相关的法律只有《就业促进法》1 部，与大学生就业间接相关的也只有《宪法》《劳动法》《劳动合同法》《就业促进法》《中小企业促进法》《高等教育法》《民办教育促进法》等，而且在这些与就业相关的法律中关于大学生就业促进的规定寥寥无几。至今，大学生就业促进专门的法律没有一部，甚至就连唯一一部行政法规《普通高等学校毕业生就业工作暂行规定》也是 1997 年制定的，其已同实际情况严重脱节，具有明显的滞后性。

此外，从就业促进政策的内容而言，政策规定较为笼统。主要表现为：一方面对就业政策的基本框架和原则性内容作了规定；另一方面政策文件没有得到具体细化，执行缺乏法律保障。由此可见，我国大学生就业促进的政策存在文件多、政策不细

[1] 数据是根据笔者对 2002 ~ 2013 年中共中央、国务院以及就业相关部委发布的就业文件的梳理和统计得到的，详见表 2 - 1：我国现行大学生就业促进政策相关文件（部分）（2002 ~ 2013）。

化、执行法律保障不足等问题；就业促进的法律凸显得规定少、层次低、不专一，因而没有形成完善的法律体系，也就不能实现政策的联动机制。

## 四、立法滞后且内容过于原则

综观我国现有的与大学生就业促进相关的立法，在步伐和内容上存在严重问题主要有以下两个。

（1）立法步伐上的滞后性，难以适应具体现实需要。我国高等院校招生与就业制度改革至今已有十几年，在这期间专门针对保障大学生平等就业、维护大学生就业权益，为实现大学生充分就业制定的法律法规也只有一部 1997 年国务院制定的行政法规《普通高等学校毕业生就业工作暂行规定》。期间专门的就业促进法还是为应对金融危机，促进经济发展与扩大就业相协调于 2007 年匆匆出台的《就业促进法》，但涉及大学生就业的内容很少。很难想象，今天我国已成为世界第二大经济体，民生建设在稳步推进，在面对就业市场快速发展和大学生就业复杂多样情况下，在大学生就业促进立法方面步伐是如此维艰，如此滞后。以至于大学生在面对就业歧视、就业不公、就业困难等问题时，很难通过现有法律来维护自己的就业权。可见，滞后的大学生就业促进立法，已经难以适应现实具体问题的需要。

（2）法律内容上过于原则性，规则性不强，不易操作。如前所述，大学生就业促进基本法律有《劳动法》《劳动合同法》《就业促进法》等。同样，通过上文笔者对于这些法律内容中关于促进就业条款或规定的梳理，可以看出“其条文内容规则性不强，口号式、理想化特点突出，难以适应具体现实需要，并且不易操作”。[1] 如《劳动法》第 10 条规定：“国家通过促进经济和社会发展，创造就业条件，扩大就业机会。国家鼓励企业、事业组织、社会团体在法律、行政法规规定的范围内兴办产业或者拓展经营，增加就业。国家支持劳动者自愿组织起来就业和从事个体经营实现就业。”促进大学生就业的立法意图是通过这样原则性的规定的，而具体的促进、鼓励以及支持的法律制度是不具备的。类似的还有，《教育法》第 36 条规定：“受教育者在入学、升学、就业等方面依法享有平等权利。学校和有关行政部门应当按照国家有关规定，保障女子在入学、升学、就业、授予学位、派出留学等方面享有同男子平等的权利。”《高等教育法》第 36 条规定“受教育者在入学、升学、就业等方面依法享有平等权利。”对于大学生的就业权利的保障规定只是宣示性的强调，缺乏具体的保护措施和途径，难以操作。

## 五、相关法律保障机制不足

大学生就业保障机制，是指国家为促进大学生顺利实现就业，保障大学生就业权益所颁布的一系列法律、法规以及规章制度和政策综合在一起形成的体制。就我国现行的立法而言，对于大学生就业权的实现虽已有相关法律、法规和规章保驾护航，但对大学毕业生这个社会弱势群体来说，这些过于纲要式的立法难以有效地保障大学生的就业权益。简言之，我国与大学生就业有关法律保障机制存在不足，主要表现为以下三方面。

（1）大学生就业保障范围狭窄。主要表现在两个方面：①现有的大学生就业保障范围窄，没有将大学生纳入失业保险的范

[1] 滕长宏：《促进大学生就业法律问题研究》，西南大学 2010 年硕士学位论文，第 14 页。

围。从本质上说，失业保障的理念是必须具有社会性和普遍性，也就是说，所有有劳动能力且愿意就业，却找不到工作的失业者都应包含在失业保险的保障范围内。❶ 然而，按照我国《社会保险法》以及《失业保险条例》的规定，只有具备按照规定参加失业保险，所在单位和本人已按照规定履行缴费义务满 1 年的；非因本人意愿中断就业的；已办理失业登记，并有求职要求的失业人员，才可以领取失业保险金。❷ 根据权利与义务对等原则，大学生从未参加过失业保险，也就不能享受由失业保险基金提供的失业保险。也就是，大学生被排除在由失业保险基金提供的失业保险之外。当然，社会保障需求并不仅是维持失业期间的生活，而且需要提供在失业期间为获取再就业的专业技术培训。②现有的法律保障体制没有覆盖全体大学毕业生。由于我国现行社会保障机制在全国各省区具体的操作制度不统一、城乡不统筹、运作不规范、地区间难转接，导致大学毕业生就业信息不畅通，保障措施不一致，流动性不强，❸ 导致大学生社会保障统筹层次低、地区间差距大，使得现有的就业法律保障不能完全覆盖到大学毕业生。

（2）大学毕业生就业保障制度不完善。目前，我国社会养老和医疗等基本的社会保障制度还没有覆盖全体国民，尽管适用

---

❶ 王珉、江沙：“大学生就业社会保障体系：问题与对策”，载《出国与就业》2011 年第 8 期。

❷ 《社会保险法》自 2011 年 7 月 1 日起施行，其在第五章“失业保险”中对失业保险的范围进行规定，这是我国有关失业保险范围界定最新的一部法律。它延续了 1999 年《失业保险条例》关于失业保险范围的规定。

❸ 李怀军、杨志银：“完善我国当前就业和社会保障工作的初浅思考”，载《云南财经大学学报》2010 年 2 期。

范围逐步扩大，但自主创业和灵活就业的大学生被排斥在社会保障制度之外，自主创业大学生的养老、医疗社会保障制度得到不到有效保障，无法充分实现灵活就业，[1] 在一定程度上，不利于大学生就业。此外，现行的法律保障机制对于大学生就业权益、大学生平等就业还是乏力的；大众化教育下大学生就业权益受侵害的现象还比较普遍。同时，我国反就业歧视立案难、举证难、胜诉难、赔偿低、成本高、缺少法律规定，使得就业歧视已经陷于用人单位违法成本低，大学生依法反歧视成本高的困境。[2] 根据中国政法大学宪政研究所对当前大学生就业歧视状况的调查报告显示，受访大学生中 54.05% 的人在就业时，受到过来自政府机关、事业单位和企业等用人单位在性别、身高、户籍、地域、健康、民族、宗教信仰等方面不同程度的歧视。因而，我国大学生就业歧视亟待遏制，反就业歧视法律制度和就业权益保障制度需更规则化，需要相应的配套措施予以保障。

（3）大学生就业保障实施机制弱且发展不平衡。我国现行大学生就业促进政策规范性文件多，这样容易产生两个问题：①实施保障力度弱，缺失法律的权威性和规范性；②中央发布的大学生就业政策，具体到各个省区落实又有不同的对策，由于各地经济社会的发展不平衡，导致大学生就业保障制度实施也不平衡。大学生就业保障制度体系发展不平衡主要表现地区间和行业

[1] 王亚欧：《大学生就业保障机制研究》，西安科技大学 2012 年硕士学位论文，第 19 页。

[2] 陆军："反就业歧视诉讼之困"，见刘小楠主编：《反就业歧视的策略与方法》，法律出版社 2011 年版，第 231 ~ 232 页。

间两个方面:[1] 地区间的不平衡，体现为东部沿海城市与西部内陆城市的大学生就业促进政策保障制度不平衡、大城市与中等城市的大学生就业促进保障制度的不平衡、城市与农村的大学生就业促进保障制度的不平衡。行业间的不平衡，体现为党政事业单位与企业的大学生就业促进保障制度不平衡、国有大中型企业与私营企业的大学生就业促进保障制度不平衡等。

## 六、就业促进法律责任机制尚未形成

“责任”一词在汉语中表示双重含义：（1）指分内应做的事；（2）指因没有做好分内应做的事而应承担责任的过失。[2] 当然，法律责任作为责任的一种，具有法律主体分内应做的事，即职责；法律主体因没有做好分内应做的事而应承担责任的过失，即责任认定和实现。所以，就业促进法律责任包括就业促进主体职责以及就业促进主体责任认定和实现两方面内容。然而分析现有的就业促进法律制度，就业促进法律法律责任机制在这两方面都存在问题。

（1）就业促进法律关系主体职责不清，且划分不合理。首先，《普通高等学校毕业生就业工作暂行规定》和《就业促进法》虽然对国家、各级政府、国务院相关部门、高校和用人单位等就业促进法律主体的职责做出了规定，但仍然存在主要职能部门职责不清、责任划分不合理的问题。诚然，国家和各级政府是就业的主要引导者，但政府促进就业法律义务实际履行的主体是

---

[1] 刘業：“大学生就业社会保障体系的建立与完善”，载《继续教育研究》2010年第12期。

[2] 柏青江：“论经济法的法律责任及实施机制”，载《吉林省经济管理干部学院学报》2009年第4期。

贸易、财政、组织、人事、劳动社会保障、公安、工商行政管理、税务、银行等政府职能部门，因此对这些主要职能部门的就业促进法律职责的明确是很有必要，但现行法律没有进行规定。其次，对于高校的职责规定非常不合理：一方面对能促进高校就业的教育教学改革没有做出职责规定，另一方面高校却在其他层面承担了过重的责任。❶ 实际上，我国已把毕业生的就业状况同学校的招生、专业设置、办学评估、学位工作等各项挂钩。其初衷是为了促使高校以就业为导向深化教育教学改革，实则增加了高校的就业工作压力。

（2）就业促进法律责任规定简单，难以认定和实现。从国家就业促进法律责任上来看，我国《劳动法》规定：“国家通过促进经济和社会发展，创造就业条件，扩大就业机会。”也就是明确了国家就业促进的法律责任，然而其在整个条款中都没有提及国家不履行就业促进职责时相关部门的法律责任。同样，在《就业促进法》中也存在类似问题，其虽然提及但内容过于简单。从用人单位就业促进责任上来看，法律规定“劳动者依法享有平等就业和自主择业的权利”❷ “对违反法律规定、实施就业歧视的行为，劳动者可以向人民法院提起诉讼”。然而由于缺乏配套、细化的规定，用人单位就业促进的法律责任认定和实现受阻。

---

❶ 杨为宗：“大学生就业促进法律体系的构建”，载《昆明学院学报》2009 年第 1 期。

❷ 我国《宪法》《劳动法》《劳动合同法》和《就业促进法》都规定了就业平等权，甚至《就业促进法》还明确反对就业歧视的诉权。然而现实是，就业歧视面临立案难、举证难、胜诉难、赔偿低、成本高、缺少法律规定等窘境，导致主体实施就业歧视行为后，其法律责任的认定和实现都比较困难。参见刘小楠主编：《反就业歧视的策略与方法》，法律出版社 2011 年版。

## 第四节 大学生就业促进法制化的必要性

就业是民生之本，安国之策。自从中国经济体制改革以来，中国政府一直在寻求以市场为导向、不断推进城乡统筹就业，逐步达到充分就业的道路。[1]《促进就业规划（2011～2015）》提出："十二五"时期，要把扩大城乡劳动者的就业作为保障和改善民生的大事，把"就业优先"的发展战略贯穿在整个国民经济和社会发展的始终。要结合实际国情，实施更加积极的就业政策，形成促进就业综合政策体系。诚然，促进大学生就业，实现其充分就业需要借力这些就业促进政策。但值得注意的是，仅依靠这些政策路径是不能完成大学生充分就业这一宏伟蓝图的。因为就业政策的法治化，才是建立促进就业长效机制的必由之路。总之，大学生就业促进必须并用政策及法律手段，逐步实现法治化。

### 一、政策和法律都是促进就业的重要手段

政策与法的关系在法学领域是一个重要的问题。[2]首先，从内容上来讲，国家的政策特别是国家基本政策往往是法律制定的基础和依据，法律法规是政策的法律化。其次，从程序上来讲，不管是基本国策还是具体的行业政策、地方政策，其制定、实施、修改等程序都必须符合相关法律的规定，否则就是程序不合

[1] 中国就业促进会：《聚焦2010中国就业》，中国劳动社会保障出版社2011年版，第45页。

[2] 杨紫烜：《经济法（第四版）》，北京大学出版社、高等教育出版社2010年版，第460页。

法。再次，从手段上来讲，法律往往是政策贯彻和实施的保障手段，政策的法律化有利于其获得更强的执行力。

法律和政策是治理国家的两种必要的且互为补充的手段，法律具有强制性、稳定性，政策具有灵活性，就业涉及面广，兼有经济和社会双重属性，就业促进离不开政策和法律手段的相互配合、共同治理。❶ 一方面，大学生就业促进法律有利于规范、协调和保障就业促进政策的制定和实施，就业促进法律有时还是制定和推广就业促进政策的依据。另一方面，有些就业促进政策本身就是以就业促进法规、规章的形式出现的，就业促进政策的制定和实施的过程受到就业促进法律的影响。因此，政策和法律都是促进就业的重要方略。

## 二、法制是就业促进最根本、最重要的路径选择

所谓法治，即“法的统治”。古希腊著名思想家亚里士多德认为“法治应包含两重意义：已成立的法律获得普遍的服从，而大家所服从的法律又本身是制订得良好的法律”。❷ 由此可见，法治有着丰富的内涵和明确的标志，如法律至上、法治国家、法律平等、依法行政、有法可依、权力制衡、主权在民、人权保障、政党守法等。法治作为一种治国方略，依法办事的原则，对于维系社会进步、保障人民福祉、促进社会经济繁荣发挥着重要作用。我们知道，就业涉及广大人民群众的权益，涉及整个社会的稳定。因而，建立和完善法治对于促进大学生就业是很有必要

❶ 杨德敏：《促进就业的财政法保障研究》，中国政法大学出版社2010年版，第114页。

❷ [古希腊] 亚里士多德著，吴寿彭译：《政治学》，商务印书馆1965版，第199页。

的。一言蔽之，如果我国在大学生就业问题上能够形成与法治社会相适应的思想意识和观念，共同开创良好的就业法治环境，大学生依法就业实施中就不会出现诸多困难，[1] 因为法律可以规范大学生就业促进各方主体的行为。

（1）就业促进政策法律化过程要求将法律作为大学生就业促进的重要途径。大学生就业涉及人民福祉、经济发展、社会稳定等重大问题，是事关全局、有重大影响的事情。因而，大学生就业政策需要定型化、条文化、规范化。然而要实现定型化、条文化、规范化就不得不借助立法，这样获得法律约束力，就可以获得全社会一体遵行的效力，将整个社会生活从总体上纳入法制轨道。另外，我国就业政策发展和变迁历经计划经济统包时期、供需见面双向选择的过渡时期、市场经济下自主择业时期，在不同的时期都发挥着功效，且已逐渐走向成熟，趋于稳定。由此可知，我国就业政策是对全局有重大影响的政策，也是有立法必要的政策。根据政策法律化的条件：①对全局有重大影响的有立法必要的政策；②成熟的或具有长期稳定性的政策。[2] 同时，经过实践证明在现在和将来的一段时间内是适用的、有效的、成熟的。因而，很有必要通过法律的形式把就业政策固定下来，实现就业政策的法治化。简言之，就业政策最终止于就业法律，就业法律才是就业政策的最好归宿，也是就业促进的最重要的途径。

（2）大学生就业问题归根结底还是法治建设欠完善的原因，

[1] 杨涛：《大学生就业问题分析和法治路径选择》，河北师范大学 2011 年硕士学位论文，第 10 页。

[2] 陈潭："浅议行政合法化和法律政策化"，载《行政与法》2001 年第 1 期。

走法制化道路是大学生就业促进制度的必然选择。[1] 要解决大学生就业问题，法制是促进就业包括促进大学生就业的根本途径。因为法律是特殊的行为规范，它将所调整的社会关系纳入法律关系，通过规范法律关系中的各方主体权利和义务，这样就有利于明确在大学生就业促进过程中，政府、高校、用人单位、就业服务机构和大学生本人应当享有的权利、义务和责任，引导、规范各方主体围绕促进大学生充分就业而行动。

## 三、大学生就业促进制度法制化的积极意义

就业促进制度的法制化，是指国家在宪法的基础上，制定完备的就业促进法律、法规以及规章，把大学生就业促进的各个环节置于法律的调整和支配的状态，并保证在就业促进全过程中得到严格遵守和执行，使得促进就业的目的得到实现，保障就业促进制度和维护法律的稳定性、连续性和极大的权威性。简言之，就业制度法制化，就是用法律去规范和约束就业促进行为，使一切就业促进障碍在解决的时候呈现出有法可依、依法执行、违法必究、执法必严的喜人局面。如果大学生就业促进制度实现法制化，那么对于政府、高校、用人单位、就业服务机构以及大学生等就业促进法律关系主体都有着积极的意义。

（1）就业促进制度的法制化能够强化政府促进大学生就业的责任，完善政府就业宏观调控机制，健全就业保障制度。政府促进大学生就业是政治责任，大学生就业促进法制化，有利于对其责任予以界定，明确政府在就业促进上不仅有政治责任，而且有法律责任，进而强化大学生就业促进的政府责任。因而，我们

[1] 王全兴、侯玲玲：“我国制定‘就业促进法’的若干问题初探”，载《中国劳动》2004 年第 7 期。

既可以通过监督检查，又可以通过具体规则来促使政府促进大学生就业的目标责任制度得到落实。国家既是大学生就业促进的责任主体，又是就业促进的执法责任主体，双重身份单靠政策的规定而没有法律规制的话，是不可能解决既是裁判员又是运动员的就业促进矛盾问题。法制化的功能在于能够使各项制度合理化，实现制度的最佳协调和良好运行。这样，在法律的指导下国家明确了职责，通过金融、税收、财政等手段进行就业调控就会变得水到渠成。

（2）就业促进制度的法制化有利于高校建立教学内容规范化制度，建立以就业为导向的实习实践机制，促使就业指导法制化，从而实现高校就业促进工作的制度化、法律化和科学化。在我国，高校普遍设立“毕业生就业指导中心”“学生就业指导中心”“就业指导与服务中心”等专门服务机构来履行指导大学生就业的职责。但是，我国高校的就业指导服务体系刚刚起步，无论是就业服务功能还是效果，无论是在就业教学内容规范上还是就业指导制度上，都还不完善。因此，高校就业促进政策需要实现制度化、法制化和科学化。值得关注的是，就业促进制度的法制化过程，也是就业各项制度逐步完善的过程。所以说，只要实现高校就业制度法制化，高校相应的就业促进制度也就会趋于完善，从而教学内容、专业设置、实习实践基地等就会走向规范化，这将福祉于大学生就业。

（3）就业促进制度法制化有利于规范用人单位的招聘行为，完善大学生就业促进择人机制和用人单位单方解雇制度，以及有利于形成企业吸纳并促进大学生就业的良性循环。在招聘中，用人单位的行为，往往影响和决定着劳动者的就业机会和就业权利的实现。依法规范他们的行为，对维护劳动者平等就业权至关重要。法制化就明确要求，用人单位招用人员应当向劳动者提供平等的就业机会和公平的就业条件，不得实施就业歧视。企业应当按照国家有关规定提取职工教育经费，对劳动者进行职业技能培训和继续教育培训。这些可以营造一个公平、公正、公开、平等、竞争的就业环境，最终促使实现任人唯贤、德才兼备的择人标准全面实施。同时，《劳动法》对于用人单位单方解雇制度的法制化，也在一定意义上促进了就业的正规化发展。可见，就业促进制度法制化对于充分就业的实现是大有裨益的。

（4）就业促进制度法制化有利于规范就业服务机构，充分发挥其服务职能，促进大学生就业。我国的大学生就业服务中介组织主体范畴主要包括政府设立的人才市场、人才交流中心、基层职业介绍所和合并后的大学生就业服务中心等公共就业服务机构，以及由民营职业中介机构、招聘网站等组成的民间中介机构。这些中介组织的主要职能是衔接高校、用人单位和大学生，在它们之间建立信息沟通的桥梁和纽带，承担着“信息中介”职能，是大学生获得就业服务的又一重要途径。因而，大学生失业登记与变动制度、就业培训制度、就业市场信息系统制度等制度实现法制化和规范化，对于培育和完善统一开放、竞争有序的人力资源市场，健全人力资源市场信息服务体系，完善市场信息发布制度，强化职业服务机构等提供了有力保障，发挥其在促进就业中的作用。

（5）就业促进制度法制化有利于大学毕业生更好地维护就业权益。我们知道，劳动权是宪法赋予每个公民最基本的社会权利之一。就业权作为劳动权利的核心内容包括获取信息权、接受就业指导权、被推荐权、选择权、公平待遇权、违约及求偿权等内容。然而由于制度的不健全和法律规定的空白性，导致大学生的这些权益或多或少受到侵害。具体来讲，存在以下问题：高等教育质量低劣，影响毕业生的就业能力及后续发展；信息匮乏，损害毕业生就业信息知情权；就业歧视严重，损害毕业生平等就业权；缺乏就业基本服务保障，损害毕业生就业保障权。一旦解决这些问题，大学生就业权利就能得到保障，自然就业工作就会顺风顺水。通过本章的分析，我们了解到现有法律法规的不完善也是造成当前毕业生就业权益受侵的原因之一，所以应当加强就业制度的法制化建设。

# 第三章　国外大学生就业促进立法考察与启示

就业立法是世界各国、各地区普遍采用的促进和保障大学生就业的重要方式。为规范就业市场，促进大学生就业，维护大学生在就业过程中应当享有的合法权益，无论是发达国家还是发展中国家，均在就业立法上有着积极的实践，甚至部分国家的就业立法取得了明显的成效且极富创造性，因此，同样需要通过就业立法来促进大学生就业的中国，有必要在考察外国大学生就业促进立法的基础上，完善我国大学生就业促进立法。

## 第一节　发达国家大学生就业促进立法经验

发达国家由于其经济与社会发展水平高，法制建设相对成熟，在大学生就业促进立法方面亦表现出领先于发展中国家的一面。纵观各个发达国家大学生就业促进的立法实践，其立法目标主要集中在规范就业市场秩序、保障公平竞争、反对就业歧视、政策扶持和优惠、维护大学生就业权益、失业大学生就业援助等方面。此外，由于各个发达国家历史、文化、政治以及经济社会发展水平的差异性，导致各个发达国家之间在大学生就业促进立法方面拥有各自的特色。

### 一、美国大学生就业促进立法

美国在促进就业的政策中，强调以市场为主导，借助市场在配置人力资源过程中的基础作用，实现大学生有序且充分就业的目标。但是，由于市场在配置资源、调节市场的过程中基于其固有的缺陷而出现部分或偶尔失灵的现象，因此，在大学生就业促进的过程中，美国政府也会适度采取措施，通过出台政策和推动立法的方式保障美国大学生充分就业和维护大学生在就业过程中的合法权益。鉴于此，美国的大学生就业促进工作呈现出以市场为主导，立法和政府干预为补充的独特局面。其中，大学生就业促进立法在美国的大学生就业促进体系中扮演着信息的提供者、权利的保障者、就业机会的创造者等多重角色。

在创造就业岗位，刺激大学生就业需求方面，美国制定了《紧急就业法》（1971 年）、《劳动力投资法案》（1988 年）、《从学校到就业机会法》（1994 年）、《雇佣激励以恢复就业法案》（2010 年）等，分别从投资、激励机制等方面为大学生创造更多的就业岗位。尤其是在 2008 年金融危机爆发后，面对失业压力带来的挑战，美国政府采取一系列措施应对这一危机背后的失业压力；同时，美国国会也在立法上为联邦政府促进大学生就业的行为提供法律支持与保障。例如，2008 年美国国会通过新的《高等教育机会法》，该法案具体规范了高校财政、高校入学机会、学生资助制度、问责制度等方面的改革内容。该法案一方面为更多美国大学生继续深造提供了良好机遇，另一方面减缓就业压力，使岗位供求缺口得以减小。此外，美国政府 2009 年制定并施行《美国复兴与再投资法案》，该法案的直接目的就是希望通过鼓励基础产业的投资从而创造更多的就业机会，进一步促进大学生充分就业。除了联邦政府和国会在政策、立法等方面的努力外，各州也在大学生就业促进工作中发挥着积极的作用，各州政府均采取了符合地方州情的就业促进措施。例如，2009 年美国各州投入 486 亿美元的地方财政稳定基金，用于创造或者挽留就业岗位。

在就业信息提供和就业服务方面，美国政府将及时准确地发布就业信息作为其促进大学生就业的重要工作内容。同时，美国还颁布各种法案用于要求并规范联邦政府为大学生提供就业技能培训、职业教育、职业规划等就业服务。诸如，美国于1963年制定的《职业教育法》、1973年制定的《全面就业与培训法》等法案，分别从职业教育、就业培训等方面规范大学生就业服务行为。

在大学生就业供给促进政策方面，美国政府通过各种公益项目和培训计划提高大学生的就业技能，从而在就业供给方面强化大学生的职业竞争能力。例如，在“总统社区就业培训拨款计划”中，美国劳工部向全国69所教育机构拨款12.5亿美元，主要用于增加大学生在高增长行业的就业技能培训；❶ 美国联邦政府通过“青年塑造计划”投入5 000万美元，用于提高美国青年大学生的环保技能；“为美国而教”和“美国公共服务行动计划”等公益项目，引导大学毕业生投身公共服务事业，到高需求领域或地区从事公共服务工作。❷ 此外，“青年机会拨款计划”（Youth Opportunity Grants Initiative）于2008年正式启动，该计划旨在为贫困青年提供长期的教育与就业机会。

除了上述大学生就业促进立法与政策外，美国还通过给予企业税收优惠、编制《岗位需求手册》、制定《政策规定绩效分析》等方式，为促进大学生就业构筑起国会立法、政府政策、公

❶ 喻跃龙、王栋梁：“金融危机下中美政府促进大学生就业政策比较研究”，载《创新与创业教育》2011年第6期。

❷ 吴立保、张斌：“日本和美国大学生就业促进政策及其启示”，载《教育发展研究》2011年第9期。

益项目等“三位一体”式的就业促进制度。此外，需要特别说明的是，由于美国实行的是“三权分立制度”，因此美国国会负责通过法律，行政部门负责执行法律，而司法部门负责诠释法律和居中裁判有关争议，由此形成立法、行政、司法三机关共同参与、协调运行的大学生就业促进法律机制。当然，社会、企业、中介机构乃至大学生个人的积极参与，为美国大学生就业促进法律机制增添了更多的支持力量和正面效应。

## 二、英国大学生就业促进立法

英国与美国一样，在高等教育方面均处在世界领先地位。英国的牛津大学、剑桥大学等高等学府标示着英国高等教育的闪耀光环，与此相衔接的是英国大学生就业促进立法也有着相对成熟和优异的表现。和美国一样，英国同样奉行市场的自由主义原则，主张政府不要过多干预市场的基础调节功能。与自由主义原则相一致的是，在促进大学生就业方式方法上，英国亦体现出以市场为主导的高校主导型就业促进法律制度，政府只是在就业促进中扮演着支援者、保障者、引导者的“配角”。

具体而言，英国在大学生就业促进立法中主要有以下特色：(1) 通过制定临时限制法规，限制“技术移民”，从而减少由于外来移民所带来的就业竞争压力；(2) 提供国家实习机会和制定“联邦青年信贷启动计划”，不仅为大学生提供就业实习机会，更为大学生提供创业支持，以创业带动就业；(3) 成立诸如“全国大学生创业委员会”等管理机构，在法律上赋予其合法地位，并通过其合法身份促进英国创业教育的发展，进而刺激创业，拉动就业；(4) 国会立法通过各种投资法案，为创业教育和促进大学生就业提供资金支持；(5) 鼓励高校与企业合作，通过校企在知识技能方面的交流合作，提高大学生的就业技能和职业素质；（6）以高校为核心积极推动就业和创业教育研究，例如谢菲尔德大学、约克大学和利兹大学合作成立“白玫瑰创业教与学优异中心”，利兹首都大学设立“创业协会”，诺丁汉大学成立“综合学习进步中心”等，❶ 成立形式多样促进就业和创业平台。

通过上述考察可知，英国的大学生就业促进法律制度是以大学主导为核心的就业促进模式，其特色就在于以高等教育机构为中心，形成创业教育、职业培训、人才培育、校企合作的就业促进框架，在以市场调节为支配地位的前提下，遵循市场就业规律，遵守自由主义原则，使高等教育机构（主要是指大学）充分融入并适应市场对人才和岗位的需求中，并通过政府的支持和引导，使高等教育在人才培养和技能培训方面更具有市场针对性，从而在根本上提高大学毕业生的就业竞争实力。

## 三、日本大学生就业促进立法

超过1 200所高等教育机构的存在，使日本的高等教育规模在发达国家中名列前茅。日本的高等教育目前已经由“大众化”转入普及化阶段。日本高等教育的快速发展一方面提升了日本国民的整体素质，有力地推动了日本经济、科技、社会的快速发展；另一方面，高等教育规模和招生数量的扩大则进一步加剧了大学生就业的压力。因此，日本自20个世纪90年代以来，在经济陷入低迷的背景下，对于如何解决大学生就业促进问题做出了诸多有益的尝试，尤其在大学生就业促进立法方面强化了就业促进政策的法律化，构建日本特有的大学生就业促进法律制度。

❶ 安锦：《高校毕业生就业促进政策与促进机制研究——以湖北省为例》，武汉大学2011年博士学位论文，第131页。

从整体上讲，日本的大学生就业促进政策贯彻的是“政府主导”型的积极政策模式，即“通过制定一系列的大学生就业促进政策，发挥就业政策的宏观调控作用，并积极推动相关就业政策的法律化”。[1]具体而言，日本通过《日本国宪法》《劳动基准法》《职业安定法》《雇佣对策法》《学校教育法》等法律，对大学生就业的权利进行规定。其中，《职业安定法》《雇佣对策法》详细规定了就业指导的内容。在创造公平就业环境方面，日本通过颁行《男女雇用机会均等法》《零短工劳动法》等法律文件，为大学生公平就业，尤其是反对就业中的性别歧视提供法律依据。此外，日本政府为了使高校毕业生能够获得较为稳定的工作，在“终身雇佣制”和“新卒采用制”的制度背景下，还于2010年制定《劳动者派遣法修正案》，该法案严令禁止仅有工作时临时签订雇用合同的登记型劳动者派遣，从而把生活和收入不稳定的派遣员工引导到正式员工的雇用方式上。依据《劳动省设置法》等法律法规，日本还专门设置了主管大学生就业促进工作的政府机构，诸如厚生劳动省负责职业的介绍和指导。与此同时，日本的文部科学省则扮演着择业教育、创业指导、就业技能培训等就业促进角色。虽然文部科学省不是大学生就业促进工作的主管部门，但是，通过以厚生劳动省为大学生就业主管部门，文部科学省等政府部门为辅助（配合）部门，从而形成日本大学生就业促进政府管理体系。政府管理体系与相关就业立法共同构成日本“政府主导型”的大学生就业促进制度框架。

除此之外，日本通过立法，将用人单位和高校也纳入到促进大学生就业的制度框架之中。例如，日本于1994年启动一项

---

[1] 钱再见、高晓霞：“日本大学生就业政策环境的优化及其启示”，载《甘肃行政学院学报》2009年第3期。

“全面就业支持计划”，以期创造大约100万个工作岗位，这不仅可以解决待业人员的就业问题，而且可以缓解大学毕业生的就业压力，尤其是政府通过向企业支付一定奖励金的方式，为尚未实现就业的大学毕业生提供短期试雇佣的机会，具体而直接地支持大学毕业生的就业。2002年日本企业制定的《关于新毕业学生录用、选考的企业伦理宪章》，该宪章规定大学与企业应当相互尊重各自的协定，从而明确大学和企业应尽的义务和所享有的权利。与此同时，日本企业十分强调雇佣关系的长期性和稳定性，其原因在于“劳资双方对雇佣关系的长期性和稳定性都具有良好的预期”。[1] 具言之，即企业愿意为新招聘入职的大学毕业生提供大量的在职培训，这不仅有利于企业提高员工的人力资本存量，也有利于企业在长期的雇佣关系中获得可观的经济效益。而对于日本的高校来说，在如何促进大学毕业生就业的体制中，其扮演的是教育和引导者的角色。即日本的高校通过强化就业指导的针对性、拓宽企业和毕业生的沟通渠道、深化就业（或创业）教育等方式，为广大毕业生提供就业教育和指导服务。

综上，我们可以分析得出日本的大学生就业促进立法特点为“政府主导型”的积极就业促进模式。具体表现为，政府积极出台各项促进大学生就业的政策措施，并引导和鼓励企业、高校参与到对大学生就业促进的制度框架之中，最终通过立法对此制度框架予以确认和规范，并提供实践操作中所需的法律或政策依据，完善相应的配套措施以促使法律得到有效实施。

---

[1] 谢勇：“日本的大学生就业促进措施及其对中国的启示”，载《外国教育研究》2007年第9期。

## 四、德国大学生就业促进立法

德国作为欧洲的重要经济体，其经济社会发展水平一直都处于世界前列。其中，德国的高等教育也十分发达，与此同时德国的高校毕业生也面临着较大的就业压力。尤其是2008年金融危机过后，德国大学毕业生面临着更为严峻的就业形势。为了更好地解决大学生就业问题，德国在公共服务、劳动力市场政策、农村就业等方面进行了积极的努力，并以立法和制度构建的方式，为德国大学生就业促进工作独辟蹊径。

在公共服务方面，德国于1969年颁布《就业促进法》《训练促进法》等一系列促进高校毕业生就业的法律，这些法律一方面为促进大学生就业提供基本的法律保障，另一方面也凸显了德国对待大学生就业促进工作的“公共服务性”特点。详言之，德国的大学生就业工作强调“公共服务”的价值，即大学生就业促进工作不仅仅是政府或者大学生个人的事情，更重要的是其为整个社会需要共同面对的事，由此，可以对德国大学生就业促进工作的“公共服务性”特征做两个层面的理解：（1）大学生就业工作不仅需要彰显政府的力量，得到政府的支持和引导，更需要包括政府、企业、高校、家庭、学生个人等多方力量一起参与其中；（2）德国大学生被看做是社会就业的普通一员，而不是特定就业对象，更不是社会弱势群体，因此德国大学生与普通社会成员一样享受就业政策和公共服务，政府据此依法对大学生进行统一的社会就业管理。因此，在德国，诸如《非全日制工作法》所规定的“非全日制工作制度”、“美因茨模式”（即采取补助低收入岗位以扩大就业的模式）、补贴企业雇佣失业人员制度、鼓励大学生自行创业政策均适用于德国大学毕业生。其中绝大多数就业促进政策既适用于大学毕业生，又适用于普通待业人员，由此形成大学毕业生与社会普通成员共同分享就业促进政策的现状，而很少存在针对大学生就业促进的特别法案，这也是德国在大学生就业促进工作中的一大特点。此外，高校通过提供入学前咨询、设置实训技能课程、联系就业实习岗位、引导制订职业生涯规划等就业指导、教育以及培训措施，直接或间接地促进大学毕业生就业。而对于德国的企业来讲，企业办学是一种普遍共识，即德国企业为大学毕业生提供大量毕业前的实习实训岗位，通过企业办学，一方面有利于提高学生的实践技能，另一方面也有利于企业与学生之间相互了解，进而为以后双方建立劳动关系创造条件。

在劳动力市场政策和农村就业方面。“德国多年来一直致力于劳动力市场政策的改革，哈茨计划历经多次简化、合并、创新，已逐步完善发展到第四阶段”。❶ 在农村就业方面，德国主要致力于推动德国农业高校中的学生到农村就业。具体来讲是，德国农业高校中的学生基本都能分得试验田，从一年级起就要参加农业实践。❷ 学生在分得试验田之后，必须在接下来的四年学习中，亲身深入田间地头，帮助完成某一农业生产课题的研究，只有完成上述工作，德国农业高校中的学生才能毕业。通过这一教学方式，德国农业高校的学生绝大多数能够掌握实际的农业知识和技能，并为以后从事农业生产和研究积累一定的经验，这一举措也无疑将大大促进高校毕业生尤其是农业学校的学生到农村就业甚至创业。

---

❶ 刘建安：“大学生就业促进策略的国际经验及启示”，载《湖北第二师范学院学报》2012 年第 12 期。

❷ 杜丽华：“国外促进大学生到农村就业、创业的主要经验”，载《新农村》2010 年第 8 期。

综上可知，德国的大学生就业促进政策，无论是立法还是实践，均强调公共服务性，尤其是德国的大学生更侧重于独立自主地解决就业问题，对政府的依赖和政府的特殊待遇均较弱，这也是其他国家在促进大学生就业时值得学习和借鉴的经验。

## 五、法国大学生就业促进立法

法国政府为促进就业，采取了一系列优惠政策。首先在刺激企业提供就业岗位方面，法国政府实施“青年就业合同”。政策规定，签订这一合同的老板将享受政府补贴并减免社会福利分摊金。其次，在鼓励企业稳定建立稳定长期的劳动关系方面，政府实施“促进就业合同”，政府对签订合同愿安置长期失业者的企业两年内免收社会福利分摊金，并且每月补贴 2000 法郎。[1] 此外，法国还在高等教育的文凭制度方面予以改革，通过立法改革文凭模式，确立以三年制本科（学士）、五年制硕士和八年制博士学位为主要架构的大学学制，并严格贯彻宽进严出的招生培养思路，使法国高等教育培养出的大学毕业生具有高素质、高技能，以增强法国大学生的就业竞争力，从而间接地促进大学生的就业。针对大学毕业生中的无业青年、残疾青年、无职业且不享受救济金的青年，法国推出《青年就业法案》，为上述面临较大困难的大学毕业生提供就业机会。除此之外，法国与日本一样，设立专门的就业管理部门。在法国，根据法律规定，全国就业管理局是专门负责就业的管理部门，它的性质是政府机构。法国全国就业管理局的具体工作可以概括为“五个主动”，即主动为青年建立青年求职俱乐部，主动推荐工作，主动推荐应聘者，主动

---

[1] 滕长宏：《促进大学生就业法律问题研究》，西南大学 2010 年硕士学位论文，第 20 页。

联系企业，主动简化失业登记程序等。综上，法国通过政府支持、文凭改革、青年就业、专设机构等多种渠道，构建起法国的大学生就业促进法律制度。

## 六、瑞典大学生就业促进立法

根据国际劳工组织的报告——《为一个更好世界的经济安全》分析，瑞典是世界上就业最好的国家。[1] 瑞典作为北欧最大的国家，按人口比例计算，也是世界上拥有跨国公司最多的国家。与此同时，瑞典还是一个高度发达的工业国家，是欧洲十大经济国之一。作为一个经济发展水平高度发达的国家，瑞典的大学生就业促进制度亦表现出与其经济发达程度相适应的成熟和完善，值得我国借鉴和学习，因此笔者对其进行简要地考察和概述。

在创业方面，基于对创业带动就业以及提升一国创新能力的积极作用，瑞典十分重视对创业的鼓励和引导。由于瑞典开展创业服务始于 1984 年，因此，通过 30 年的建设，瑞典形成“注重创业计划书的科学性和实效性”这一创业服务特点。为了实现创业计划书的科学性与实效性，瑞典通过立法制定了严格而又科学的创业前置审查程序，这一“审查程序”包括政府明确创业扶持的对象、提供免费培训、创业人申请创业、审查创业计划、提供政策扶持、咨询专家对创业情况进行跟踪了解等多个环节。[2] 在创造就业机会方面，瑞典实施的是积极的就业政策，即通过提

---

[1] 石松、邵存林：“国外大学生就业供给促进政策对我国的启示”，载《中国青年研究》2011 年第 7 期。

[2] 刘建安：“大学生就业促进策略的国际经验及启示”，载《湖北第二师范学院学报》2012 年第 12 期。

高待就业人员的职业技能水平从而提升其就业竞争力，进而赢得更多的就业机会。与此同时，瑞典通过设立楼层修建、森林维护、能源节约、道路拓展、文物保护等新的“以工代赈”项目，直接创造更多的就业岗位。以上就业促进措施是针对全体瑞典民众的，因此，大学毕业生自然也可以从中获得利于就业的机会。在教育和人才培养方面，瑞典一方面十分重视高质量的教育水平的稳固，培养优秀的高校学生；另一方面，瑞典的教育也重视以市场需求为参照，有针对性地培训学生的实践技能，并充分挖掘人才资源的潜能，从而更好地引导大学毕业生进入劳动力市场，真正适应技术革新和满足市场需求。综上可知，瑞典重视构建积极的大学生就业促进制度，尤其是充分发挥政府的宏观调控职能，使得政府在促进大学生就业方面发挥积极主动的引导作用，并且政府的这一系列政策引导都有相应的法律法规作为其坚实的保障和行为依据。

## 七、西班牙大学生就业促进立法

西班牙的高等教育结构是根据 1983 年的《大学改革法》而建立起来的。[1] 西班牙自 1980 年以来，大学人数快速增加，高等教育规模急剧扩大，随之而来的便是大量高校毕业生面临就业难的问题，甚至有人将西班牙的大学称为“失业工厂”。面对大学生就业难这一严峻的社会问题，西班牙以立法为基础，通过制定法律、出台具体政策措施的方式，积极主动地探索促进大学生就业的出路。

在西班牙，“政府和大学都非常重视大学生的就业工作，国

---

[1] 姜世健：《关于我国大学生就业难问题的研究》，南开大学 2010 年博士学位论文，第 214 页。

家鼓励年轻人自主创业，各级政府都设立相关机构。大学同企业合作举办创业培训班，向自主创业的学生传授相关知识和技能，帮助他们制定创业计划、联系投资人或贷款等。有的大学、银行和企业共同建立大学风险基金资助大学生创办知识和技术型企业”。[1] 此外，西班牙为了让大学毕业生掌握更为全面及时的就业信息，还专门提供就业信息和咨询服务，并举办就业招聘会，帮助学生和用人单位建立联系。为了适应市场需求，培养出就业竞争力强的学生，西班牙还对教育进行改革，强调在高等教育中强化实践能力的培训、创业教育、制定职业生涯规划等。

## 八、韩国大学生就业促进立法

韩国在“战后”通过两个15年，不仅实现经济的快速发展，也推动教育尤其是高等教育的实质性跨越。随着韩国高等教育水平的不断提升，韩国的高等教育普及化也不断提高，伴随着高等教育的发展，规模也不断扩张，由此导致韩国每年都有大量的大学毕业生走出校园，寻找就业机会。但与高等教育规模快速扩张不一致的是，就业市场对大学毕业生的需求和吸纳力增速较慢，甚至某些行业出现了岗位减少的现象，尤其是金融危机过后，韩国的就业供需矛盾日益加剧。在这一背景之下，韩国的大学生就业面临着更为严峻的考验。为了促进大学生就业，韩国在教育、创业等方面进行制度改革，并以立法的方式加以确认和规范。笔者就此简要地加以考察和概括。

政府方面，韩国政府从2009年开始实施“政府支援青年实习制度”，即由政府出资，鼓励中小企业聘用未就业青年进行实

[1] “看世界各国如何促进大学生就业（2）”，http：//sh. sina. com. cn/citylink/ed/l/2009－08－19/09554463_ 2. html，2013年9月19日访问。

习。此外，韩国政府还在高校推行“留在校园”计划，即鼓励高校聘用毕业生担任实习助教或实习研究员，并进行相应职业培训；在企业中推广实施“分享工作”计划，鼓励企业以减少新进人员薪酬的方式，雇佣更多新人。[1] 高校方面，一方面大学毕业生就业率纳入高校评估体系之中，而且就业率高低直接与政府财政资助挂钩，为此韩国许多高校通过开设各种就业培训班、鼓励学生考取各种职业资格证书、设置各种实习实训项目等方式，以期提高毕业生就业率；另一方面，高校实行高等教育体制改革，韩国为此大力提倡发展职业教育，鼓励终身学习，并强调高等教育要加强校企合作，深化产学研。自主创业方面，韩国同美国、日本、法国等发达国家一样，十分重视高校毕业生的自主创业，一方面借助创业创造更多的就业机会，另一方面有利于提高整个韩国社会的创新能力。为此，韩国政府通过建立创业扶持基金、开展创业培训、设立“创业支援中心”、提供税收和金融支持政策、鼓励农村大学生回乡创业等方式，积极推动韩国大学生创业，从而促进大学生就业。[2] 政府的财政支持、高校人才培养质量评估、大学生就业创业政策等方面均纳入规范化轨道。

## 第二节　发展中国家大学生就业促进立法经验

发展中国家由于其人口、历史、政治、文化等原因，相较于发达国家而言，其经济社会发展水平相对落后，因此，发展中国

[1] “韩国采取综合措施应对大学生就业难题”，http：//news. xinhuanet. com/world/2010 -06/30/c_ 12279713，2013 年 9 月 19 日访问。

[2] 安锦：《高校毕业生就业促进政策与促进机制研究——以湖北省为例》，武汉大学 2011 年博士学位论文，第 140 页。

家的大学生就业促进工作面临着双重困难：一方面发展中国家日益增加的大学毕业生数量给就业增加了更大的压力；另一方面，发展中国家由于其经济社会发展水平相对较低，因此针对大学生就业促进的法律制度尚不完善和成熟。因此，如何应对日益增加的大学毕业生就业压力，将是各个发展中国家所面临的共同难题。虽然各个发展中国家关于大学生就业促进的法律制度不甚成熟，但是由于中国同样属于发展中国家，因此在大学毕业生就业形势和环境方面存在诸多共性，所以有必要对部分发展中国家在促进大学生就业方面的成功经验进行考察，以期更好地完善我国大学生就业制度的构建。

## 一、巴西大学生就业促进立法

巴西是拉丁美洲最大的国家，作为“金砖五国”之一，拥有丰富的自然资源和雄厚完整的工业基础，为全球新兴经济体，也是全球发展最快的国家之一。但是，巴西作为发展中国家，其人口达 1.91 亿，而且高等教育规模随着经济社会的发展不断扩大，因此巴西的大学生就业压力也比较大。在巴西，“巴西政府对大学生就业并没有特别优先的政策，无论毕业于公立大学还是私立大学，毕业生都与其他青年一样，必须遵守劳动力市场法则，自我解决就业问题”。[1] 对于巴西大学生就业促进法律制度的内容主要集中在职业培训、资金支持、创造岗位、增强政府就业服务职能等方面。

在特别待遇方面，巴西通过“初次就业计划”，对社会中初次就业的弱势青年给予特别待遇，比如政府分别投入 1.39 亿雷

---

[1] 滕长宏：《促进大学生就业法律问题研究》，西南大学 2010 年硕士学位论文，第 21 页。

亚尔和4.189亿雷亚尔为初次就业的弱势青年建立就业网络。与此同时，“政府通过部分减免税收或发放补贴等方式鼓励企业招聘无工作经验的年轻人，享受政府资助的企业必须保证在12个月内不解雇年轻人，如有违反，每解雇一人将被处以345雷亚尔的罚款；同时，政府还向自主创业的年轻人提供低息贷款和经营方面的指导和培训”。[1] 在职业技能培训方面，巴西政府通过制定大学生就业培训计划，以期增加大学生就业机会、提高大学生就业素质，从而鼓励和引导企业、高校以及社会共同参与大学生职业培训。在政府的服务职能方面，巴西劳工部要求自1975年开始各级政府要设立专门的劳动中介机构，负责向待就业人员提供就业信息和向企业提供劳动力资源信息，从而为劳动者和用人单位之间架构起互动的桥梁。目前，巴西各个地方政府机构设立的劳动中介机构主要是指公共就业协会。在创设更多的就业岗位方面，巴西制定了“创造就业及收入”计划，该计划旨在鼓励中小企业发展，以便增加就业岗位，拓展就业渠道。“创造就业及收入”计划主要通过巴西各大银行为中小企业提供低息贷款，一方面利于中小企业解决融资难问题，从而使得中小企业扩大生产经营规模；另一方面中小企业生产经营规模的扩大将吸纳更多的劳动力，从而创造更多的就业机会。

### 二、泰国大学生就业促进立法

泰国作为东南亚国家中经济社会发展水平相对较高的发展中国家，其失业率也比较低。泰国失业率低，除了归功于泰国兴盛的旅游业提供了大量的就业岗位外，还与泰国的积极就业政策密

---

[1] 国家发改委就业和收入分配司：《2008年巴西就业政策和促进农村劳动力转移就业情况考察报告》。

不可分。在大学生就业促进法律制度方面，泰国政府通过税收优惠、贷款补贴等措施，鼓励大学生创业；泰国政府还积极举办各种招聘会，为大学生提供各种招聘信息和就业机会；在职业技能培训方面，泰国政府职能部门、部分高等院校还与人力资源开发公司合作，共同为大学生提供英语、计算机等方面的技能培训；对于失业人员，泰国政府给予失业者一定的失业补贴，以便保障失业人员的基本生活。此外，泰国曾经还实行过一个“上山下乡政策”，具体内容是指泰国政府“从新财政年度中拿出50亿铢，为刚毕业的大学生创造7.5万个工作机会，让他们到各地参与管理乡镇发展基金或一村一产品计划”。[1] 以上政策措施的实行共同构成泰国的大学生就业促进制度。

## 三、印度大学生就业促进立法

印度作为南亚发展中大国，同时也是“金砖五国”之一，因而在就业形势和环境方面与我国有很大的相似性。印度和中国一样，同样伴随着高校规模的扩大，大学生就业压力日益增加。“总的来看，印度高校毕业生就业特点主要表现为计划和市场双重管理型”。[2] 具体而言，印度的大学生就业促进法律制度的内容可以概括如下：

（1）印度通过政府农村工程计划、农村服务中心计划等措施，积极创设更多的就业岗位；与此同时，政府也高度重视就业工作，专门安排4个部门（国家计划委员会、联邦劳工部、城市

---

❶ “泰国：政府主导就业 民间扶持培训”，载《参考消息》2002年6月4日。

❷ 安锦：《高校毕业生就业促进政策与促进机制研究——以湖北省为例》，武汉大学2011年博士学位论文，第137页。

事务与就业部、农村发展部）负责就业问题的研究和处理。此外，政府通过发布及时权威的培训机构培训信息，推动大学毕业生的就业技能培训。（2）建立起议会监督、审计监督、政府监督的就业经费使用监督机制，大学生就业促进专项经费在“三位一体”的监督机制下，安全高效地运转使用。（3）健全就业服务和就业培训体系。高校就业指导服务中心和社会职业咨询机构是印度大学生获取就业信息的重要渠道，而专门针对青年人的就业培训中心更为大学毕业生提供了职业技能培训的平台。（4）调整教育结构和教育发展战略。一方面，印度大力推行了十年教育计划，该计划旨在培养具有高技能和高素质的大学毕业生，建立起职业教育体系，以适应市场对技能型人才的需求。另一方面，印度高校不断调整专业设置、专业招生计划人数、专业培养方案等，实现教育结构的优化转型，以便与就业市场相对接。

## 四、俄罗斯大学生就业促进立法

俄罗斯国土广袤，且随着经济社会的发展，其人口总数却在不断地减少。因而，目前俄罗斯的劳动力资源长期处于短缺状态，从而使得俄罗斯高校毕业生就业压力较小，并不存在大的就业问题。针对这一特殊情况，俄罗斯政府很少干预或不干预大学生就业问题，就业完全是学生自己的事，学校也不提供诸如招聘会等服务，整体而言，俄罗斯的就业政策属于“自由放任型”。目前，俄罗斯大学生就业促进法律制度主要是为了解决俄罗斯的结构性就业矛盾，即俄罗斯的大学毕业生与就业岗位之间存在较为严重的专业不对口现象。为了给毕业生就业工作提供法律保障，俄罗斯于1999年10月和2000年4月分别颁行《促进职业教育机构毕业生工作安置及增强其劳动力市场适应性系统高效运作的措施》和《促进职业教育机构毕业生就业并增强其劳动力市场适应性的跨部门纲领》。此外，俄罗斯的就业管理体系也比较健全。教育科学部和劳动部是俄罗斯联邦负责就业管理、调控、职业培训和职业介绍的政府职能部门。为了更好地加强高校就业管理，俄罗斯还在各高校内部建立了就业管理系统，高校内的就业管理系统主要由“青年学生就业促进中心”和“支持青年专家就业的信息分配系统”两部分组成。[1] 其中，信息分配系统又具体由就业信息系统平台、劳动力市场分析和教育服务分析系统、法律—法规系统、指导—咨询服务系统共同组建。综上可知，俄罗斯在实行自由放任型的大学生就业促进政策的同时，已然建立起较为成熟的就业管理体系和就业保障制度。

## 第三节　国外大学生就业促进立法经验对我国的启示

根据上述考察论述可知，无论是发达国家还是发展中国家，在对待大学生就业促进问题的过程中，均采取了切合本国实际的政策措施。与此同时，基于政治、经济、历史、人口、教育等因素的差异性，发展中国家与发达国家在大学生就业促进的制度构建中亦存在一些不同之处：（1）发展中国家强调政府的积极政策引导和干预，存在不同程度的计划经济色彩，而发达国家则强调市场原则，充分发挥市场在人力资源配置中的基础性作用，鼓励大学生自主择业，在此基础上，政府适当予以引导和支持就业；（2）发展中国家对于职业技能培训和公共就业服务的认识和建设起步较晚，因此大学生就业培训和就业服务还有很大的提高和发展空间，而发达国家则因其经济社会发展水平较高，因而

[1] 安锦：《高校毕业生就业促进政策与促进机制研究——以湖北省为例》，武汉大学 2011 年博士学位论文，第 136 页。

职业技能培训和公共就业服务的制度建设比较完善，各个发达国家均普遍高度重视职业技能培训和就业服务在促进大学生就业工作中的积极作用；（3）在鼓励大学生创业的政策上，发展中国家落后于发达国家，这与各个国家经济社会发展水平不均衡密不可分，但可以预见，不久的将来，无论是发达国家还是发展中国家，创业已经或将会是促进大学生就业的重要途径。综上所述，我国作为世界上最大的发展中国家，面对高校规模日益扩大，大学毕业生不断增多，就业供需矛盾日益凸显的客观现实，有必要借鉴包括其他发展中国家在内的世界各国在促进大学生就业中的成功经验，以便完善我国大学生就业促进法律机制。

## 一、制定和完善大学生就业促进法律体系

大学生就业促进法律体系涵盖就业权利保障、职业培训、岗位中介、就业服务、就业管理机构设置、教育改革、政策资金管理等多方面的内容。在发达国家中，美国制定的《紧急就业法》《劳动力投资法案》《从学校到就业机会法》《雇佣激励以恢复就业法案》《职业教育法》《全面就业与培训法》等众多法案，分别从创设更多就业岗位、职业培训、政策资金扶持等方面促进大学生就业，使得大学生就业促进工作有明确的法律依据，而且构建了较为完善的法律机制。此外，英国、日本、德国等发达国家均有较为成熟完善的法律配套体系，用于支持和规范大学生就业促进工作。在发展中国家，诸如巴西、印度等，则通过立法的方式确认各项就业计划，进而使大学生就业促进工作纳入到以就业计划为主体的就业促进法律体系之中。虽然我国有《劳动法》《劳动合同法》等关涉就业的法律，但是这些法律均是基础性法律且针对的对象为全体劳动者，因而缺乏具体针对大学生就业的法律法规。为此，我国应该借鉴国外的做法，通过颁布专门针对

大学生就业培训、就业服务的法律法规，构筑起符合我国国情的大学生就业促进法律体系。

## 二、政府主导，责任明确

在考察日本在促进大学生就业的立法经验时，我们不难发现，日本十分重视政府在大学生就业促进工作中的主导作用，因而形成政府主导型的就业促进模式。所谓的“政府主导”是指政府积极主动地出台各项促进就业的政策措施，鼓励支持大学生就业或创业，为大学生就业保驾护航。之所以要强调政府在大学生就业促进中的主导作用，原因在于：（1）就业市场本身具有市场的固有缺陷，即滞后性、自发性等，因而市场在配置人才资源的过程中，也不可避免地会出现配置不合理、就业不公平的现象，因而就需要政府出手干预就业市场的不合理、不景气、不公平问题；（2）政府本身有责任也有能力在促进大学生就业的过程中发挥积极作用，一方面保障大学生的合法就业权利和公平就业机会是政府的重要职能，因而政府不可回避地需要参与其中；另一方面，政府手中积聚着大量的财政资源、就业信息资源等，因而也有能力在资金和就业机会的创造或提供中起到重大作用。不过，必须注意的是，即使是日本这样一个高度重视政府主导型就业的国家，其仍然严格遵守市场的基本规则，在适度干预引导大学生就业的过程中，日本政府充分利用就业市场本身配置资源的基础功能，鼓励大学生自主择业、独立创业，接受市场的考验并实现就业。综上，作为处于转型时期的我国来讲，面对市场经济不断发展的客观现实，一方面需要充分尊重市场原则，发挥市场经济在人力资源配置过程中的基础作用，让大学生和就业市场之间实现“双向选择”。另一方面，面对日益严峻的就业压力和部分就业不公平现象，我国需要学习日本的做法，发挥政府在特定时期（就业困难或就业不公平），针对特定对象（大学生）的政府主导作用，积极出台各项促进大学生就业的政策措施，并规范和监督就业市场的招聘、职业介绍、职业培训等行为。必须注意的是，在发挥政府主导作用的同时，还需要明确政府职责，包括两个方面：一方面是哪些内容属于政府需要主导干预，包括就业权利的保障、就业公平问题、职业培训问题、就业保障资金管理问题、创造就业岗位问题、发展就业服务问题等；另一方面，明确专门负责就业管理的机构。诸如日本由厚生劳动省专职负责就业管理工作，文部科学省则配合大学生职业培训、职业教育等工作。而我国可以由人力资源和社会保障部为主体，教育部、财政部、中国人民银行等配合支持，构建起我国的大学生就业促进政府专业机构框架。

### 三、高校就业促进机制规范化

无论是发达国家的美国、英国、日本、德国等，还是发展中国家的巴西、印度、泰国等，各国均通过立法或政府政策将高校就业促进机制纳入规范化轨道。比如德国通过《就业促进法》《训练促进法》等规范就业公共服务方面的行为，又通过改革劳动力市场政策规范劳动力就业市场。又比如日本，不仅有一套完备的法律体系规范就业促进工作，而且有职责明确的政府机构专司大学生就业促进工作。除此之外，各国高校就业促进机制的内容一般包括职业培训和教育、就业机会的创造和提供、就业公共服务、就业市场监管、企业激励机制、政府优惠政策、专项资金的监管等七大方面，并在法律与政策中予以具体明确地规范。我国也应当在高校就业促进机制的构建中追求规范化标准，主要从两个方面努力：（1）通过立法或行政政策对就业促进机制进行确认和规范；（2）就业促进机制的内容大体也应当涵盖以上所述的七大方面，而且必须增强相关规定的可操作性。

## 四、强化对劳动力市场监管

发展中国家和发达国家的政府均高度重视对劳动力市场的监管，严格禁止招聘中的就业歧视等危害就业公平的行为。诸如日本通过颁行《男女雇用机会均等法》，为反对就业性别歧视提供了法律依据，从而营造更加公平合理的就业市场秩序。除性别歧视外，学历歧视、身高歧视、地域歧视等严重影响就业公平的现象也被各国政府所禁止。日本的厚生劳动省、巴西的公共就业协会、俄罗斯的劳动部等，不仅在积极促进大学生就业，而且在扮演着就业市场的监管或监督者的角色，以防就业不公、非法招工、拖欠工资等行为破坏就业市场的正常秩序。为此，我国不仅应当学习国外强化专门机构对就业市场的监管，而且应当通过加大宣传和惩治力度，规范用工行为，保障大学生的劳动权益，从而为大学生就业提供良好的劳动力市场环境。尤其是在《劳动法》《劳动合同法》、公务员考试录用制度等框架体系中，坚决杜绝性别歧视、身高歧视、地域歧视等严重影响就业公平的行为，甚至建立健全反就业歧视法律制度、休息休假制度、社会保险制度等，为强化劳动力市场监管提供坚实的法律依据。

## 五、形成用人单位就业促进激励机制

对用人单位实施就业促进激励机制，不仅有利于企业生产经营的扩大，而且有利于创造更多的就业机会（岗位），为大学生就业提供更多的择业选择，从而缓解甚至解决大学生就业难问题。像美国的《雇佣激励以恢复就业法案》、日本的“全面就业支持计划”、巴西的“创造就业及收入”计划、韩国的“政府支援青年实习制度”等，均是各国希望通过各种优惠措施激励用人单位积极招聘大学毕业生，以促进高校学生的就业。在我国，要构建起用人单位就业促进激励机制，可以通过财税政策、金融信贷政策、降低准入门槛、简化审批程序等优惠措施，鼓励用人单位积极聘用大学毕业生。此外，我国应该将各项行政优惠措施法律化，通过立法的形式予以确认和规范。

### 六、规范毕业生训练和就业行为，并保障其就业权益

促进大学生就业需要内外因共同作用才能产生最大效应，其中外因就是政府、企业、高校以及社会为大学生就业创造良好契机和环境，而内因则是需要提高毕业生自身的就业竞争力。毕业生的就业竞争力主要有以下几个因素影响：毕业生本身的专业素质和技能水平、毕业生的职业生涯规划、毕业生的身体和心理素质、毕业生择业观念和方法、毕业生的职场行为等。因此，要想促进大学生更好地实现就业，不仅需要外因积极支持，更需要内因强化内功，提高就业技能。具体而言，应当学习诸如美国、日本、韩国等国的做法，在高校推行职业教育和职业技能培训，并鼓励和要求大学生多参加企业实习实训活动，同时引导大学生制定科学合理的职业生涯规划，使学生树立起正确的择业观，规范毕业生的择业行为和就业竞争。此外，各国普遍重视对高校毕业生合法就业权益的保障，比如日本专门出台《劳动者派遣法修正案》《劳动基准法》等，规范就业派遣、休息休假制度、企业招聘等行为，切实保障大学毕业生的就业权益。我国在借鉴国外关于保障毕业生就业权益的经验时，可以通过立法、行政政策、民间组织、媒体监督等渠道，构筑起包括就业公平、休息休假、工资待遇、工作环境和条件在内的就业权益保障体系，切实维护大学毕业生的合法权益，为促进大学生就业保驾护航。

# 第四章　政府促进大学生就业法律机制研究

在大学生就业促进法律机制的构建过程中，政府处于主导地位，它可以采取经济、行政和法律手段来促进大学生就业，也可以采取社会保障政策来促进就业，例如，国家可以对大学毕业生实行类似于享受“低保”的政策，免费提供政策咨询、职业指导、职业介绍和人事档案托管等服务，组织参加就业见习、职业技能培训等促进就业的活动，实施就业援助等；❶ 并可以通过完善宏观调控制度、建立监督制度和健全配套制度等措施来形成大学生就业法律机制。

## 第一节　强化大学生就业促进政府责任

我国实行改革开放以来，日渐完善社会主义市场经济法律体系，并在就业方面颁布专门的《就业促进法》。然而我国实行《就业促进法》的时间较短，且缺乏相关方面的理论和经验，从而不能有效地发挥其效应。加之我国人口众多，幅员辽阔，政府干预

---

❶ 我国就业援助制度明确规定的就业援助对象主要有城镇下岗及失业人员、大学生、农村进城务工人员、残疾人、女性、遭受自然灾害的就业困难群体、零就业家庭、失地农民。从这几个主要就业援助对象来看，大学生又是其中一个比较特殊的群体。一般来说，大学生有文化、有技能，应当属于就业优势群体。但随着高校扩招，毕业生数量增多，劳动力过剩，大学生同样面临着就业难这个问题。

力度不足，再者，没有形成市场就业秩序，干扰就业市场，监管不能行之有地效落实到每个用人单位。在这种情况下，要想改善就业市场，政府就必须起到主导作用，必须要加强干预、明确执法责任、强化监督责任、明确责任承担方式，从而给我国的就业市场带来一个崭新的春天，给广大人民一个幸福的生活环境。

## 一、明确执法责任

### （一）加强政府对就业市场的执法责任意识

当今社会，毋庸置疑的一个事实是：大学生是就业弱势群体，大学生大多缺乏实践经验，而年年扩招又导致大学生供过于求，大学生就业已呈现出日渐严峻之势。大学生的弱者地位也是就业援助制度给予大学生特别保护的理论基础。《就业促进法》是从就业援助对象的利益角度出发的，是充分考虑到就业援助对象弱势地位这一因素而提供的一种特殊保护。《就业促进法》表面上看是国家给予就业援助对象提供的一种倾斜式的法律保护，而实质上是因为要确保双方地位的实质平等，这也是法律追求实质正义的一种体现。大学生就业是关系到“民生”的大问题，同样需要政府、企业、个人、家庭等多方面的合作。政府应当着力构建大学生促进就业法律机制，为各方主体参与促进大学生就业营造良好的制度环境。

对大学生就业的保障不只是要来自立法层面的确认，从某种意义上讲，执法比立法更具有现实意义，执法比立法更重要。但现在关学生就业的一系列相关法律的贯彻实施也尤其重要，有法必依也是政府的责任。如《就业促进法》《劳动法》《劳动合同法》《高等教育法》等，这一系列的法律都需要国家机关做出有效的贯彻实施，以确保大学生等就业弱势群体切实享有法律保护。

要做到有法必依，就必须加强政府对就业市场的执法责任意识。卢梭指出："政府存在于社会公众的期望中，它必须遵守一定的权利和义务，这些权利和义务是政府与社会之间契约的结果，因此，政府在行使权力时，不应忘记自己对社会承担的责任。"❶ 由此可见，政府在行使一定权利的时候，与之相对应的是它也要对社会履行一定的义务，承担一定的社会责任。明确执法责任既是政府的法律义务，也是政府对社会的一种责任。现今中国，法律理论与实践的衔接是存在问题的，而两者关键的衔接点正是执法人员。政府认知度不高、执法人员法律意识薄弱，这都是症结。所以对于执法人员必须提出三项要求这样才能加强执法力度。（1）执法人员应具备相应的法律知识。作为执法人员如果不懂法、法制意识不高却执法的话，这会对社会造成非常不利的影响。可以说，执法人员最基本的要求就是要懂法。所以提高执法人员相关法律知识也是对社会的一种负责。（2）加强执法人员的道德修养。在现实中处理问题，执法人员应将法治与德治相结合。法律与社会道德，两者本就是互补互利的，法律空缺的用道德来填充，道德解决不了的纠纷以法律来解决，法律本就是社会道德的另外一种体现形式。所以，执法人员单懂法并不能优秀地执法，还要灵活应用法律，不能让法律变成死法，纸张上的法律，要将其结合社会道德与文化，具体问题具体分析，这样才是一位优秀的执法者。（3）加强执法人员执法意识。法律不单单要制定，更关键的在于执行。执法人员不单单要懂法，更要执法。执法人员若单单只懂得法律却不执行，那么法律与实践就连接不上。所以，加强执法人员的执法意识也是重中之重。

---

❶ ［法］卢梭著，何兆武译：《社会契约论》，商务印书馆2003年版，第23页。

(二) 政府应明确执法内容

(1) 政府应做好法律法规、政策文件的宣传工作。明确执法责任，政府不仅要有相关的执法意识，也应对相关的法律做出积极的宣传，只有做好宣传才能与执法保护者良好的互动，只有将法律知识和维权意识贯彻到弱势群体中，其法律的实施才能得到最广泛意义上的实施。大学生对于就业政策及其相关法律知识了解程度不够的一个重要因素就在于政府对这类知识宣传的不到位。从经济学的角度上说，解决大学生就业难的根本之道是发展经济，增加就业机会。但这是长期才能实现的，就现在而言，如何缓解大学生就业难这一现象就显得特别重要。因此，充分利用本来有的那些法律法规、政策文件来缓解大学生就业难现象是一个好方法。有效地利用现有的资源就需要做好对其资源的相关宣传工作，将其普及到广大人民之中，使大学生这类就业弱势群体能及时了解到最新相关政策及法律法规，尽可能地调整自己利用资源实现其真正意义上的执法效应。只有将这些法律法规和政策文件让需要它的人了解到它、接受它的观点、理解它的意义，然后用它来维护自身利益，做个受益者，这样的政策和法律法规才能发挥它的最大功效。

(2) 明确执法所要保护的权利。关于就业方面的权利，最首要的当属劳动权。而劳动权中的平等就业权与就业援助权，是与大学生就业息息相关的两项权利。大学生了解好这两项权利有助于更好地拥有维权意识。

平等就业权，是指劳动者享有平等的就业机会的权利，除基于职业本身、工作岗位本身的特殊要求而在技术、能力等方面的正当限制外，不得因性别、民族、种族、宗教等方面的原因而对劳动者实行与其他劳动者的区别性对待。❶ 平等是人类自古以来的追求，它反映了人的一定心理需求，这种映射在生活中处处可见，当然这样的心理需求也折射到了就业问题上。就业中的企业不应该有不合理的差别要求及歧视现象。就单一大学生这个群体之间也存在着不平等现象，由于个体之间的差异、性别、家庭背景等因素，这些因素都可能照成不平等就业的局面。深刻地理解平等就业权，加强维权意识，当在就业时受到不平等或歧视时，要懂得拿起法律的武器来维护自身的权利。

就业援助权的实质在于公权适度干预私法中的自由权利，以实现法律的精神——实质公平。私法中的自由权利在某种情况下也有其局限性，这时就需要国家这双有形的大手适度地干预，以保障其社会环境的总体和谐，保障大多数人的利益，更好地实现平等、公平、社会正义。就业援助权主要包括就业权、获得适宜劳动条件权、公共就业保障权。此三项权利皆是从就业者的利益角度出发，对就业弱势群体有着充分的保障。所以，让这类知识宣传普及到需要它们的人群中，增强人们的法律意识和维权意识也是政府需要做好的工作。

（3）明确执法的具体措施。政府促进大学生就业的具体措施，应当在立法上予以明确，包括就业信息提供、就业培训、就业服务、就业援助，以及对高校、用人单位、就业服务机构对大学生就业促进行为的监管等方面；也包括采取财政、金融、税收、外贸等手段予以促进就业。

---

❶ 周毅：《论劳动权及其法律保障》，吉林大学2008年博士学位论文，第85页。

## 二、强化监督责任

政府在执法过程中，除了上述的政府认知度不高外，还存在着政府监督不到位，反馈较弱的问题。在政策的监督与反馈方面，行政监督力度不够，法律监督也处于尴尬地位。[1] 法律在贯彻实施的过程中更需要国家有专门的机关对其进行监督，从而确保人们切实地享有到法律的保护。

（一）大学生就业促进制度中政府监督责任存在的问题

（1）政府责任的缺位，指政府在大学生就业促进过程中不履行自己的职责，或者没有履行好促进就业的职责，或者没有履行好积极引导大学生就业的职责。事实上，政府对于如何引导大学生就业是认识不清晰的，以至于出现包办就业的现象。“村官”“特岗”“西部志愿者计划”“三支一扶”等一系列政策有助于缓解大学生就业，但这终究不是长久之策。随着毕业的大学生越来越多，而“村官”之类的岗位也日益呈现出人满为患的趋势，那极少的名额对于大批待就业的大学生而言如杯水车薪。所以解决问题而不止是单单地制定一些缓急的政策，更应制定长久有效的政策，考虑政策的效率。

（2）政府责任的越位，是政府在大学生就业促进工作中，对于不该履行的职责、不该管或不该做的事却积极地做了，对于没有能力管事却管了。比如政府设立“211 工程”“985 工程”之类的将大学划分成等级式的，而这些所谓的工程中的高校大多是综合性大学，像财经类院校等一系列专业性较强的院校比较难进入其名单。其实论就业情况，专业性较强的大学往往就业情况

[1] 安锦：《高校毕业生就业促进政策与促进机制研究——以湖北省为例》，武汉大学 2011 年博士学位论文，第 123 页。

更乐观。其大学的等级鲜明还表现为一本、二本、三本的设置，在我国大多数正规大学（一般指一、二本高校）都是政府办的，而民办大学很难挤入其行列。国外的大学很多都是民办大学，其中也不乏一些世界名校，比如美国的斯坦福大学。

(3) 政府责任的错位，是指政府在大学生就业工作中，没及时、正确地利用职权，致使出现政府责任错位。[1] 就像每年政府为各大高校拨很大一笔款，这些经费的具体用途，政府就应该行使其监督职能，但就目前而言，政府对大学生就业促进专项资金的监督不力。

（二）强化监督责任的必要性

中国法律在制度设计层面是较为完善的，但在实施层面却存在着很大问题，究其深度的原因是因为我们的传统文化。中国有着5 000多年的悠久历史，其中不乏儒家、道家文化之绚丽，唐诗宋词之优美，然而那千年的与土地联系所产生的社会人文至今仍然影响着中国人的方方面面，包括法律。中国人与土地几千年的深厚感情使得中国社会呈现出的是一种人情社会，即裙带社会，而不是西方国家的公民社会。人情社会中讲究裙带关系，这使得人情在现实中往往大于法律，在就业中也存在着关系优先。那么对于那些没关系的人而言就造成了利益上的损害，而法律往往又不能发挥其公平正义的作用。人情社会的另外一个弊端是：极易造成政府“寻租”现象。权力寻租的含义是：握有公权者以权力为筹码谋求获取自身经济利益的一种非生产性的活动。政府人员权力寻租所带来的经济利益，它是权力腐败的原动力。而在人情社会，以裙带关系为主体的社会，寻租现象则更易发生，

[1] 舒宇彤：《我国大学生就业中的政府责任研究》，东北师范大学2008年硕士学位论文，第22页。

强化政府的监督责任，不仅要加强政府对社会对人民的监督，也要加强政府对自身的监督，避免腐败，避免靠关系靠人情说话的现象，实现法律上的公平，让就业者有一个公平的环境中竞争。

（三）强化政府监督责任的方式

（1）社会监督政府。政府应该接受来自于社会，来自于媒体，来自于人民的监督。既然我们的政府是“为人民服务”的政府，那它就应该受到广大群众的监督。要让群众监督就要做到信息透明化。就业问题和市场是紧密相连的，所以说政府管理市场的情况直接关系到就业局势。现代又是一个信息社会，让待就业者充分了解市场信息就意味着给他们提供机遇。政府公开信息有两个有助于。第一，公开信息有助于待就业者了解最新政策、最新市场需求等，寻求机遇，自行解决就业问题。这是提高就业率的一个有效途径。第二，公开信息有助于公众和媒体等了解政府的情况，积极参与监督政府工作，防止机关人员腐败及不作为现象发生。

（2）政府监督社会。政府应当通过立法和执法的方式来监督和管理社会。①政府应加强对高校教学质量的监督，使教学内容、专业设置、实践教学等环节均有利于学生就业能力的提高。②政府应加强对市场的监督。解决就业问题的根本途径是发展经济，经济带动就业。在经济发展中，如何让它健康、有序、合法地发展，除了市场这个“无形之手”外，政府也应积极发挥这双“有形之手”以确保市场合法化、公平化、合理化。③政府应加强对用人单位和企业的监督。用人单位和企业是与就业者挂钩的最直接的对象，加强对用人单位的监督，避免在就业过程中的歧视现象、日后的侵权行为，确保就业人员有一个公平的竞争环境。④政府应加强对大学生的监督。对大学生的能力及成绩做到有效监督，避免欺骗行为。要培养出诚信的大学生，要加强对各大考试的监督，避免作弊行为等发生。

（3）政府监督政府。政府应该对其自身也进行监督，具体包括中央政府对地方政府进行监督和成立专门的监督机构两项。①中央政府在制定一些政策方针法律法规时，要确定落实到地方了没有，也就是要监督地方做得如何，实施得如何，效果怎样。在制定一些指标的同时也应该关注地方政府是如何完成指标的，是否存在水分。②成立专门的监督机构对各机构进行监督，各机构同时也互相监督，各机构也可以对专门的监督机构进行监督。总之，监督是相互的一种行为，不仅在政府与人民之间是相互监督，政府各部门之间同样也是相互监督。成立专门的监督机构，对各部门进行专门的督查，这样能及时地发现问题、分析问题、解决问题，使政府成为“服务型政府”。

## 三、明确责任承担方式

政府有效执行法律就要明确责任承担方式，推行目标责任制。一个实施效果好的制度一定是在各方责任明确划分的状况下实施。政府在就业方面的法制化建设，也是离不开法律责任制度建设的，无责任则无制度，为此，在构建就业的法律机制时，必须明确其相关主体的法律责任，构建责任机制，以明确相关主体之间的权、责、义关系。[1] 必须追究那些由于不负责任、责任疏忽而导致不良后果的执法人员的责任，这样才能有效落实责任制。

从责任的承担部门来看，主要有中央政府和地方政府。经济行政主体系统是一个由中央政府和各级地方政府所构成的、多层

[1] 杨德敏：《就业援助法律机制研究》，中国法制出版社2012年版，第285页。

级的网络，中央政府是全国的代表，地方政府是地方的代表，两者关系紧密。两者主要存在以下四种关系：（1）利益关系。中央政府代表的是国家的利益，地方政府既是设在地方的国家利益代表，也是地方利益的代表。（2）权力关系。两者之间的关系是权力分配与统属关系，地方政府既听属于中央政府的政策及权力安排，同时又有它独立的一面。（3）权力义务关系。两者之间互相存在权力义务，与此同时两者都对社会负有权力义务。（4）事权、财权与责任的关系，即中央与地方政府间事权、财权与责任的分配及协调关系。[1] 中央政府与地方政府的衔接点，是省级政府，省级政府在中央与地方之间起到一个将两者链接的作用，承上启下，一种动态性的关系。而在大学生就业问题上，其法律制度政策的落实关键是地方政府。中央政府在20世纪70年代开始慢慢放权，把权力放到地方，那么与权力随之下放给地方的，也有其相应的责任，所以说地方政府在责任的落实上更显重要。关于大学生就业问题，中央政府涉及的主要部门有教育部、财政部、劳动与社会保障部等；地方政府涉及的主要部门有教育厅（部）、财政厅（部）、劳动与社会保障厅（部）等。[2] 不管是中央政府还是地方政府都需要从教育部门、财政部门、劳动与社会保障部门等与大学生就业相关的一系列部门明确责任，以避免责任“踢皮球”现象的发生。教育部门应当承担起教育大学生诚信、创新、守法的义务，使教育市场公平化，避免不合理不公平的现象；财政部门应当采取调节税收等方式以对经济发

---

[1] 王全兴：《经济法基础理论专题研究》，中国检察出版社2002年版，第486~487页。

[2] 舒宇彤：《我国大学生就业中的政府责任研究》，东北师范大学2008年硕士学位论文，第25页。

展有效干预，确保经济市场健康有序地运行；劳动与社会保障部门更应为大学生提供社会福利、救济、保险等保障政策。“无救济即无权利”正是提醒劳动与社会保障部门要对于特殊的弱势群体提供一套与之相配的保障系统。只有政府的各部门把相应的责任承担起来，职责清晰、不推卸责任、积极承担相应的责任与义务，认真做到为人民负责，才能提高政府在人民中的威望与信任。

政府承担大学生就业促进责任的种类主要有三种，具体到每一种责任类型均有不同的责任承担方式：（1）行政责任。各级行政部门应加强对大学生就业相关领域的法律、法规的实施。行政责任给予的行政制裁主要有行政处分、行政处罚、治安管理处罚三种。政府大学生就业促进的行政责任，主要涉及行政处分责任，行政处分是对用人单位行政管理人员及国家行政管理机关工作人员违反法律、法规、规章，情节轻微，不构成刑事责任而给予的一种行政制裁。❶ 在大学生就业问题上，行政部门要做好对市场的管理、对就业市场的援助、对用人单位的监督。相关就业机构要做好校园宣传、网络宣传、企业宣传，培训机构以及校方应做好大学生的专业知识储备和专业实践操作的培训。对于行政人员推卸责任、权力寻租、不合理操控职场等行为，要依法追究其行政责任。（2）民事责任。民事责任也称为经济责任，指用人单位或劳动者实施违反法律法规的行为，给国家、集体、个人

❶ 行政处罚指行政机关对用人单位违反法律法规的行为所进行的处罚；治安管理处罚是指行使治安管理处罚权的国家公安机关，依照《治安管理处罚法》给予用人单位的一种特殊的行为处罚，这两种方式一般不适用政府承担责任。

造成一定的损失，依照有关法规应承担的经济清偿或者赔偿责任。❶ 比如，在大学生就业问题上，个别大学生存在伪造个人信息，或者企业伪造信息从而骗取一定利益的行为，应该对其经济上进行严惩，以营造一个诚信的就业市场；对于那些不履行《就业促进法》的用人单位、社会组织、执法人员、高校等应加重惩罚力度，规定惩罚性赔偿、黑名单制裁，甚至像《食品安全法》那样采取 10 倍惩罚的途径以促进法律在就业市场上的实施。（3）刑事责任。刑事责任是对于严重违反法律法规，造成严重后果，以致触犯刑律，构成犯罪应承担的法律责任。在大学生就业市场中，难免也有些“蛀虫”，他们利用手中的权力徇私舞弊、贪污枉法，对于这些违法严重的行政人员应采取刑事制裁。对于那些印假证件、公开买卖职位、暗箱操作等行为，情节严重者应追究其刑事责任。

在大学生就业过程中，如何达到效益最大化，如何使责任落实到实处，如何更好地推动大学生就业市场，这就对政府提出了不仅要办事，而且要办好事的要求。要想效率高就得按照原则办事，也就是说政府要遵循责任的几项原则。（1）责任有限原则。每一个部门有其权力和责任，不能一件事情你有权、我有权、大家有权，出问题后你无责、我无责、大家无责，这种责任不明确，权力无限制的混沌状态应该整顿。权力有限、责任有限、不该管的不管、该管的好好管，才能提高效率。（2）公平原则。公平原则应该体现在社会的方方面面。公平是法律的至高追求，法律面前，人人平等应该得到大力推广。从教育不平等到招生不平等再到就业歧视以及职场歧视，处处都体现着法律制度需要完

❶ 胡彩霄：《劳动法精要》，中国政法大学出版社 2007 年版，第 286～287 页。

善改进以解决社会的不平等现象。（3）权变原则。现代社会发展越来越快，信息在日新月异，科技飞速发展，生活环境日益变化，这是一个高速发展的时代，新事物取代旧事物的速度越来越快。要跟紧时代的步伐，及时更新法律，成立新机构，调整各机关的权力，使之与时代相符，而不是走在时代的后面。（4）效率原则。大学生就业促进问题，绝对不是一两个部门的改进就能解决好，它需要各部门的配合，整合各方资源，才能提高效率，所以加强各部门的信息流通与合作也是政府内部最该提高的一项。（5）预测原则。根据市场反馈情况，及时分析信息，预测就业走向，积极引导大学生根据市场所需、社会所需来选择专业，避免人满为患。

政府在大学生就业市场中扮演着“父母”的角色，它既要像母亲对孩子那样监护和引导，又要如父亲那样管理加担当，只有政府利用好手中的权力，全心全意尽责，才是一个用心的“好母亲”，一个尽责的“好父亲”，大学生就业市场才能健康发展。

## 第二节　完善就业宏观调控法律机制

促进就业需要国家和政府的有效规划、指引、调节、援助等。完善就业宏观调控法律机制，促使就业市场规制化、法律化、秩序化，促进劳动力流动、保障劳动者合法权益、提供就业保障援助，都是利国利民的大工程。由于人的有限理性，加上市场经济存在不可避免的缺陷，导致劳动供求双方的行为不端，必须由政府干预来调控就业、协调就业、管理就业，以克服劳动力市场的缺陷，政府通常利用经济政策、创业政策、灵活就业制度及就业保障制度等一系列宏观调控政策对就业市场进行调控。[1]在我国的大学生就业市场上，经常会出现难就业、专业不对口、福利不到位、缺乏创业等现象，这时政府就应该积极发挥其宏观调控作用，在经济上予以引导援助、在创业上予以支持、在就业制度上予以灵活、在就业保障上予以完善。

## 一、完善扩大就业的经济政策

在我国青年就业、转移就业、下岗失业人员再就业均较为复杂的背景下，政府急需找到就业问题解决的突破口，增加就业岗位、做好社会保障、提供就业指导、就业援助等都是有利于促进就业的有效措施，但要长久计议，还得从根本问题上入手——通过发展经济，促进就业岗位增加。根据“奥肯定律”，经济的增长会刺激劳动力市场的需求从而促进就业。遵循这一规律，如何实现我国经济又快又好又健康地发展，如何实现经济对就业的促进，这就需要我国政府完善扩大就业的经济政策。在我国，以促进就业为中心的经济政策主要有财政转移支付政策、税收优惠政策、小额担保贷款政策。

### （一）财政转移支付政策

财政转移支付政策对大学生就业促进具有重要作用。财政支出分为购买性支出和转移性支出，无论哪一种支出都需要政府的充分干预。政府通过投资性支出，直接增加就业岗位，并对社会起到引导与示范作用。[2] 例如，政府加大对国家基础设施的建设

[1] 邹霞：“论国家干预视角下毕业生就业法律制度的重构”，载《黑龙江高教研究》2010年第6期，第76页。

[2] 吴佳妮：《促进大学生就业的财税法律制度研究——以上海市与海南省××市调查为视角》，华东政法大学2011年硕士学位论文，第7页。

财务投资力度，如高铁、桥梁、隧道、高速公路等，从而增加就业岗位，以解决部分人的失业问题。政府也可以针对某个特殊的群体实施补助等财政援助，也可以对大学毕业生加大就业培训支出，从提高其就业技能的角度来促进大学生就业。总之，政府可以通过加大财政对就业领域的支出，尤其可以加大专门针对大学生就业的财政支出就能更好地缓解“大学生就业难”的问题。例如，政府可以相应地建立大学生就业基金，当然要加大监督，确保钱真的到了需要就业的大学生手里，而不是被个别人挪用、挤占、骗取。

我国的财政支出政策存在着极大的改进空间。其存在问题如下：（1）内容零散，可操作性差；（2）就业专项资金法律约束机制缺失；（3）财政社会保障资金转移支付权责不清晰；（4）政府采购法对中小企业倾斜保护缺乏制度保障；（5）政府投资基本法缺失，制约就业因素的统筹考虑。[1] 针对以上问题，财务支出制度应该：（1）完善相关内容，明确相关概念和主体的责任义务；（2）加大监督机制的监督力度，明确各个部门的法律责任；（3）明确财政社会保障资金转移支付的主体、行为方式、接受主体等相关内容；（4）设置专门机构对中小企业实行倾斜式保护；（5）构建专门针对促进就业的财政支出法律制度。

财政支出政策是国家“有形之手”充分发挥其国家干预功能的一个有效途径，在大学生就业问题上，应让市场的“无形之手”和政府的“有形之手”同时发挥其各自的效应以达到市场的平衡点，既不会因为过度自由而失衡，也不会因为过度干预而停滞，这才是较理想的状态。

---

[1] 杨德敏：《促进就业的财政法保障研究》，中国政法大学出版社2010年版，第173~180页。

（二）税收优惠政策

税收优惠政策可划分为税费免除和税收优惠。它们都是以减免企业纳税压力，推进企业快速发展，以企业的发展壮大来促进人员就业。在促进大学生就业方面的税费减免政策可以分为两个方面：（1）对大学生创业实行税费减免，鼓励大学生自主创业；（2）对大量引进大学生就业的企业实行税费减免，促进企业吸纳大学毕业生就业，❶ 充分发挥税收优惠政策对大学生就业的促进作用。

税收优惠政策是一个很好的调节杠杆，它影响到社会对某一些劳动力的需求，调节劳动力流向。政府可以用税率来引导劳动力的流向，尽量将我国大批劳动力引向第三产业，而不是资源消耗型产业。我国第三产业的发展空间较第一、二产业要大，发达国家在第三产业所占人口多达60%以上，而我国还不足30%，随着人口的增多与资源的急剧下降，加上人民生活水平的提高，我国对第三产业的需求也越来越大，加大从事第三产业的人员数量，不仅是解决就业问题的有效途径，更是我国长久发展的有效方案。在未来，第三产业将是消化就业人口的最大蓄水池，因此，国家对第三产业应给予税收上的一定优惠，鼓励发展第三产业。

税收优惠政策应倾向于一些中小企业和招用大学生的企业。对一些中小企业而言，国家应该鼓励其发展，在政策上给予其优惠，尽量呈现出一片蓬勃的就业市场，而不是大企业的“一家独大”，给予中小企业税收上的优惠政策，不仅能缓解就业问题，更能防止垄断企业的出现，让社会呈现出欣欣向荣的发展趋势；

❶ 奉海英：《大学生就业政策及保障体系研究》，湖南师范大学2009年硕士学位论文，第45页。

对于招用大学生的企业，尤其是那些与高校合作对接式的企业，政府更要加大财税上的优惠。这样的优惠会起到连锁效应，会吸引更多的企业与高校合作，让更多的大学生更好更快地就业，也让大学生实习问题在一定程度上得到缓解。这样的校企合作模式是最理想的解决大学生就业的模式。

税收优惠政策在促进大学生就业方面，除了传统的让大学生就业思路，更应该朝着创业的新思路上发展。大学生是我国最有文化的一个群体，虽然缺乏一定的实践，但其知识储备较之其他阶层而言还是存有优势的。他们会降低盲目跟随市场而造成经济损失的风险，也降低了违法打乱市场秩序的行为概率。对于这样一群人，国家应该引导其创业，给予一些财政上的扶持、税收上的减免，鼓励其自主创业。

我国关于启用大学生的企业和大学生创业虽然有一些税收优惠政策，例如《关于支持和促进就业有关税收政策的通知》《关于加强普通高等学校毕业生就业工作的通知》《企业支付学生实习报酬税前扣除管理办法》等，但还应进一步加大其优惠力度和受惠范围，让第三产业和中小企业也充分享有税收优惠，让税收优惠制度发挥其社会引导作用。

（三）小额担保贷款政策

小额贷款从本质上来说是以穷人或至少中等偏下收入人群为目标客户的，它的贷款对象主要是低收入企业主、处于初级阶级的个体企业、贫困农民、城市贫困人口等。[1] 小额担保贷款具有一定的倾斜性，对弱势群体提供的一种经济上的变向扶助政策。“授人以鱼，不如授人以渔”，对于弱势群体的援助不单单只是

[1] 杨德敏：《促进就业的财政法保障研究》，中国政法大学出版社，2010 年版，第 222 页。

拨款性政策，在保障其基本生活的前提下，政府更应该引导他们自力更生，拥有生存技能。小额担保贷款政策正是站在“授人以渔”的出发点，为有上进心想要改变当前生活质量的弱势群体提供的一个经济上的政策机会。

小额担保贷款政策存在的主要问题：（1）门槛高。小额担保贷款的主要针对人群为社会上的弱势群体，在一定程度上，这类群体的经济上并不乐观，存在着相当大的还款风险。这就造成了担保机构不愿为经济困难者提供担保的情况，从而限制了小额担保贷款政策对弱势群体的倾斜式扶助作用的发挥。（2）资金供给有限。小额担保贷款政策的担保基金主要来源为政府的财政拨款，因此财政预算的金额直接关系到担保基金的金额，也直接影响小额担保贷款的发放。（3）覆盖率低。由于申请人难以取得担保、贷款资金供给有限，从而引发“连锁效应”，在实践中对申请人的自身条件也有相应的要求，从而使得小额担保贷款在弱势群体中覆盖率极低，不能真正意义上实现对弱势群体的扶助。（4）程序繁多。小额担保贷款实施起来，涉及太多程序、证件、部门，实行效率低下，阻力过大。（5）贷款风险控制机制不健全。为了实行小额担保贷款的可持续发展，完善贷款风险控制机制就显得尤其重要。效仿西方国家的“信用制度”，在全社会推行诚信化，建立诚信市场诚信贷款机制是非常必要的。

针对以上问题，小额担保贷款政策的完善点主要有：（1）完善担保制度。小额担保贷款政策的担保基金主要由国家财政划拨，确保其资金专款专用，从而促进小额担保贷款政策的推行。（2）加大资金供给。国家在小额担保贷款的担保基金上可以加大财政预算，增加财政拨款金额，以促进小额担保贷款的发放。（3）简化贷款程序。对于申请小额担保贷款的申请者应适当减少其手续，对要求申请者提供的证件做相应的“减法”，使得程序简化，避免涉及部门过多、操作复杂的申请状况。（4）明确部门职责。对小额担保贷款的相关部门，除减少所涉及部门外，还要对各部门的职责做出明确划分，避免缺位、越位、错位现象。（5）完善贷款风险控制法律机制。借鉴西方国家的“信用制度”，建立信用社区、搭建信用平台、建立信用档案，实行贷款风险控制机制的法制化。

小额担保贷款政策对大学生就业市场有着重大意义，它为想要创业的大学生提供经济上的政策援助，激励大学生自主向上的精神，对于在现实社会中实现法的实质公平又推进一大步。

## 二、完善自主创业政策

全世界的大部分国家都鼓励其国民积极创业，并为之制定了一些创业上的优惠政策以减小创业阻力。之所以创业会受到世界各国的喜爱，其原因主要是因为创业可以促进就业，解决一部分人的就业问题，与此同时还可以带来一定的经济效益，促进经济发展，是一个两全其美之策。而在创业大军中，拥有较高专业知识储备、懂得较多经济规律和市场法律的大学生群体又存在着绝对的创业优势。因而，国家应该发掘大学生创业潜力、激发大学生创业激情、鼓励大学生积极创业实践，实现以创业促进就业，以创业推进市场经济前进的“双效模式”。

我国大学生创业主要存在三大问题：（1）选择创业的大学生比例过低。虽然政府有提供给大学生创业的一些优惠政策，学校也有一些创业协会培养大学生创业，但事实是大学毕业生走上创业道路的人数是少之又少。（2）大学生从事的创业行业含金量低。由于传统行业的创业门槛低等原因，大学生毕业后所选择的创业行业一般不具有技术性、科技性、创新性、先进性，而是一些可替代性强的行业。政府不仅要鼓励大学生创业，更要鼓励大学生创业具有创新性，对有创新性的项目，政府应提供“一条龙式服务”。(3) 大学生创业失败率较高。大学生在高校学习时由于社会实践较少，缺乏与社会接触，缺乏竞争意识等原因，从而使得大学生创业后存在较高的失败率。当然造成这一现象有很多综合性因素，校方实践培养不足、创业资金受限、管理能力缺乏、社会经验欠缺等，都使得今天的大学生就业难，创业更难。

促进大学生创业的途径：(1) 开设高校创业课程。新增创业课程，培养学生创业意识，拓宽学生创新思路。在创新课程上，除了教育学生如何创业及创业程序外，还应讲授与创业相关的经济学、管理学、消费者心理学、法律等相关知识。(2) 开办创业孵化中心。创业孵化中心可以由校园开办，也可以由各地政府开办。校园开办创业孵化中心，可以培养在校大学生创业意识，给予学生参与创业实践的环境与机会。地方政府开办创业孵化中心可以为毕业生提供创业场所，实行特殊保护，更有力地促进大学生创业。(3) 加大创业指导与宣传。对于国家已经制定的一些有助于大学生创业的法律法规、政策文件，政府应宣传到位，让大学生了解其政策法律，有效利用优惠政策，积极投入创业实践。对于那些有创业意愿而不知如何创业的大学生，应提供创业指导，实行“一对一”的指导培训。

完善自主创业政策：(1) 提供免费创业场所。政府为大学生免费提供创业经营场所，不收取租金。高校刚刚毕业的大学生往往没有积蓄，免费提供创业场所将会减少其创业成本费，降低其经济负担。(2) 实行税收减免及小额担保贷款。税收上的减免无非是对创业大学生提供的最有保护性的经济政策。而对缺乏创业资金的大学生，政府应对满足条件的大学生提供不超过 10 万元的小额担保贷款作为其创业资金。(3) 提供免费创业指导培训。创办创业指导培训机构，为有兴趣创业的大学生提供创业常识、指导、培训，提供市场信息、法律知识、管理交流、创业经验等。

完善自主创业政策，为毕业生提供良好的创业平台，加大毕业生创业扶持，减少毕业生创业障碍，大力开展创业教育，做好创业由高校理论到社会实践的衔接，真正实现创业效益，促使创业市场上呈现一片“百花齐放，百家争鸣”的大好局势。

## 三、完善大学生灵活就业制度

灵活就业是在劳动时间、收入报酬、保险福利、劳动关系等方面不同于在用人单位正规就业、不完全受传统限制的一种就业方式。[1] 灵活就业的表现方式是多种多样的，家庭就业、临时就业、网上就业等都属于灵活就业范畴。在我国，由于受传统择业观念影响，大多数毕业大学生只考虑正规企业，国企、事业单位、公务员等。然而，那些所谓的“正规企业”在今天的中国已人满为患，处于饱和状态，不愿意考虑其他方式就业的大学生群体就易沦为失业人员，加剧大学生就业市场的严峻状况。因此，转变大学生旧的择业观念，促进大学生灵活就业，完善大学生灵活就业制度已刻不容缓。

大学生灵活就业所遇难题：（1）灵活就业不易被认可。现实生活中，有传统择业观念的人可以说比比皆是，民众对灵活就业的态度可以说是冷漠至极。当今中国，一个灵活就业的大学生极易面临着家长不支持、亲戚不理解、街坊邻居不认可的状况。家长“望子成龙”，含辛茹苦培养出的一个大学生，却没能在正规企业就业，心理上很难接受这样的现实。而中国的大多数老百

---

[1] 杨超男：“促进高校毕业生灵活就业的若干思考”，载《长江大学学报》2011 年第 9 期。

姓又或多或少地对灵活就业存在偏见与误解，甚至歧视，这也是许多大学生对灵活就业积极性不高的原因之一。（2）收入不稳定。灵活就业的大学生，由于所在企业可能是按提成发工资或按企业收益发工资，这就存在一定的波动性。而那些家庭就业和网上就业的大学生的收入则更没有保障，收入具有不确定性。这种收入的不稳定、不确定很容易造成大学生安全感的缺失，在心理上有一定的消极影响。（3）社会保障难落实。临时就业或者见习就业的大学生常常由于没有和单位签订协议或者劳动合同，而得不到权益的有效保障。企业由于追求利益的最大化，也常常不给员工交保险等，灵活就业者的医疗保险、养老保险、教育福利等都令人堪忧。

拓宽就业渠道，推行灵活就业：（1）鼓励大学生到基层、到西部、到边疆、到农村就业。“城市热”现象风靡各大高校，大学生就业市场上也呈现出地域性扎堆现象，对于那些大城市，大学生的失业率极高，而西部、边疆、农村等地域又呈现出人才匮乏现象。为此，国家推行了“三支一扶”政策、西部计划政策、特岗教师政策、边疆应征入伍政策、村官政策等，将人才引入需要它的地方，促进大学生就业市场的人员流动，打破地域性壁垒。（2）鼓励大学生到中小企业、民营企业就业。目前大学生就业的主要渠道是中小企业和非公有制企业，70% 以上的大学毕业生是在这些企业中实现就业的。[1] 中小企业、非公有制企业较之国企、事业单位、公务员，存在明显的人员消化的绝对性优势。这些中小型企业存在大量就业机会，它们是消化大学生就业人口的最大市场。（3）鼓励大学生到第三产业就业。我国从事

[1] 颜明珠：《大学生就业促进政策的分析与评估》，苏州大学 2010 年硕士学位论文，第 20 页。

第三产业的人口较发达国家少之又少，这也说明在第三产业市场上，我国存在着巨大的发展空间与潜力。第三产业将是消化就业人口的最大“蓄水池”。随着人民生活水平日益提高，我国市场经济的快速发展，第三产业对劳动力的需求也越来越大。将劳动力引向新兴的第三产业，是符合时代要求、发展要求、社会要求的明智举措。

完善大学生灵活就业制度：（1）实施经济补贴。对于那些到基层、到西部、到边疆、到农村就业的大学生实行优惠政策，在经济上给予保险、岗位、薪酬、生活上的补贴。（2）发挥税收“杠杆效应”。经济政策上对中小企业和第三产业实行税收优惠，推进企业壮大和第三产业的快速发展。只有企业效益好了，企业的福利保障才有可能提高，在企业中就业的大学生的权益和收入才有一定的保障。而第三产业的快速发展，除了缓解就业问题，还能带来大量的经济利益。（3）完善灵活就业的社会保障。对于医疗保险、养老保险、失业保险等，政府要加强监督落实到位。对于灵活就业者的生活保障、福利保障、维权保障，政府要完善立法，加强执法，确保灵活就业者真正享有其权利的实现。

只有充分保障灵活就业者的权益，给予其相应的社会保障，让其享有较好的社会福利，不再面临无保障、低福利、收入不稳定的局面，才能改善社会对灵活就业者的偏见，加大老百姓对灵活就业的认可度，转变民间传统的择业观，实现无业者有业，乐业者创业。

## 四、完善就业援助制度

就业援助是以增加劳动收入为目的，以就业困难人员为主要对象，由政府制定特殊的就业扶持政策，开发公益性就业岗位，提供就业培训和服务以及采取各类有针对性的援助措施，帮助贫困群体中的就业困难人员尽快实现再就业的一项制度。[1] 随着近几年大学生的扩招，大学生就业市场供过于求，大学生也由昔日的“香饽饽”变成今天的“就业困难户”。国家为大学生“就业困难户”提供就业援助是一种责任与义务，更是一项利民的民生工程。

就业援助措施主要有5项：（1）就业岗位援助。增加就业岗位以缓解失业压力。政府可以增多交通协管、环卫工人、乡村教师、基层村官等公益性岗位；同样可以与社区合作，增加社区治安人员、巡视人员、小区医疗等；这类增加岗位而实行的援助可以缓解市场“就业难”的状况，但这类援助对于就业市场而言具有临时性、短期性，从长远来看，并不能消除“就业难”的大难题。（2）就业政策援助。对于大学生的就业援助政策落实途径主要有：①对于贫困家庭高校毕业生优先考虑，尽量提供求职经费，开展一对一式的就业指导。②做好对未就业毕业生的登记工作，以便开展有针对性的就业援助。③引导大学生去西部就业，去基层就业，应征入伍等。④政府在财税上和贷款上可以实施一定的倾斜性援助。（3）就业法律援助。我国有一系列保障大学生就业权利的法律，其提供倾斜式保护，更好地促进大学生就业。法律有着它维护正义、公平的特性。一部良法对社会有着维护作用，同样对民生工程也有促进监督作用。良法就是充分保障人民利益的法律，它反映事物发展的客观规律，反映法的精神。而与就业援助相关的一系列法律正是站在利他性的立场上建立的良法。（4）就业服务援助。就业服务可称为“就业指导”，就是劳动者在选择职业、准备就业以及在职业中寻求发展时提供

[1] 郜风涛、张小健主编：《中国就业制度》，中国法制出版社2009年版，第324页。

知识、经验和技能的指导或服务。[1] 政府就业服务援助的落实途径，主要有3种：①建立就业培训机构。针对待就业人员进行实用性的技能培训，针对性地知识强化，让待就业者的认知度、专业知识技能储备都有所提升，并对社会更加了解和适应，对市场进行预测。②建立就业服务网络，完成就业“信息化”。③与企业合作，对于大学生“见习制度”提供实习岗位。（5）社会保障援助。社会保障援助对于就业市场而言意义重大：①它为失业人员提供了最基本的生活保障；②它维护社会稳定，促进就业。目前，我国的社会保障援助不健全，分别在失业保障、福利保障、维权保障上均有缺口。例如，绝大部分大学生毕业后选择考公务员，致使出现“千人抢一席”的局面。而“公务员热”正折射出我国福利保障的缺失。中国大学生为什么去考公务员而不是去中小企业就业？很大一部分学生会告诉你，公务员的福利待遇好，中小企业的福利跟不上。只有政府将住房、医疗、教育、养老保险等方面的一系列社会福利保障全民化，而不是小范围的受惠，才能避免出现类似于“公务员热”等一系列的社会怪现象。

## 第三节　完善大学生就业促进监管法律机制

一个好的法律制度，一项好的政策规定，其意义都在于实施运行，如若不能良好地实施，再好的法律政策都是空的，因此，要保证法律政策的运用效率，有力的监管法律机制是不可或缺的。在大学生就业问题上，国家已经制定了一系列法律政策以促

[1] 戴勇：《基于就业公平的转型期高校贫困学生就业扶助政策研究》，南京大学2011年硕士学位论文，第51页。

进就业，而这些法律政策的良好运行是绝对离不开监管机制的有效保障及监督的。完善大学生就业促进监管法律机制，最重要的就是建立人才培养质量监督法律机制和完善劳动力市场监管法律机制，只有对大学生培养和大学生就业市场两者实行有效监督，才能促进大学生就业、保障大学生权益、确保就业市场良性运转。

## 一、建立人才培养质量监督法律机制

在人才培养问题上，社会上主流的两种观点分别是：一种认为，人才培养根据人才市场定位，人才培养需要根据人才市场的需求培养，而并非盲目地培养，要跟根据劳动力市场的销路定培养计划；另一种观点认为，高校为大学生提供教育、知识资源、文化传播，营造良好学习氛围，大学生在高校可结合自身情况和市场需求自行作出专业、课程、进度等选择。这两种观点反映出两种截然不同的人才培养机制，一种是高校对就业市场的反映，发挥的主要是高校的能动性；另一种是大学生结合自身情况和市场需求作出的反映，发挥的主要是大学生自己的能动性，对高校的要求只是提供资源。两种机制各有所长、各有所短，建立人才培养质量监督法律机制需充分考虑各方优缺点，将两者有机融合起来，既要充分发挥高校的能动性，也不能忽略大学生的自主性；既要推动高校在人才培养质量上的监督法律机制，又要确保大学生在教育培养自主权的实现。

人才培养的质量监督法律机制要求建立各个高校间的自由竞争体系。从对人才培养质量监督法律机制的考察来看，主要是两个方面：大学生的质以及大学生的量。随着高考扩招和义务教育的推行，大学生的量呈急剧扩张之势。量的增多势必会影响质的问题，如何加速大学生培养机构、机制的发展，使大学生质尽快跟上量，是我国政府面临的一大挑战。建立各高校间的自由竞争体制是提高大学生质的有效途径。自由竞争机制包括：（1）高校评估考核体系。现行的大学评估考核体系不利于全面反映大学的绩效，评估考核大学仅考察大学的招生数量、教学条件、师资力量、教学成果和大学生就业率还不够，还要进一步细化考核指标❶；另外，人才培养的质量作为高校的绩效考核指标应直接以高校的经济利益挂钩，以工作人员的个体利益挂钩，实现竞争，推进高校自身对大学生教育质量的重视。（2）互动平台。互动可以分为三方面：政府与高校、高校与学生、企业与高校。政府与高校之间的互动主要表现在政府及时颁布法律法规、政策文件等，政府对高校实行监督，政府为高校提供市场信息等，高校可以将教育过程中出现的难点、疑点、漏点反馈给政府，促进政府在高校教育上的政策合理化；高校与学生之间的互动主要表现为，高校对学生实行管理教育，提供知识平台与文化资源等，学生在学习过程中的问题也可以反馈给高校，学生与高校互相督促；企业与高校的互动主要表现在，就业对接上，高校应与企业加强交流，设置与市场对口的专业，与企业加强合作，促进大学生就业。（3）建立高校联盟。政府可以加强高校之间的合作，促进高校之间的资源共享、联盟教育、信息流通等，实现高校间的竞争与合作。例如，高校间的电子图书资源，可以联盟合作，增加双方学校的电子图书储备量，为学生提供更丰富的文化资源。另外，政府可以建立高校联盟，让大学生可以“校际选课”，大学生可以根据自己的喜好、教师的水平、市场的需求等自行选课，可以选自己学校的，也可以选非自己学校老师的课

---

❶ 应松宝：《我国大学生就业过程研究》，西南交通大学2006年博士学位论文，第95页。

程，通过网络上课实现跨校园式教育，只要学生修得的总学分达到校方要求就可以毕业，这样的教学方式既可以促进高校间的竞争，加强各高校的教学水平，又可以充分发挥大学生的自主能动性，让其拥有更多的课程、教师、教育方式的选择，可以更自由地安排自己的学习时间、学习进度。

人才培养质量监督法律机制更要确保法律对人才培养质量的监督作用。在我国，法的约束力远远大于规则对人的制约力。因此，确保法律监督，追究法律责任，才能保障我国对人才培养的质量。同时，只有过硬的教育质量，才能使大学生在就业市场上立于不败之地。

## 二、完善劳动力市场监管法律机制

市场机制本身的固有缺陷，必然导致市场失灵，离不开政府的监管，劳动力市场是市场机制发挥作用的重要方面，同样存在失灵现象。市场失灵就是指市场机制不能实现资源的有效配置，因而当市场机制出现运行故障时，就需要政府利用法律、政策来实行干预，以弥补市场机制的缺陷。大学生就业市场，虽然不属于狭义市场范畴，但广义市场也包含劳动力市场，只是所要配置的资源比较特殊。因此，它也具备市场的一般特征，会出现由于不能实现劳动力的有效配置而导致的就业市场失灵。这时，政府就应该发挥其主观能动性，完善劳动力市场监管法律机制以维持市场机制的正常运行。

### （一）劳动力市场的结构性失衡问题

我国劳动力市场存在结构性失衡问题，主要表现在：(1) 经济增长和就业岗位结构失衡。“奥肯定律”认为，经济的增长会增加市场对劳动力的需求。这一被西方国家公认的定律似乎在我国的劳动力市场上并不那么灵验，在我国 GDP 年年较快增长的大好经济背景下，就业岗位并没有如雨后春笋般纷纷出现，经济的快速发展并未给我国的就业市场带来“春天”。（2）经济增长和产业比重结构失衡。一般来说，经济的快速发展应带动人民生活质量的提高，因而对服务行业有大量消费需求。而现实是，我国的第三产业所占比重较之世界他国仍过低，第三产业的开发仍不到位。（3）经济增长和地区发展结构失衡。我国的劳动力市场不仅人员在产业结构配置上出现不合理，而且在区域配置上存在不合理。经济增长拉大城乡、东西部地区之间的差距，因此大城市的劳动力市场往往呈现出人满为患的局面，而农村、边疆、西部地区却又人才匮乏。（4）经济增长和人才供给结构失衡。我国劳动力市场供给匹配不到位，常常出现专业不对口市场，尤其对于文科类大学生而言，其就业形势更为严峻。

对于我国劳动力市场上的结构性失衡，政府应采取以下几方面措施：（1）经济增长侧重点转移。我国的经济高速发展没拉动就业，是因为我国的经济增长侧重点是发展经济，而不是增加就业。由于中国市场经济起步晚，政府一直把发展生产力，把“蛋糕做大”视为最基本的路线，然而改革开放多年，经济高速增长，我国的国情已不同往日，现在的主要问题不是如何“做大蛋糕”，而是如何“划分蛋糕”。所以，政府应结合国家的现有国情，将经济增长侧重点由发展经济转为就业增长。（2）加大第三产业发展。第三产业是解决劳动力市场就业的一把利剑，它有着极大的发展空间和消化就业人口的能力。政府应适度调节产业结构，加大第三产业的空间开发，慢慢实现由消耗型转向服务型，实现经济的可持续发展。（3）推动劳动力市场上的人口流动。要推动劳动力市场人口流动，让劳动力流向农村、西部、边疆等需要的地方，实现劳动价值，这就需要政府做一些推动工作。①推进农村、西部等相对贫瘠地区的经济发展。由于区域经济发展的不均衡而导致地域性贫富差距的拉大，推进西部开发，城镇化建设，缩小区域性贫富落差，才能将劳动力从大城市中解放。②实行人才引导。国家的“三支一扶”、特岗教师、村官制度、西部志愿者等都是政策性的引导劳动力流向。制定一些优惠的经济政策、扶助政策，吸引劳动力往农村、西部、边疆流动。③完善制度改革，减少劳动力流动阻力。最典型的是户籍制度，明显地成为劳动力市场上人口流动的阻力，应当消除。另外，区域性的社会保障福利不同也是实现人口流动的主要阻力。发达地区的医疗建设、教育质量、社会福利都是影响人们选择留下的原因，只有完善欠发达地区的医疗水平、教育建设、社会福利保障，使人们充分享有住房、医疗、教育、保险上的保障，才能促进劳动力流动，使人们放心、安心地走向基层，走进农村等欠发达地区。（4）加大劳动力供给匹配率。实现劳动力供给匹配率的增长：①要对高校的专业设置提出要求，专业设置要符合劳动力市场需求，不能与劳动力市场脱轨。②高校对大学生实践能力的培养也有待加强。③建立网络信息平台，促进信息流通。

（二）劳动力市场的法律监督问题

完善劳动力市场的监管法律机制，既要求完善劳动力市场的一系列相关法律，又要求法律对劳动力市场实行有效监督。我国的劳动力市场法律不健全，缺乏系统的法律法规。虽然《反垄断法》《竞争法》《劳动法》等一系列法律已出台，但太过零散，且围绕这些主要法规而构建的更加细化的法律构架尚未建立，这样就无法解决如职业歧视、性别歧视等问题，对于劳动力市场上对劳动者工资、培训、失业方面的保障作用，也不能通过法律显示其效力。[1] 所以，细化其相关法律，建立劳动力市场法律框架，完善相关配套政策，为劳动力市场提供强大的法律保障。

除了完善劳动力市场法律，做到“有法可依”，还要做到“有法必依”，这就对法律监督提出了监督到位的要求。劳动力市场的监督有两方面，一方面政府对市场的监督，防止“市场失灵”；另一方面，政府对政府的监督，防止“政府失灵”。我国政府由中央政府和地方政府构成，但三者的执法执政对象全然不同。中央政府的执政对象主要是地方政府，实行的是“治官”；地方政府的执政对象是当地的百姓、企业等，实行的是“治民”。因此，政府对劳动力市场的监管主要落实者是地方政府。地方政府加大对各地方的劳动力市场的法律监管，中央政府加大对地方政府的法律监管，中央政府内部各部门的相互法律监管，政府接受来自人民大众、舆论媒体的监管，实现法律监管的无处不在，实现法律效率的有力保障。

## 第四节　完善大学生就业促进法律法规体系

“大学生就业难”是我国长期面临的一个社会问题，这一现象的形成是由许多错综复杂的因素造成的，政府及其主管部门应当查找原因，采取切实有效的措施来促进就业，制定一系列大学生就业促进的法律法规及政策是政府应尽的义务。促进就业是指国家运用经济、行政、法律等手段，为有劳动能力的人提供就业岗位和创造就业机会，以保障其实现劳动权，促进社会充分就业

[1] 李文晶：《促进大学生就业的政府政策研究——以湛江为例》，广东海洋大学2012年硕士学位论文，第22页。

的各种活动的总称。[1] 为了促进就业，我国政府已经制定一些政策和法律法规，但这是远远不够的。关于政策，有《普通高等学校毕业生就业工作暂行规定》《国务院关于做好当前经济形势下就业工作的通知》《关于加强普通高等学校毕业生就业工作的通知》《选聘到村任职高校毕业生管理办法》等，但针对现在的就业市场情况，一些政策应该经过一定的法律程序进阶成为法律条文，站在法律的高度上实施管制。另外，关于就业方面的法律，我国主要有《中华人民共和国劳动合同法》《就业促进法》《社会保险法》《劳动法》等，但其中相关法律条文的可操作性和针对性并不强，使其在现实生活中并不能有效地发挥其应有的法律效应，因此还有待完善。我国大学生就业的相关政策法规还不完善，应尽快制定一系列具有权威性、针对性、可操作性、公共性的政策法规以改善“大学生就业难”的这一现状。

## 一、制定《大学生就业促进条例》

国家应该在现行《关于加强普通高等学校毕业生就业工作的通知》的基础上，制定更具有针对性的《大学生就业促进条例》。大学生作为社会就业群体的重要部分，又是优质的人力资源，政府应专门制定条例促进他们就业，待时机成熟时，再制定大学生就业促进基本法，立法时应当明确政府、高校、用人单位、就业服务机构四者的法律义务，确定各方的责任、违规者的处罚方式等。《大学生就业促进条例》应包括以下主要内容：(1) 对大学生就业援助的方式作出划分。一种是经济方式，另一种是非经济方式。经济方式的援助是指对于毕业而没有就业的

---

[1] 徐瑞娥：“解决我国当前就业问题的对策思路”，载《经济研究参考》2004 年第 47 期。

学生，向用人单位重点推荐、公益性岗位安置等帮扶措施。[1] 例如，政府可以要求高校对毕业生进行为期半年的就业情况调查，要求其反馈情况给相关部门。相关部门可以根据所反馈的情况对未及时就业的毕业生进行援助：网络上自动配置相关毕业生信息给需要招人的单位、免费提供职业培训给毕业生、银行对创业大学生实行低门槛贷款制等宽裕政策。（2）实行大学生就业评估。大学生就业情况是对各部门评估的一个重要标准。与大学生就业相关的部门都应该实行大学生就业评估。这里的评估是指建立一套合理可行的评估系统，通过大学生就业率等一系列指标进行综合式评估，评估结果可作为相关部门的工作考核标准，对于相应工作做得好的办事人员应嘉奖、晋升等，不合格、不达标的应实行扣钱、降级等。这样的评估系统更能促使办事人员用心办事，避免出现“在其位而不谋其政”的状况。（3）明确举证责任。大学生享有平等就业权、就业援助权、社会保障权等，既然享有权利，就要防止侵权行为的发生。而侵权责任的认定以过错为前提，受害者面临取证难的状况，因此，制定《大学生就业促进条例》首要解决的是责任认定问题，实行举证责任有助于这一问题的解决，更有力地保护大学生享有的权利。（4）明确就业促进实施主体的法律责任。无论是实行大学生就业评估系统还是明确举证责任，其目的都是加强对人的管治。而最好最有力度的管治当属法治。法律责任是确保法律有效实施的重要保障。[2] 我国现有法律虽然有关于就业的《就业促进法》，然而它还存在大量问

---

[1] 李迎果：《国家促进高等学校毕业生就业政策的理论与实践研究》，云南大学 2012 年博士学位论文，第 156 页。

[2] 杨德敏：《就业援助法律机制研究》，中国法制出版社 2012 年版，第 150 页。

题，有其局限性，更何况针对大学生就业，应专门制定相关法律，具有更强的针对性，以达到更好的特殊保护效果。既然违法，就应该承担相应的法律责任。对于机构人员玩忽职守、不履行职责等情节较轻的人员进行行政责任追究；对于制造虚假信息、故意扰乱大学生就业市场的人员实行民事责任追究；对于贪污、以权操控大学生就业市场且造成极大不良影响者应追究其刑事责任。对政府机关、高校、中介机构、用人单位等相关实施主体，要加强监督和法律责任的追究以确保它们之间配合协作，更好地解决“大学生就业难”。（5）明确大学生为实现顺利就业，必须履行的义务和责任。虽然对大学生是倾斜性的法律保护，但在就业这一问题上，问题的解决不只是实施主体的责任，被保护者同样也负有一定的责任。大学生在校期间认真学习相关专业课程，增加个人知识储备，同样是大学生的责任之一。只有具备相当的知识储备、个人综合能力的提升、一定的实践经验，才能为未来的就业做一个好的铺垫。另外，大学生应该诚实守信，不报虚假信息，不隐瞒企业要求了解的一些合理个人信息情况。现在有些大学生投简历时，简历信息存在着虚假情况，这样的杜撰行为不止是对企业不负责，更是对自己不负责。比如，一些特殊的行业要求人员无近视、无色盲，应聘大学生递交了自己的虚假信息给企业而被录用，后由于自身色盲问题而出了安全事故，给公司造成巨大的经济损失，甚至有可能失去自己的生命，这样的行为是严重的不负责行为，这种情况应尽量避免。

## 二、完善《就业促进法》

《就业促进法》的产生，是建立在人本主义的基础上的，所以对于弱势群体要产生专门倾斜式的法律保护与实现法律的精神，对促进就业发挥重要保障作用。

（一）《就业促进法》的作用

《就业促进法》是专门针对我国日益严重的就业问题而制定的法律，一定程度上它有针对性。虽然它有局限性，但它的出台就是一种进步，它表现了国家对就业市场的关注。《就业促进法》产生至今，它的积极作用具体如下：（1）《就业促进法》对我国的就业公平有一定的积极作用。《就业促进法》关于就业公平，明确提出了八项规定，其中既有要求各级人民政府提供公平就业环境、制定政策扶持援助的，也有要求用人单位和中介机构提供平等就业机会，不得歧视；令人欣喜的是，《就业促进法》还对妇女、少数民族、残疾人、传染病病源携带者、宗教信仰者、农村劳动者等就业弱势群体有着相关的具体规定。可以说，《就业促进法》是当前我国关于就业公平保障的比较完善和具体的法律依据，❶其中规定的就业促进措施体现了公平就业原则。（2）《就业促进法》对大学生就业具有重要的实践指导意义。从法理角度来说，法律因具有规范性、普遍适用性、权利与义务的一致性、国家意志性、国家强制性等特征，其规范作用与政策相比，具有自己的特点和优势。❷由于法律的规范性，法条就是“有法可依”的依据，而《就业促进法》就是就业市场上的法律依据；在法律的普遍适用性上，《就业促进法》针对就业市场上存在的问题具有普遍适用的性质；在权利和义务的一致性上，《就业促进法》体现了国家的意志，是就业市场的需求，是社会的需求，是国家的需求，它具有法律效益，具有强制性。从实践

❶ 刘勇：《就业公平保障法律制度研究》，西南交通大学出版社2012年版，第262页。

❷ 杨为宗：“大学生就业促进法律体系建构探析”，载《昆明学院学报》2009年第31期。

层面说，由于《就业促进法》有着一般政策所没有的一些优势，它所起到的保障作用将更强更有力，包括对大学生就业促进具有直接的现实意义。(3)《就业促进法》在就业积极行动措施问题上有着一定的促进作用。《就业促进法》提出积极制定措施，关于如何制定，它也从“就业援助”的角度进行相关阐述。减免税费、社会保险、开发公益性岗位、免费提供就业培训、补贴等一些形式上不平等的倾斜性援助而给予就业弱势群体更好的保障以达到其实质上的公平与正义。

(二)《就业促进法》存在的问题及完善

我国的就业形势越来越不乐观，就业问题越来越凸显，在这样的大背景下，《就业促进法》应运而生。《就业促进法》存在的问题主要有：(1) 主体职责不清。对于政府、高校、中介机构、用人单位，这四个实施主体做出的相关职责，存在着职责划分不明确现象。针对这一现象，应该明确实施主体的相应职责。例如，就业援助工作中的财政转移支付责任就应该明确中央政府与地方政府的各级责任。不可否认的是，政府是最重要的法律主体，若是在促进就业过程中违反了法律法规，应追究其相应的法律责任，以确保“依法办事”“有法必依”“违法必究”。(2) 规定过于原则。《就业促进法》虽然能为大学生等弱势群体提供保障，但它的相关规定原则性太强，可操作性不强，在实践中对大学生等就业弱势群体的保护作用是大打折扣的。因此，国务院在《关于做好促进就业工作的通知》中要求“抓紧制定配套法规和政策，使法律的原则、要求具体化，增强法律的可操作性。要加强就业促进法实施情况的督促检查，采取有效措施，确保各项工作落实到位”。[1] 基于原则化这一问题，应结合实际制定可操作

[1] 国务院：《关于做好促进就业工作的通知》(2008 年 2 月)。

性强的方针。“具体问题具体分析”，地方政府应该结合自己的情况，在与当地高校、中介机构、用人单位、大学生充分交流配合下，灵活实施法律法规；可以结合网络建立一定的信息援助工作，并对就业困难人员实行档案管理，也可以在网络上建立政府、高校、中介机构、用人单位、大学生，五位一体的交流平台。在信息的畅通下，交流与合作的主导下，法律法规的灵活应用下，克服法条过于原则化这一现象。（3）有关规定落实不到位。首先，一些规定虽然有提及，但却太过笼统，难以落实。例如，《就业促进法》虽然提到失业保险制度，但并没有作权利、义务、责任等规范化制度规定。❶ 应规范各方的权利、义务、责任，以增强其失业保险制度的可行性。另外一个例子就是在公平就业问题上，《就业促进法》虽然在公平就业中作出明确的相关规定，但实施层面上由于未对违法惩处作出规定，户籍制度等体制性障碍国家还并没有消除，从而实现公平就业是难以消除落实不到位这种情况的。对于这一问题，除了完善《就业促进法》对于各实施主体的惩罚作出明细规定，还要国家紧跟时代需求消除一些过时性的体制，使大学毕业生在就业市场上实现自由流动。其次，鼓励毕业生自主创业和灵活就业的主要措施包括收费优惠政策、税收优惠政策和金融支持政策。目前，收费优惠政策在相关文件中作了明确规定，但税收优惠政策和金融支持政策，除残疾大学生，除少数地方以外，全国还没有出台这方面统一的鼓励政策。❷ 因此，关于这些问题的相关文件应作出明确规定。

❶ 杨德敏：《就业援助法律机制研究》，中国法制出版社 2012 年版，第 154 页。

❷ 杨为宗：“大学生就业促进法律体系建构探析”，载《昆明学院学报》2009 年第 31 期。

再次，就业援助的对象与方式不够明确。关于如何就业援助，是增加措施还是政府鼓舞或加强合作，并未有明确的文字信息。《就业促进法》对于就业援助有指导性的作用，应该在其中详述其就业援助人员的要求、如何界定、如何援助等。（4）没有完善的配套制度。目前，我国已经制定就业促进基本法，但是有关就业方面的法律仍然有待于细化，如就业援助方面就应该专门立法。而且，根据我国现在的国情，有关就业促进的法律需要有一套综合性的可执行性强的法律法规与之配套，才能更好地发挥其法律效率。

## 三、完善《高等教育法》

我国《高等教育法》自实施以来，对高等教育的促进发挥了巨大作用。然而时代在变，一些旧的法律需要适应时代要求，并与之同步更新、改进、完善。原来制定的《高等教育法》显然已经不适应现在的需求，随着高校与社会脱轨现象越来越严重，《高等教育法》的完善已迫在眉睫。

《高等教育法》于1998年制定，1999年实施，距今已有十多年，现在的高等教育领域的情况与当年的情况也大不同。随着时间流逝，社会前进变化，高等教育领域也出现许多新问题，《高等教育法》也面临着越来越多的新挑战，它的局限性也日益暴露出来，主要有以下几点：

(1)《高等教育法》法律体制缺乏创新。就像生产关系要适应生产力一样，《高等教育法》也应适应高等教育领域的需求。适当的调节、创新、增改，都是一种需要。例如，我国的高校专业设置与就业市场脱轨，高校人才培养系统已初步形成，但培养出的毕业生却不能就业，如何让大学生与社会需求接轨，如何填补这一漏洞，这就需要法律的创新，针对新问题制定新法律法条。

（2）《高等教育法》关于权利与责任的规定有待细化。首先，《高等教育法》在有关权利与责任方面的说明太过于笼统、概括、简单、狭窄、含糊，在现实生活中很容易造成被侵权者无法可依。其次，对于政府与高校之间的权利义务没有详述。我国《高等教育法》体现了以权力为核心的理念，并且这种理念迎合了立法时国家职能、行政管理、经济模式的需要。[1] 政府是社会管理的主导者，因此政府对高校有着权力上的制约。法律就是一种权力制约的表现形式。政府既要对高校进行权力制约，又要给予高校一定的独立自主权。既要权力下放给高校，还要保障高校权力行使的强制性，又要把高校的权力“关在笼子里”。看似矛盾，其实不然。只有高校拥有自主权，才能自己治理自己的事情，才能有效保障权力的实施与更好地治理高校，只有对高校的权力进行限制，才能避免权力膨胀扩张、侵害他人权利的现象。所以，政府要对高校实行好监督。再次，对于高校与学生之间的权利义务也未作出详述。高校与学生之间应该有一个明确的法律权利义务。这样的法律义务保障法律上“人人平等”的这一关系，它有别于高校与学生的那种隶属、管理与被管理的关系，只有在法律上有着平等关系，才能保障高校与学生的权利不受侵害。

（3）《高等教育法》的法律程序不完善。《高等教育法》中关于程序性的条款是极其匮乏、稀少的。另外，《高等教育法》缺乏民主参与，需要促进民主参与程序的发展。只有公众参与立法，法才能反映百姓的需求，否则很容易成为维护部门利益的法

---

[1] 高见：“我国《高等教育法》的检讨与反思”，载《求索》2010年第9期。

律。法律若不是站在公众的利益角度上，就不能实现真正的正义。

（4）《高等教育法》可操作性不强。由于《高等教育法》的条理过于笼统不明确，导致其实用性、可操作性不强。缺乏操作性、可行性的《高等教育法》是难以承担法治重任的。首先，《高等教育法》的条文过于抽象，难以落实，使得它成为一部宣言式法律，其权力与义务形同虚设。其次，《高等教育法》存在法律缺位、越位、错位。由于《高等教育法》的法律规定存在缺陷，一些规定不够明确，指定性不强，从而导致执法过程中的缺位、越位、错位现象。应作出责任的划分条款，明确责任承担，避免因为缺位而造成的“不作为”、越位而引起的权力寻租、错位而导致的不良后果，互相推诿的现象。再次，《高等就业法》法律监督不到位。法律如果监督不到位，那就是纸上的法律，这样的法律在现实中是不具备约束力的。我国的《高等就业法》由于缺乏实用性、操作性、可行性，从而使得法律监督难以进行，形同虚设。针对这种现象，我们应该明确司法权力、加强司法监督作用、明确行政权力，对教育行政系统的行为进行有效监督，健全公众参与机制，落实社会监督。

（5）没有完善的配套制度。制定与《高等教育法》配套的法律、政策、制度，已是当务之急。高等教育法律体系是社会的需求，尽早制定有助于规范教育领域、解决教育纠纷、明确教育责任，更好地为培养知识型人才提供良好的法律保障环境。

当然，法律不是万能的，法律不可能十全十美，包罗无遗。但越完善的法律，其可执行性就越强，对人们就越具有法律上的约束力。针对《高等教育法》存在的几点问题，对其完善的道路必须要做到：创新法律法规，填补法律疏忽处，做到有法可依；明确政府、高校、学生的各方权利与义务，追究法律责任制；完善法律程序，加强民众参与；明确责任承担方式，加强法律监督效应；尽快建立出台相关法律法规与《高等教育法》配套，尽早形成高等教育法律体系。

## 四、完善相关立法及配套制度

### （一）建立大学生劳动力市场制度

大学生就业市场是在国家有关大学生就业促进方针政策的指导下，运用市场机制和必要的政府宏观调控手段，通过市场引导、双向选择、自主择业等途径，优化毕业生人力资源配置的一种方式。❶ 目前，我国的劳动力市场呈现出一种二元分割的现象。大学生就业市场也折射出二元现象，即大学毕业生不愿去乡下或者小城市中就业，愿意选择大都市就业。二元体制是二元经济结构和二元社会结构的有机结合，由于不完善的户籍制度、教育制度、就业制度、医疗制度、养老保险制度、劳动保护制度、人才制度、财政税收制度以及资金信贷制度等制度层面的原因，劳动力市场被分割成高级劳动力市场和低级劳动力市场。❷ 因此，政府就应该制定一些政策打破大学生就业市场上的二元分割，例如消除户籍制度、加大农村教育医疗设施和保障、对于去乡下就业的大学生予以财政上的鼓励等。

市场对于就业的重要性是不可否认的，可以说解决就业问题的最根本、最本质、最基本的着力点就是市场。市场又可划分为

---

❶ 吴庆："演变、定位和类型——中国大学生就业政策分析"，载《当代青年研究》2005 年第 2 期。

❷ 邹霞："论国家干预视角下毕业生就业法律制度的重构"，载《黑龙江高教研究》2010 年第 6 期。

完全竞争市场、垄断竞争市场、寡头市场、垄断市场四种类型。[1]当一个行业属于完全竞争市场时，那么它对人员和先进技术的需求是较大的，这样的市场对人员就业有着极大的推进作用，这样的市场是良性市场；而当市场处于不完全竞争市场（垄断竞争市场、寡头市场、垄断市场）时，就会出现一系列的社会问题，例如大量人员失业、大量中小企业倒闭或被收购、社会贫富差距悬殊、市场失灵等，这时就需要国家干预保障市场秩序正规化，保障市场合理运行。我国也发布了许多与市场相关的法律法规，例如《反垄断法》《竞争法》《劳动法》《合同法》《财政法》等。我国目前市场规制制度中关于大学生就业市场的法律和政策有三类。（1）人民代表大会和国务院制定的，即代表中央政府发布的相关法规政策；（2）国务院各部门发布的规章通知；（3）各省或者各市甚至县镇，即地方政府根据当地情况发布的相关规定。这些规章制度、法律政策，无论是地方还是中央，都是为了保障市场秩序正常化、合理化，让市场体制发挥其在人力资源配置中的基础作用，实现大学生就业市场的优化。

（二）教育体制改革制度

高校与大学生的生活息息相关，大学生在高校里吃住学习，高校与大学生紧密相连，在促进大学生就业上，高校也有着重要的责任与义务，如何能缓解大学生的就业压力，如何让大学生更好地就业，各高校也面临着诸多问题和负担，教育体制改革已迫在眉睫。我国高等教育体制改革制度有：

（1）人才培养制度。现行高校人才培养制度与社会经济发展对人才的需求存在一定的矛盾，高校的专业设置、课程设置、

[1] 高鸿业：《西方经济学（微观部分）》，中国人民大学出版社 2010 年版，第 150 页。

实践教学、就业指导等，必须以人才强国战略理论为指针，采取校企合作，程序人才培养新模式，并建立人才培养实施机制、监督机制的制度化、法治化。

（2）财政政策。高等教育的财政政策是一种宏观政策，在现实中如何分配、如何使用资金，存在着极大争议，因为它直接关系到公平与效率。我国的高等教育财政存在着不公平现象。首先，公立学校与民办学校之间，在高等教育经费上存在着极大的差异。其次，地区间的不公平也是极其明显，不仅体现在北、上、津有着特殊的待遇，同时体现在我国东西部的差异，还反映在城乡区域，可以说地区间的不公平是教育财政上存在的范围最广的不公平。再次，学科间的不公平。拥有重点学科的高校与普通高校存在不公平的财政划分，高校内部学科与学科间也存在着经费投入的极大反差。这种普遍的不公平必然影响其效率，所以高校教育财政制度需要改革完善。

（3）资助政策。我国资助政策的历史比较晚，是在收费政策实行后出现的，通常表现为奖学金、助学金、勤工俭学、助学贷款等形式。中国大学生资助政策是适应高等教育改革的要求，作为高等教育成本分担制度的配套政策，保障低收入大学生的受教育权，为了实现教育公平而建立的。❶ 虽然它的建立意图是好的，但在现实生活中由于操作上的公平与效率失衡而备受质疑。例如，许多高校要求申请助学金的大学生提供“贫困证明”，一些真正贫困，但由于不符合当地的某项规定（不是所住地的户口、不属于企业编制的正式员工等）而得不到办事机关开具的“贫困证明”，因而得不到资助。另一些大学生，家境富裕，但

❶ 冯光娣：《中国高等教育社会政策研究——基于公平与效率的分析》，南开大学2012年博士学位论文，第112页。

由于父母是公务员或者关系是管开“贫困证明”这一领域的，打声招呼就可以得到证明，从而得到国家的贫困资助等。像这样的问题，就要求高校，办事不要形式化、程序化，要灵活变通，把资助放在真正需要它的人手里，提高效率。

（4）招生政策。随着全民教育的大力推进，高校年年扩招，不得不承认这是一个导致“大学生就业难”的社会背景。高考一直被认为是相对公平的选拔制度，它少了家庭背景、金钱、权力等因素的干预，更注重的是学生个人。然而随着大学生的普及化，这项实行30多年的筛选制度功能慢慢弱化，其弱化的结果可能导致社会上对大学生的不重视，而更注重那些权钱等因素。因此，提高大学生质量又给政府出了个难题。高考招生中出现少数民族加分制度、各个地区分数线不同的现象，这种形式上看似不公平，而实质公平的教育制度是值得褒奖的。然而，这样一些优惠，也被大批的投机者抢占，近年来“高考移民”、伪少数民族等层出不穷，这就要求政府加强法律监督力度。但是，针对北京、上海、天津的特殊壁垒，是应该撤销的，以达到教育公平。我国的教育体制应注重教育公平，避免公平与效率失衡现象，加大政府的法律监督，完善与教育相关的法律政策，并落实到实处。

（三）失业保险制度

失业保险是通过建立失业保险基金，使员工在失业期间能够获得必要的经济帮助，保障其基本生活，同时通过职业介绍、转业训练等手段为他们再就业、创业创造条件。[1] 失业保险具有三大功能：保障基本生活、预防失业和促进就业，其中保障基本生

[1] 皮本良：《城市失业人员的就业援助制度研究》，湖南师范大学2009年硕士学位论文，第7页。

活是失业保险最直接的目的，而预防失业和促进就业都是间接效应。失业保险制度对就业的促进主要是通过失业保险基金来实现。

失业保险制度在大学生就业上有一定的促进作用，主要表现在：（1）失业保险基金的发放，在一定程度上可以减轻毕业生的心理和经济负担。对很多大学生而言，“毕业即是失业”，在这样的局势下，很多大学生都有着非常大的心理负担，对于毕业的恐惧也在高校毕业班里蔓延开来，而失业保险基金有一定的防火墙作用，它的存在一定程度上缓解了大学生的就业焦虑情绪和经济负担。（2）失业保险制度会鼓舞大学生积极寻找工作。失业保险基金虽然有一定的生活补助，但它不同于失业救济，它不属于社会福利，而对其金额作出适当限制，这样会促使大学生明白不能不劳而获，懂得劳动付出的价值，激发他们的劳动意识，积极寻找工作。（3）失业保险制度有助于大学生就业能力的提高。失业保险基金除了对失业者进行经济补助，还用于与就业相关的一些培训。接受过就业培训的大学生，其劳动素质更高，专业技能知识储备更丰厚，与社会的对接能力更强，也更有利于他们寻找工作。

失业保险制度在大学生就业上存在的缺陷：（1）大学生难以享受失业保险待遇。首先，“毕业即失业”的大学生难以享有失业保险待遇。失业保险是一种权利义务对等的法律关系，只有就业者正常缴纳失业保险费以后，才有可能在失业期间享受失业保险待遇。[1] 这就存在一个问题，我国失业人员享有失业保险金存在一个前提条件：失业前正常缴纳失业保险费。那么，对于那

[1] 王君丽：《促进大学生就业中的政府责任研究》，华中师范大学2009年硕士学位论文，第11页。

些一毕业就失业的大学生而言是不具备这项条件的。针对这一问题，国家虽然出台了失业登记制以帮助大学生享有其保障，但在实际生活中又存在着可行性差的特点，致使难以操作，现实生活中，那些“毕业即失业”的大学生仍然难以享有失业保险待遇。其次，非正规就业大学生难以享有失业保险待遇。已就业的大学生中存在着很大一部分“隐性”就业人员，即不稳定就业，随时有可能失业。通俗来讲，我们将“隐性”就业人员称为非正规就业人员。非正规就业人员具有流动性强的特征，失业保险的接续工作是较难持续的，因此非正规就业人员易出现不缴、少缴、断缴失业保险的情况，因而影响其享有失业保险待遇。(2）失业保险基金用于预防失业和促进就业的支出较少。失业保险制度的建立不仅是为了保障基本生活，它的更高层目标是预防失业和促进就业。失业保险有别于失业救济、失业救助，因此它不能仅仅被当作是保障基本生活，它的支出也不仅仅是在失业人员身上。而现实中，失业保障基金的支出似乎只限于保障失业人员的基本生活，而忽略了预防失业和促进失业。(3）失业保障制度存在规定模糊不清的问题。例如，规定中对享有失业保险待遇的人员有要求其具备求职意向，然而如何界定失业人员是否具备求职意向，规定中却没有明确说明。

针对以上缺陷，失业保险制度应完善以下三点：(1）将大学生待业人员纳入失业保险的覆盖范围。(2）加大失业保险基金对于预防失业和促进就业的支出金额。(3）完善失业保险制度的规定，避免规定含糊不清。另外，可在规定中明确制定大学生享有失业保险待遇的必要条件与期限。

总之，完善失业保险制度、加大失业保险受益范围、强化失业保险就业保障功能，让失业保险制度在未来的就业市场上充分发挥其积极作用，更好地保障失业者的权利，更好地发挥其维护社会稳定的功能。

## 第五节　保障大学生就业权益

随着我国教育事业的迅猛发展，过往的大学精英教育已演变成大众教育，高校每年向社会输出的毕业生数量已经远远超过社会对人才的需求量，大学生就业形势越来越严峻。面对巨大的就业压力，对大多数大学生来说，在劳动力市场上完全处于被动地位。他们认为能够找到一份合适的工作已属不易，当权益遭受侵害时，只能忍气吞声，使得大学生就业权益侵害现象越来越严重。要想维护大学生就业的合法权益，明确大学生就业权利的内容是必要前提。

### 一、规定大学生就业权利内容

就业权指“获得就业机会的权利，即有就业资格的公民能够获得从事有报酬或收入的职业性劳动的机会的权利，也就是有机会将其劳动力和生产资料相结合的权利”。[1] 在现有的法律中，并没有出现“就业权”这一明确的概念，《劳动法》第 3 条规定劳动者享有平等就业和选择职业的权利；《就业促进法》第 3 条明确规定劳动者享有平等就业和自由择业的权利。就业权指劳动者在就业过程中所享有的各项权利的总称，仅是学者在学理上对“就业权”的一种定义。所以，就业权利具体内容的界定，理论上没有达成统一的认识。如王全兴教授认为“就业权的主要内容有：就业竞争权、自由择业权、平等就业权、职业安定权、公共就业保障权（包括获得就业服务、职业培训和失业保险等公共保

---

[1] 王全兴：《劳动法》，法律出版社 2008 年版，第 288 页。

障的权利)”。李运华教授认为“就业权在范围上包括五项具体权利（或自由），分别是工作自由权、平等就业权、解雇保护权、就业服务权和失业保障权”。[1]

大学生就业权利内容主要包括平等就业权、自由择业权、就业服务权和就业保障权等。这些权利体现了大学生在整个就业过程中，包括求职过程中和从事职业过程中所享有的各项权利。目的是使大学生在就业的每一阶段都能够明确自身享有的权利，以便确实维护自身的合法权益不受侵害。

（一）平等就业权

平等就业权是劳动者享有的一项基本权利，属于劳动权中的一项重要内容。理论上，平等就业权有狭义和广义之分。狭义说认为，平等就业权只存在于大学生寻求就业机会的过程中。而广义说认为，平等就业权既包括在大学生求职过程中，也包括大学生寻求就业机会之前和从事工作之后。平等就业权“是指劳动者在就业时，享有获得平等就业机会的权利，即在就业岗位、就业机会的获得方面，劳动者不因性别、年龄、种族等自然差别而受歧视，应一律平等。具有劳动能力并愿意通过劳动获取劳动报酬的人平等地获得就业机会、就业待遇和就业保障等各方面的权利”。[2] 大学生平等就业权是指每个大学生与其他劳动者以及每个大学生之间都享有平等的权利。大学生平等就业权主要包括以下几个方面：

（1）地位平等权。《劳动法》第 12 条规定“劳动者就业，

---

[1] 李运华：《就业权研究》，中国社会科学出版社 2009 年版，第 37 页。

[2] 周怀梅：“对平等就业权的简析”，载《法制与社会》2011 年第 1 期。

不因民族、种族、性别、宗教信仰不同而受到歧视”。在大学生就业过程中，大学生与大学生之间的地位是平等的，大学生之间应当公平地对职位进行竞争，用人单位不能因民族、性别、宗教信仰、经济实力和社会地位等因素实行差别对待。大学生与其他劳动者之间的地位是平等的，虽然大学生缺乏实践经验，在就业市场上属于弱势一方，但用人单位不能否认大学生作为劳动主体，具有平等的法律地位，与其他劳动者在相同条件下应当平等对待。

（2）机会平等权。平等就业机会是指“在就业权利平等的基础上，与平等就业相关的制度要保证社会成员有平等的参与机遇，它要求相关主体提供的与就业相关的生存、发展和享受机会对于每一个社会成员都始终均等”。❶ 在就业压力严峻的形势下，确保所有人都享有不被歧视、就业机会平等的权利是促进就业事业健康发展的前提。该权利主要体现在大学生就业过程中的就业职位、就业信息和就业领域等的平等开放，使每个大学生都能够有机会对就业进行公平竞争。

（3）待遇平等权。平等的就业待遇主要包括：①平等地获得劳动报酬权。根据我国“按劳分配”和“同工同酬”原则，大学生只要完成相同质量和数量的劳动，就应该得到与其他劳动者相同的报酬，用人单位不得以任何理由进行差别对待。即使是在校大学生在实习期间也应享有一定的报酬权，用人单位不能以在校大学生不具有《劳动法》上规定的劳动者身份，不存在劳动关系为由，拒绝支付实习生劳动应得的报酬，更不能向实习生收取任何实习费用。②平等地享有各项福利权。根据《劳动法》

---

❶ 李雄：《论平等就业权》，西南政法大学2008年博士学位论文，第121页。

第 3 条规定，劳动者不仅享有获得劳动报酬的权利，而且享有休息休假、享受社会保险和社会福利等权利。社会各项福利权是劳动者的合法权利，大学生作为劳动者的重要组成部分，理应平等地享受这些待遇。

（二）自由择业权

现阶段，政府实行的就业政策为“自由择业”制度。在该制度下，大学生只要符合法律和政策的条件，都享有自由选择职业的权利，任何单位和个人不得把其意志强加给大学生。但现实中往往出现政府、学校和父母干涉大学生自由选择职业，大学生自身完全处于被动地位。如部分父母一味地替子女寻找自己所谓的“好工作”，完全忽略了子女的喜好和所学专业，他们把子女送进大学只是为了让子女获得一份文凭，这不利于调动大学生学习和工作的积极性，容易造成教育和人才资源的浪费。

大学生可以采取自由的方式选择职业，“自由择业”具体表现以下几种：（1）通过与用人单位“双向选择”寻找职业。首先通过各种途径收集相关的就业信息，参加由各部门、高校组织的招聘会或人才市场、社会中介和网络平台选择适合自己的用人单位和工作岗位，然后准备相关的推荐材料，参加用人单位组织的面试，即实行所谓的“供需见面”，通过双向选择，大学生最终确定职业。（2）通过参加公务员考试的方式实现就业。从 20 世纪 90 年代，我国开始引入公务员考试以来，公务员稳定的收入、丰厚的福利和体面的工作，吸引着越来越多的大学生加入公务员行列。（3）通过自主创业的方式完成就业。在社会经济繁荣和就业问题严峻的背景下，政府开始出台一系列优惠政策来鼓励、支持和引导大学生自主创业。大学生创业逐渐得到社会认可和接受，为大学生就业率的提高发挥了促进作用。大学生不管采取的是何种“自由择业”的方式完成就业，其共同点在于结合自己的喜好、理想、所学专业、个人特长和职业生涯规划等条件，选择最适合自己的工作。

大学生自由择业权不受任何人干涉，政府应该坚持在“自主择业”的制度下，以市场为导向，充分保障大学生选择职业的自主权。只有让大学生自己选择所喜爱的职业，才能够人尽其才，实现人才资源的优化配置，防止人才的不合理流动，维护就业的稳定，促进社会经济的健康发展。

（三）就业服务权

就业服务权是指大学生在就业过程中所享有的由特定组织或机构提供的一系列服务措施的权利。政府在完善大学生就业服务权中发挥着重要作用，主要是通过公共就业服务机构为大学生提供各种公益性的就业服务，以保障大学生的各项就业服务权利。大学生的就业服务权主要有以下几方面内容：

（1）接受就业指导权。就业指导指大学生在就业过程中享有的由特定的机构或组织提供的各项指导。政府主要是通过转变择业观念、帮助其设计职业生涯规划、提供就业服务信息等方式来指导大学生就业。首先，政府引导大学生树立正确的择业观。择业观是毕业生选择职业的前提，是毕业生对职业的评价和意向，也是毕业生的世界观、人生观在择业问题上的反映。[1] 过高的择业观是大学生就业率低的一个重要原因，引导大学生结合自身素质和社会对人才的需求去选择适当的职业。其次，帮助大学生设计个人职业生涯规划。引导大学生结合主客观因素，确立事业奋斗目标，并为实现该目标制定具体计划。职业生涯规划对大学生来说是必不可少的，大学生在大学阶段就为日后的职业作准

[1] 李福清、王国贞：《大学生就业指导》，知识产权出版社 2006 年版，第 12 页。

备，有利于促进大学生学习的积极性，提升自身能力建设，为今后的就业提供保障。再次，政府对社会就业趋势和人力资源市场供需情况进行调查研究，为大学生收集各种就业服务信息，帮助大学生了解就业现状，指导大学生正确选择职业。

（2）获取信息权。由于大学生的个人力量有限，往往对社会信息了解滞后且片面。政府所属的公共就业服务机构应该为大学生提供各方面的就业信息，以便大学生能够更好地了解自身状况和社会发展的需求，获取在就业中的主动权。如向大学生提供就业政策、法律规范等咨询，这就要求公共就业服务机构要对劳动保障法律法规、政策常见问题进行分类、汇编，并在公共就业服务机构综合性服务场所设置政策咨询岗，选派政策、业务精熟人员上岗，以方便、准确地为大学生提供咨询解答服务。[1] 此外，公共就业服务机构还可以通过加强对大学生和用人单位的信息进行登记，建立丰富的人力资源市场信息库，然后及时向大学生提供符合其条件的用人单位和岗位。

（3）就业训练权。为了让大学生在校学习的理论更好地适应实际工作的需要，发挥就业训练的作用显得尤为重要。政府应按照市场就业的新格局，树立以市场为导向，按需求调节和主动服务的新意识，建立以改革自身求发展，以开放竞争求发展的新思想，努力研究和探索就业训练中心工作的新机制。[2] 为大学生提供更多的就业训练机会及保障，以便大学生能够更好更快地投入社会实践。

---

[1] 郜风涛、张小建：《中国就业制度》，中国法制出版社2009年版，第378页。

[2] 张小建：《中国就业的改革发展》，中国劳动社会保障出版社2008年版，第202页。

（4）就业援助权。由于大学生缺乏工作经验等原因，在劳动力竞争过程中往往处于弱势地位，就业压力日趋紧张。政府应当将大学生纳入公共就业服务范围，专门对大学生这一困难群体提供专门性的援助，建立和完善大学生就业援助制度。公共就业服务机构可以以大学生为对象，开设专门窗口，为大学生提供就业信息、就业岗位和各种就业补贴等各方面的援助。政府采取税费减免、贷款贴息、社会保险补贴、岗位补贴等办法优先扶持大学生就业，使他们不因自己的弱势，在劳动力市场竞争中处于失败地位而被边缘化。他们可以通过就业来融入社会，同样达到分享社会发展成果的目的❶，可见，就业援助权对大学生来说很重要，可以帮助他们实现生存权和发展权并重的效果。

（四）就业保障权

就业保障权有广义和狭义之分，广义的就业保障权指劳动者享有由政府、社会组织和高校实施的一系列保障大学生就业的政策和措施的权利，其内容十分丰富，包括政府出台的各种促进就业的政策和法律、高校进行的各类就业指导、社会提供的就业服务及失业后的保障。狭义的就业保障权指劳动者享有的国家促进充分就业过程中保障其获得工作机会的权利。❷ 这里的就业保障权采取的是狭义说。

虽然大学生选择职业的方式是自由的，政府不应干预，但由于大学生缺乏实践经验，面对劳动力过剩、就业形势严峻的情况，大学生在就业中始终处于弱势地位。政府应该以市场为导

---

❶ 郜风涛、张小建：《中国就业制度》，中国法制出版社2009年版，第55页。

❷ 王丽娟：《中国大学生就业权益的法律保护》，南京大学出版社2010年版，第74页。

向，采取积极的就业调控措施，不断拓展就业领域，为大学生提供一个良好的就业环境，创造更多的就业机会来保障就业。如实施的“大学生志愿服务西部计划”、“三支一扶”计划、“选聘高校大学生到村任职计划”等都取得了不错成效，不仅为大学生提供了更多就业机会，扩展了就业领域，避免造成人才和教育资源的浪费，而且实现了人才的合理流动，缓和了地区就业不均的矛盾，有利于促进区域经济的共同发展。

## 二、明确大学生就业保障措施

大学生就业难已成为政府、社会、学校、家庭和大学生等热切关注的焦点。由于大学生就业压力大、缺乏社会经验和经济基础等显著特征使得其在劳动力市场上始终处于弱势地位，大学生就业权益被侵害现象较为严重。大学毕业生属于优质的劳动力人口，是人才强国战略的重头戏，政府迫切需要改变现状，解决好大学生就业难题，保障大学生就业权益，才能维护社会稳定，促进经济发展。保障大学生就业权益，首先，政府应提高大学生的自我维权意识，当大学生的就业权益遭受侵害时想到运用法律手段来解决问题；其次，应完善有关保障大学生就业权益的专门立法，保障大学生遭受侵害时有法可依；再次，政府应该加大人力资源市场监管力度，规范就业市场，为大学生就业营造一个良好的环境。最后，政府应该建立大学生就业权益保护救济机制，使大学生就业权益遭受侵害时能够得到及时有效的救济。

### （一）提高大学生维权意识

在当前大学生遭受各种歧视、就业权益得不到全面保障的形势下，应该加强对大学生就业权益的教育，提高大学生维权意识。“政府应该大力推动相关法律法规的贯彻执行，营造全民关注大学生就业权益保护的良好社会氛围，积极宣传法律教育，唤醒大学生维权意识，提高自我保护能力”。[1] 大学生只有了解就业有关的方针、政策和法律规范，明确其在就业过程中的权利义务及救济措施，遇到侵犯自身就业权益行为时，才能有意识地运用法律手段维护合法权益，不再一再忍让，懂得可以通过与用人单位进行协商、请求本单位的劳动争议调解委员会进行调解、向劳动争议仲裁委员会申请仲裁或向人民法院提起诉讼等方式获得权益救济。

（二）完善大学生就业权益保护立法

1. 落实现有的法律规范

大学生就业权益的相关立法是保障大学生就业权益的前提，为保护大学毕业生就业权益提供必要的法律依据。现有的《劳动法》《劳动合同法》《劳动仲裁法》《就业促进法》等法律规范通过规定劳动者权利、用人单位的义务、劳动者权利受到侵害时的救济方式等相关条款，可以保护劳动者就业权益。大学生作为劳动者的重要组成部分，政府应该加强对现有法律的落实，以保护大学生的就业权益。

2. 制定专门的法律规范

虽然我国现有的《劳动法》《劳动合同法》《劳动仲裁法》《就业促进法》等法律规范对大学生的就业权益保护做了相关规定，但这些规定过于原则化，具体如何保护大学生就业权益并没有做出详细说明。“我国专门针对大学生在就业方面的法律体系还不够完备，使许多大学生在求职过程中受到了不同程度的权益

---

[1] 高桥、刘春阳等：“高等教育大众化背景下大学生就业权益保护问题研究”，载《教育与职业》2007 年第 15 期。

侵害。所以，我国迫切需要完善相关就业的法律法规”。[1] 国家有关部门应该制定专门保护就业权益的《就业权益保护法》《反就业歧视法》等单行法来保护大学生就业权益，弥补现有法律法规的不足，构建大学生就业权益保护法律体系。

（三）加强监管力度

大学生就业权益保护问题已经上升为社会各界共同关注的问题，政府应联合高校、社会建立大学生就业权益三方保障机制，加大对劳动力市场监管的力度，为大学生提供良好的就业创业环境，维护大学生的合法权益。

（1）加大对用人单位的监管力度。由于大学生相较用人单位处于弱势地位，大学生个人没有足够的力量与用人单位抗衡，要求用人单位签订就业权益保障协议。因此，政府部门一方面可以代表大学生与用人单位进行协商，签订就业权益保障协议，另一方面可以会同相关高校参与，通过制定部门规章来保障大学生就业权益。（2）政府加大对就业市场的监管力度，把签订就业保障协议纳入大学生就业的规则之中，制定详细的就业市场准入规则，不断规范就业市场，相关职能部门应督促有不良记录的单位遵守《劳动法》，切实加强政府在该方面的调控与监管力度，为大学生就业创造良好的市场环境。（3）政府应该联合高校、社会共同完善就业市场，构建一套完整的大学生权益保障体系。

（四）完善大学生就业权益救济制度

（1）设立独立的大学生权益保护机构。由大学生就业权益保护机构运用行政手段为大学生就业权益提供专门性保障。该特殊机构可以代表处于弱势地位的大学生向用人单位争取权益，当

---

[1] 梁昌丹、郭学军：“大学生就业权益保护问题及对策”，载《经济与法》2012 年第 3 期。

大学生就业权益受到侵害时，可以代表大学生与用人单位进行调解、协商或诉讼。设立大学生就业权益保护机构的意义在于，可以改变大学生的弱势地位，能够使大学生和用人单位处于平等的地位对利益进行协商，权益受到侵害时得到确实的保护。

（2）精简争议处理程序。我国现有的劳动争议处理机制为“一调一裁两审”，即劳动者与用人单位发生争议时，劳动者首先可以与用人单位进行协商解决，可以申请本单位的劳动争议调解委员进行调解，还可以直接向劳动争议仲裁委员会申请仲裁，但我国对劳动争议总体上实行的是“仲裁前置”，只有对仲裁裁决不服才可以向人民法院提起诉讼，仲裁是诉讼的必经程序。现有冗长的劳动争议处理程序对处于弱势地位的大学生十分不利，刚走出校门的大学生就业者没有足够的社会经验和经济实力，通过走完整套程序达到维护自己就业权益的目的。即使胜诉，可能也消耗巨大，最终得不偿失。所以，针对大学生这类特殊群体的照顾，应急需改革“先裁后审”制度，精简争议处理程序，允许大学生自由选择仲裁或诉讼，以最少的成本解决纠纷，保障大学生就业权益。

# 第五章　高校促进大学生就业法律机制研究

## 第一节　建立以就业能力为导向的教学内容规范化制度

人才培养质量的高低，决定大学生就业能力的大小。教学内容是直接影响高校人才培养质量的土壤。教学内容的确定及其调整，应当以提高就业能力为中心，由政府教育主管部门、高校和市场共同完成，体现原则性和灵活性的结合，并形成以就业能力为导向的教学内容规范化法律机制。

### 一、教学内容规范化

#### （一）现状及原因

1. 现状：教学内容僵化，与就业能力培养不匹配

传统的教学系统是由教师、学生和教学内容三个要素构成，可见，教学内容是教学系统中的三大基石之一。当前，随着经济社会的快速发展，社会对培养人才的素质提出了更加全面的要求，除了学习成绩，还要求具有创新能力、实践能力、社会交往能力、语言表达能力、解决和处理问题的能力等。我国的高等教育教学内容比较侧重理论知识的传授，在一定程度上忽视了大学生社会实践、知识创新、团队合作、能力提高等方面素质的培养，导致我国的大学生书本知识掌握较为扎实，但是思考问题的

方法、实践动手能力、创新及社会适应能力不足。[1] 部分高校的课程设置和教学内容大多沿袭以前计划经济时代的需求模式，相对于目前瞬息变化的市场需求，已经严重地滞后于我国产业结构的调整和市场对人才的需求。即使对教学内容进行创新改革的高校，其教学内容设置与市场需要仍然存在一定的差距，使得高校培养出的毕业生在专业基础、知识结构和技能方面不能完全符合社会经济发展的需求。往往社会急需的人才高校培养不出来，或是培养的“人才”不尽合格，或者培养的数量很少，而高校培养出来的多数“人才”又不符合多数用人单位的岗位需求，造成国家和社会的巨大人力资源的浪费，也就是造成“无业可就、有业难就”的大学生就业难的局面。

2. 原因：教学内容确定及调整的权限不清晰，规范性不强

教学内容是培养学生创新思维和创新能力的重要因素之一，与大学生就业紧密相连。教学过程是教师和学生双方共同活动所形成的过程，其中存在着教师的“教”与学生的“学”这样一对矛盾的对立统一。从学生的“学”说，它属于学习活动，应当遵循人类学习过程的认知规律。而从教师的“教”来说，它属于教学活动，只是一种旨在影响学习者内部心理过程的外部刺激。为了使教学活动能对学习者的心理过程产生积极的影响，以促进有意义的学习，提升综合技能，有利于促进学生就业，必须对教学内容进行精心设计。当前各类高校教学内容不够规范，主要原因有：

(1) 教学内容确定的权限不清晰。现行教学内容确定的权限主要由政府和高校共同行使，对双方的权力有一定的划分，比

[1] 祝金旭：《当前大学生就业难的原因与对策》，山东师范大学2009年硕士学位论文，第18~19页。

如在确定通识课程、专业课程和选修课程方面，但政府对高校办学管理过于严格，高校教学内容调整的权限行使的边界难以划清，而且政府对教学内容调整的引导与市场结合不够，权限不够清晰，导致高校调整力度受限。

（2）教学内容调整监督机制不健全。从现行立法和实践来看，我国对高校教学内容监督法律机制薄弱，在调整原则、调整内容、调整程序等方面，缺乏法律上的规范性措施，使得监督主体力不从心。我国曾经试用过较为严格的本科教学评估制度，其中的内容、方案、指标体系都是由教育行政部门制定并下发到各个高等学校的，可谓是对教学内容的一种有效监督措施，但实践表明，很多高校只是被动应付评估，只能为了政府部门制定的一系列评估指标要求查漏补缺，这样的评估不能针对问题进行正确的、科学的诊断，在评估中出现的不正当行为以及发现教学内容存在问题，也没有形成有效的监督反馈机制。

（3）高校对教学内容确定的自主权不充分。高校是培养人才的摇篮，与教学相关的一系列活动是大学运行的核心环节之一，决定人才培养的基本素质和标准。当前，基于培养人才目的的教学内容不可避免地与现行高等教育集权管理体制相冲突，冲突的焦点便集中在高校的办学自主权上。目前我国高校办学自主权不足，政府对学校办学限制过严。在教学内容确定方面，很大一部分比例是由政府教育主管部门直接规定，高校具有一定的教学内容确定和调整权力，但自主权不够充分。而在课程方面，由于我国高校的课程建设与改革都是依据政府的政策性指令来进行的，导致很少有高校会针对自身的个性来进行自主的原创性改革。同时政府部门通过对重点学科、基地的评估等，使政府的行政力量介入到大学管理的各个方面之中，加大了政府对大学的控制及大学对政府的依赖。

（4）高校人才培养质量标准有偏差。人才培养标准各校有偏差，有利于体现本校教学特色，符合多方面的人才需求，但总体应当培养适应经济社会发展需要的“应用型、复合型人才”，我国高校对此认识已达成共识。但是，在人才培养标准方面，却认识和做法都不一，也缺失规范性规定。课题组研究认为，人才培养质量标准应包括三个方面，即职业品格标准、专业知识标准和职业技能标准。明确人才培养标准，有利于制定和执行规范性的教学内容。

（二）教学内容规范化措施

1. 明确制定教学内容的基本原则

在教学内容确定方面，课题组认为，应坚持三个基本原则：（1）高校主导原则。教学内容的确定，将直接影响人才培养标准和规格，高校在其中扮演着重要角色，因此，在教学内容结构及体系设置方面，应当坚持高校主导、政府调控原则，赋予高校决定权和调整权。（2）社会本位原则。教学内容确定，应当从国家和社会需要的角度出发，符合培养应用型人才的需要，满足社会经济发展对人才的需求，是高校和政府确定教学内容的直接依据。（3）以人为本原则。教学内容的确定，要有利于人的知识、理智等各方面全面发展，有利于学生形成正确的人生观、价值观、职业观和社会责任感，促使人的个性得到自由、能动的发展，培养学生既会“做人”，又会创造性地“做事”，这样，也就提高了学生的就业技能。（4）以提升就业能力为导向的原则。教学内容的确定和调整应坚持有利于提升就业能力的原则，也就是说，高校教学内容应当更贴近社会现实和市场需要，提高大学生的实际就业能力，从而使大学生更顺利地实现从“学校”向“社会”的角色转变。具体来说，教学内容的确定和调整要以全面性、实效性和灵活性为原则，开设有助于解决大学生现实生活问题的课程、职业生涯规划等有助于实现就业的课程，以提升大学生就业能力，顺利实现就业。

2. 明确教学内容制定、实施和监督主体

落实和扩大高校专业设置自主权，按照学科专业设置管理规定，除国家控制布点专业外，本科和高职专业自主设置，❶ 可见，高校有权自主决定专业设置和具体的教学内容，是教学内容的制定主体。高校的发展建立在社会发展的基础上，但高校又具有独立的发展机理，人才培养是高校的主体功能，培养什么样的人才、怎样培养人才，是高校所要面对、思索与完成的基本命题。培养创新型人才，高校不仅需要探索系统化的制度体系，而且必须将这些行之有效的制度体系用于培养创新型人才的实践，逐渐形成一种培养创新型人才并使之实现价值、发挥才能的长效机制。鉴于高校的自身特征，高校的社会服务工作更应注重知识的沉淀、潜能的挖掘和创新思想的培育，应该做到努力构建科研转化机制、积极提升理念引领作用、主动把握前瞻社会问题，为提高所在地区乃至整个社会文化发展层次、经济发展层次、全面提升所在地区和社会的整体素质不懈奋斗。由此可见，高校的职能决定了它是教学内容的制定和实施主体，政府教育主管部门的角色主要是履行引导、协调和监督职能，这是国家制定高等教育政策法规所必须遵循的准则。

3. 明确人才培养标准

明确人才培养标准，有利于提升大学生就业能力，高校人才培养质量的总体标准是促进人的全面发展，但是，不同的专业类型，有不同的培养目标和标准，以法律专业人才培养为例，法律

---

❶ 《教育部关于全面提高高等教育质量的三十条意见》（2012 年 5 月 23 日），第四条。

专业人才应当具备以下三方面标准：

（1）职业品格标准。具体表现为：①崇尚社会主义法治的基本理念，即牢固树立依法治国、执法为民、公平正义、服务大局和党的领导的基本理念，坚持法律作为判断社会问题和处理社会问题的最高准则，秉持法律至上信念。②捍卫公平的正义精神。具备在任何法律问题和法律程序中平等对待各种主体，同时，尊重自己的权利，更尊重他人的权利，并有捍卫正当权益的公正精神。法律职业作为正义的事业，还要求法科学生必须以追求公正、崇尚正义的价值准则对待自己的职业。③公正、廉洁的职业操守。在社会各种生活中要始终以正义观作为自己外在行为的内在信仰，自觉恪守自己所从事法律职业的行为规范及道德准则，养成公正、清正廉洁的职业道德。

（2）专业知识标准。具体表现为：①坚实的法学专业基础知识。强化对本学科基本概念、基本问题、基本理论、基本原则和基本制度等知识的理解和领会；突出法理学、宪法学、刑法学、民法学、商法学、行政法学、经济法学、刑事诉讼法学、民事诉讼法学、行政诉讼法学等法学核心课程基本法律规范的掌握；适当扩大专业选修课的范围，提倡学生多学科发展。②宽广的财经知识背景。③多层次的实践性知识结构。针对司法实务人才的培养，应当设计速录技能训练、全真案例研讨、法律专项调研与实习、模拟法庭训练等形式多样的实践性课程，以此拓展学生实践的知识面，为其扩大职业技能提供知识储备。

（3）职业技能标准。法律人才的培养必须做到理论与实践相结合，使学生能够自觉运用所学的理论知识为社会服务，因此，在对学生进行职业品格培养与专业知识教育的同时，还应有意识地对学生的法律职业技能进行训练，具体表现为：沟通、合作技能，掌握沟通交流技巧、团队合作技巧，通过沟通、协商寻求合作基础和机会；起草法律文书的技能，具备运用所学法律知识，撰写起诉状、代理词、答辩状、申诉书、遗嘱、公司章程、股权转让协议、产权转让协议等各类法律文书的能力；合同订立与审查技能。运用所学专业知识，对涉及经济、贸易、投资、金融、证券、保险等领域的合同进行条款设计、文本订立、内容审查、风险控制的能力；谈判、辩论技能，以平等、协商、包容、开放的精神开展谈判、辩论，通过谈判、辩论实现互助、共赢的能力；探知、认定法律事实的能力，调查、搜集、分析、辨识证据材料，探究法律现象、认知法律事实的能力；就业、创业能力，通过理论教学和各种模拟场景实验、实训和实践，提高就业能力，树立创业理想，塑造创业精神，掌握创业知识，学会创业技能。

## 二、专业设置规范化

在大学生就业能力培养过程中，高校教育培养和就业指导具有重要作用，可见，高校是大学生就业促进过程中的重要主体。但是，我国部分高校自身定位不准确、教学内容、就业指导、专业设置等方面或多或少存在一些问题，导致人才培养质量下滑，毕业生难以满足社会需求，有必要将高校的专业设置纳入法制化视野，从而规范人才培养过程，确保人才培养质量。

### （一）高校专业设置存在的主要问题

（1）高校专业设置自主权不足。虽然我国《高等教育法》规定，高校有依法自主设置和调整学科、专业的权利，但大部分高校在进行新专业设置或对原有专业调整时仍需逐层上报备案。对《高等学校本科专业设置目录》范围以外的专业，还要经教育部审批，对专业名称设置规定较为严格。目前，我国高校并没有独立自主的学科专业和课程设置权，也没有灵活的机制来进行调整以充分满足各方面的需要。

（2）政府干预过多。教育行政部门不仅负责高等教育的政策、规划、拨款等，也干预高校办学过程中的具体事务，如高校的招生计划、教师编制、专业设置、课程安排、经费等，仍没有摆脱计划经济体制下政府对学校的限制，由中央和地方两级行政部门把关。比如现在我国高校的专业设置仍具有比较明显的计划性，“在专业设置和建设上，开办哪种专业、招多少学生、授予哪一种学位、人才培养模式与课程设置如何确定等，都需听从于政府，导致高校专业建设和专业人才培养模式千人一面”，❶ 缺乏自己学校的特色与创新，并且不能根据社会对人才的需求来及时调整学校的招生方向和规模，导致学校专业设置与满足社会需求之间脱节。

（3）专业设置与社会需求偏离。专业设置重复率较高，即专业布点广泛，设置相同专业的高校较多。❷ 这导致人才培养质量下降，专业供大于求，无法适应社会需求，此外，高校专业设置，在一定程度上还存在滞后性和盲目性，高校在本科专业设置中的这种趋同、滞后状况会为高校带来一些负面影响，它直接产生了本科毕业生就业的结构性矛盾。高等教育的培养目标，要坚持以人为本，首先是培养人的全面发展，其次才是训练专业技能。因此，在肯定教育具有实用性和经济性的同时，更好地将传授专业技能和培养完满人格结合起来，才是高校专业设置的关键所在。而目前部分高校只是根据市场需求来追求应用型人才的培

---

❶ 熊志翔：《本科院校质量保障体系研究》，广东高等教育出版社2008年版，第182页。

❷ 廖伟伟等：“略论产业转型背景下政府与高校专业设置权的配置”，载《滁州学院学报》2012年第3期。

养，忽视人的品格养成，是偏离人才培养目标的。

（二）高校专业设置规范化措施

高校既要传播知识和技能，又要为社会提供服务，是促进社会发展的重要力量，高校专业设置也离不开政府的引导和规范。在与市场经济相适应的高校专业设置与调整机制中，政府的作用及其与高校之间的关系发生了重大变化，政府不再实行严格控制、直接管理，而是按照政事分开的原则，由直接行政管理转变为运用立法、拨款、规划、信息服务、政策指导和必要的行政手段，进行宏观调控。❶ 可见，这些宏观调控手段应当纳入法制化视野，包括高校专业设置，

建立高校专业设置与调整法制化机制，主要可从以下几方面入手：

（1）颁布专业设置与调整相关立法。计划经济与市场经济的一个重要区别在于，前者是行政调节，后者是法律调节。立法是专业设置与调整规范进行的必要条件，它标志着国家依法适度而有效地干预高校专业设置与调整，通过立法明确高校的权力和义务，使高校真正成为面向社会自主办学的法人实体，高校在法定的范围内享有专业设置与调整自主权，以建立主动适应经济建设和社会发展需要的自我调整、自我约束的专业设置与调整机制，从而高校与国家的关系、高校对专业设置的权力及义务、高校自主权的范畴等方面被纳入法制化轨道。

（2）制订专业发展总体规划。制定规划实际上是政府对高校专业设置进行宏观调控的有效手段。政府主管部门在对高等教育进行调研和充分了解的基础上，根据当地经济发展特点和主导

❶ 杨二辉：《我国高等学校专业设置与调整机制研究》，浙江师范大学2006年硕士学位论文，第36页。

产业的不同，制定专业发展的指导思想和原则，以引导高校新专业设置及其调整的方向。规划制定要具有一定的原则性和灵活性，符合因地制宜、实事求是的思想，也使规划更具可操作性，这种规划实际上就是专业设置与调整的宏观调控法。

（3）政府教育行政部门学科专业目录的分类指导法制化。普通高校本科专业目录的制定主要是由教育部主导进行，这种政府行为直接影响高校各种专业的设置。对高校专业设置的有效宏观调控手段，应进一步突出其规范功能和分类指导功能。为避免市场失灵，学科专业目录的分类指导，必须有利于促进就业和劳动用工，实现人才与市场对接，并逐步规范化和法制化。

（4）完善财税法律制度，政府通过教育经费转移支付，干预和参与高校专业设置与调整。国家教育经费转移支付是高校办学经费的主要来源，不管是中央政府、地方政府还是社会各界在为高校提供经费的同时，可能对高校事务或多或少地进行参与，包括对高校专业设置提出直接的要求或产生间接的影响。对于这些要求或影响，高校一般会给予考虑，并在专业设置上或在人才培养质量标准上作出适当调整。然而，这些经费的拨付，必须纳入法制化轨道，建立法律机制，否则将会对高校的专业设置造成不利影响，包括可能对高校专业设置与调整、人才培养标准等方面的经费拨付，其预算、财政转移支付、财政监督等方面都必须法制化。

（5）明确高校专业设置与调整的权限。高校在专业设置与调整机制中处于主导地位，国家的干预和调控、社会参与、市场的调节都以使高校自主设置与调整专业并最大限度地满足社会需要为目标。为此，法律应明确规定，高校作为面向社会自主办学的法人实体，拥有专业设置自主权，不再按照国家的指令性计划进行专业设置与调整。让高校拥有更大的专业设置自主权是市场经济发展的必然要求。只有如此，高校在专业设置与调整上的责、权、义才能相统一，才能在市场竞争中实现自我发展、自我调节，在国家干预和调控、社会参与、市场的调节中对专业设置进行合理调整。扩大高校专业设置自主权，还能强化高校的自我意识，使高校真正对自己的行为负责，在专业设置与调整上既充分满足社会需要，又遵循教育规律，形成自我约束机制。但高校拥有专业设置自主权应该具有一定的限度，不是完全的自主权，立法时，应当体现一定的灵活性。对于涉及国家安全、全体国民利益等方面的专业，其设置与调整权应由政府主导。立法时，应当明确：其一，专业设置与调整权属于高校办学自主权，属于高校的基本权利；其二，政府主要负责宏观调控、检查指导、评估和监督；第三，高校在专业设置与调整时，应当明确自身的定位。

（6）明确以就业为导向的专业设置与调整机制。高校专业设置和调整是高校专业结构优化，提高人才培养质量的重要途径。通过新专业的设置和对原有专业的优化组合，可以废除一些与市场经济发展和社会需求不相吻合的专业，促进学科交叉，整合资源，创新专业实验班的建设，加快创新型人才培养。同时，在专业设置与调整优化中，促进学生个性和能力的发展，促进人才培养方案符合社会经济发展对人才的需求；使人才培养方案中的专业设置和课程体系更趋合理，这些课程体系的设置，将有利于促进人的全面发展和职业技能的提高。为此，应当建立以就业为导向的专业设置与调整机制。

（7）建立社会机构参与机制。对高校专业设置与调整有重要影响的是高等教育市场中的毕业生就业市场和招生市场。这两个市场的供求状况是国家、社会和高校自身调整专业的重要指标和依据。高校只有重视市场、适应市场，才能在专业设置调整上形成灵敏的反应能力和适应能力，才能赢得人才市场的竞争。反之，高校在专业设置与调整上就容易陷入封闭、盲目的境地。为此，立法应当鼓励社会信息、评估、就业服务等社会中介机构，参与到高校的专业设置与调整机制中来，并形成相应的法律机制。比如，高校毕业生就业市场也会形成一个巨大的服务网络，在这个市场中，高校对各类人才的供给和用人单位对人才的需求、同类专业人才之间的竞争和高校间的竞争、各类专业人才工资水平的确定等都要按照市场规律进行，市场平等地对各高校和用人单位发生作用，从而为高校专业设置与调整提供依据。

## 第二节 建立以就业为导向的实习实践机制

实习实践教学是高校教学的重要环节，也是提升学生就业技能的重要手段，早期的实践教学主要是指毕业实习，即在走向社会岗位前的职前培训。而现行的实习实践教学是以课程设置的形式进行建设，而不是毕业前的训练，贯穿在高校教学的全过程，是设置为一定学分的必修课程。其可以在校内实践平台进行教学，也可以通过建立校外实习实践基地进行教学。它是确保人才培养质量的重要环节，是贯穿于大学生学习过程的系统性教学方式，是培养学生反思能力和就业技能的教学模式。

### 一、明确实习实践基地选择与建设原则

当前，高校都十分重视实习实践基地建设，国家对此也积极支持，教育部2012年启动并实施“卓越人才培养教学基地”项目，2013年启动并实施“大学生校外实践基地”项目等，各校的实习实践教学活动开展得有声有色、如火如荼。但在实践基地建设方面，仍然存在一些问题，如基地建设缺乏系统性的规划和

管理，基地的教学管理无规律可循，实践基地选择考虑不周全等。为此，选择和建设实习实践基地应当遵循以下原则：

（1）关联性原则。关联性是指系统与其子系统之间、系统内部各子系统之间和系统与环境之间的相互作用、相互依存和相互关系，离开关联性就不能揭示复杂系统的本质。[1] 实践教学的关联性不仅要求实践教学的内容与理论教学互相联系，而且要突出实践教学的重点，以实践教学为教学手段，将理论知识与实践活动紧密地联系起来，将书本知识与实践技能有机衔接。关联性原则要求：①基地的业务范围必须与所学专业具有关联性。在基地的选择方面，必须从本专业的理论知识与实践运用的角度出发，即基地的选择必须与专业具有关联性，而不应只管数量，不管实践教学的质量和效果。即使所选择的基地与学生所学专业不尽一致，也必须存在基地有与专业相关的业务与需求，如选择社区作为实践基地，艺术、法学、社会学、心理学、计算机技术等专业，在社区都有需求，都具有用武之地，当然可以作为实践基地。②基地必须具备相应资质。为确保实践教学效果和实习实践学生的权利，基地必须符合法律规定的相关条件，获得相关主管部门颁发的资格证书。③调动与实践教学相关的各方力量。为使实践教学取得事半功倍的效果，必须调动与实践教学有关联的各方力量参与到实践教学中来，包括学校任课教师、基地实践指导教师、学校团学工作者、学生以及学生家长等。

（2）实效性原则。实践教学基地建设是实践教学的重要支撑，是理论课教学的延伸，是促进产学研结合，加强学校与社会联系，利用社会力量和资源联合办学的重要举措，是确保实践质

---

[1] 王海岳、顾志祥："系统论原则下的高职院校'开放式'实践教学体系构建"，载《职业技术教育》2010年第7期。

量、增强学生实践能力、创新能力的重要手段，建设高质量的实践教学基地直接关系到实践教学质量，是培养复合型应用型人才的必备条件。❶ 实践教学体系的构建必须突出强调实践、实效的重要性，在教学目标、教学内容、教学方式方法和教学实践环节等方面的内容上要突出实践教学的地位和重要性。结合专业发展的实际情况去确定实践基地、构建实践教学内容框架、采取有效的实践教学手段，努力将学生实践能力、创新能力、拓展能力的培养有效地实施到实践教学中来。根据不同的基地和不同的专业，创造性地采取多种教学方式方法培养学生的就业能力、技术能力和综合素质，使实习实践基地所进行的实践教学真正取得实质性效果，充分调动学生的积极性，使学生愿学、想学，学有所用，而非流于形式。

（3）长效性原则。为确保实践教学的效果，学校一般都同时建设校内和校外实习实践平台，校内建立专业实验室和校外建立实习实践基地，让学生按教学计划定期到实验室或实践基地进行专业性或综合性的实践学习。为促进基地实践教学可持续发展，高校还应与有关基地建立比较稳定的关系，形成实践教学长效机制。对设备齐全、规模较大、知名度较高、管理规范，学生感到学习效果较好的基地，应当给予重点建设，加大经费投入，做成示范性基地，并对这些基地实践教学体系构建一套完善的标准制度和指导规范，对实践教学目标、任务、内容和形式、方法进行严格要求与管理，加强制度规范建设，制定出一系列、完整的考核办法和要求，注重强调实践教学质量和效果。为使基地实践教学具有连续性和长效性，应建立理论和实践课程指导教师全

❶ 邵文涛：《我国本科法学教育中实践教学体系的构建与运行》，山东师范大学2008年硕士学位论文，第36页。

面跟踪实习实践机制，指导教师全程跟踪，能及时迅速准确地了解学生的实习实践动态，及时发现学生在实习实践过程中遇到的问题，并解决所发现的问题。在解决问题的过程中，既修正了基地实践教学管理制度问题，又提升了学生分析、解决专业问题的能力，化解了矛盾，有利于促进制度的可持续发展。

（4）岗位定制原则。基地实践教学要突破传统模式，力求创新，实习实践岗位的安排不应该是随机的，而应该根据学生专业功底、交际能力、外貌特征、兴趣爱好等因素来安排，帮助学生正确选择实习实践岗位，设置合理可行的目标和达标途径，如提供职业发展道路的准确信息、职业生涯咨询、潜力评估等，以便使他们乐于工作，并能干有所长。明确大学生在基地的发展前景和努力方向，从而增强学生对基地的归属感，增强学生的职业情操和职业技能。必要时，可对实习实践岗位进行“双向选择”和“岗位轮换”制度，进行相应的职位设计，包括职位描述、岗位职责、操作程序、人际关系描述、升职空间、发展方向等，分析、明确职务的运作方式及从业人员的资格，力求使实习生各司其职、学以致用，达到最好的实习效果。在实践进行过程中，及时了解学生的实习动态，将学生反映的情况及时与基地、学校沟通，争取使实习效果最大化。此外，岗位定制和长效性原则是相辅相成、相互促进的，在此基础上，学校和基地还应遵循合作、互利、双赢原则，才有可能与高校进行密切合作，实现长效机制。

## 二、建立多样化实践教学机制

实践教学是理论课教学的延伸，要真正从根本上提高实践性教学的地位和效果，就必须根除长期存在于教育界的“重理论、轻实践”之风。近年来，实践教学不断创新，并取得了明显效果，但从总体上说，仍然存在一些问题：（1）实践教学环节范围狭窄，内容缺乏系统性。高校实践教学一般都停留在专业实习、毕业实习、参观调研、毕业论文等方面，对社会实践、基地实践教学缺失或不足，在实践内容上不系统，缺乏衔接性。（2）实践教学环节缺乏规范性。目前，实践教学环节、实践教学方式及其具体实施还不够规范，如毕业实习检查过程、实习基地建立及管理制度、实践教学方式方法、毕业论文写作过程等方面还不够规范。（3）实践教学环节缺乏科学性。实践教学要形式多样，内容要不断更新，要加强学生创新思维和综合能力的培养，但是，现有高职法学实践教学环节，在时间安排、内容更新、方法改进等方面存在一定的不合理性。（4）校内外实践教学方式衔接不够。现有实践教学存在校内方式单一，校外缺乏条件支持，双师型师资不足，导致校内外实践教学难以实现有效结合。

为此，应从立法角度，明确实践性教学的宗旨，规定多样化的实践教学方式，将其摆到与理论教学同等的地位来对待，才能从根本上实现校内外实践教学内容和方式的统一并服从人才培养目标，提高学生对实践性教学的参与度，使实践教学环节和手段具有规范性，保障实践教学有序运行。建议以教育部规章或国务院条例的形式，规定高等学校实践教学的具体形式，包括课堂实践教学、校园实践教学、基地实践教学和社会实践教学。

（1）课堂实践教学。课堂教学是高校向学生系统传授知识的基本形式，在课堂教学中开展实践教学，主要是结合教学内容，联系实际讲授。为此，教师在传授理论时，要理论联系实际地运用专业课程理论体系来分析实际问题，通过对实践问题的分析，使学生理解和掌握理论知识。为了能在课堂教学中获得实践教学效果，课堂教学形式一定要丰富多条，并且要有利于教师在课堂讲授时规范、灵活掌握，建议将案例式、讨论式、辩论式等教学方式以规范性文件加以确认，以便规范教师的课堂教学行为，更有利于提高学生的专业能力和综合素质，例如案例教学，是指在学生掌握了一定基础理论知识的基础上，教师有目的、有选择地把实践中较典型、较系统、具有一定疑难性的真实案例提供给学生，让学生思考、分析、研究，提出解决问题的方法，从而加深对理论知识的理解，培养学生发现和辨别问题以及分析和解决问题的能力，提高学生的专业能力和综合素质，增强其就业能力。

（2）校园实践教学。学生通过校园学术活动、校园模拟训练、学生会活动、校园管理活动等，在这些活动中学会做事、学会沟通、学会合作，形成职业品格和工作能力。校园实践教学是高校课堂教学的延伸和继续，是训练学生实践能力的重要平台，是培养学生专业技能，提高就业能力的重要渠道和必要环境。同时，校园实践教学主要是运用校内实践教学平台进行，一般不需要校外第三方的配合和协作，容易有效举行，便于实现既定目标。为此，立法应当肯定校园实践教学方式，并明确具体的形式，建议包括模拟实践教学，如模拟公司、模拟法庭、模拟会计师事务所、模拟律师事务所等；诊所式教学，如根据医学、法学等专业的不同特点，可开展诊所式教学，这种实践性教学形式能够引导学生将自己所掌握的专业知识运用于具体案例，在这一过程中增强分析问题、解决问题的能力；[1] 演讲式实践教学，根据理论知识体系和专业特点，锻炼学生的思维和表达能力，可在校园内开展演讲式实践教学、专题讲座式实践教学等。

---

[1] 匡旭峰等："应用性人才培养目标下的法学实践教学研究"，载《中国成人教育》2008 年第 7 期。

（3）基地实践教学。利用与高校建立的校外实习实践基地，根据教学内容，设计实践教学方案，对学生进行直观的现场教育和场景教育，因其材料丰富、案件真实，形式直观又生动，学生印象深、收益大，其教学效果是校内第一课堂教学和校内实践教学均难以达到的。校外基地实践教学可以培养学生的集体主义、艰苦创业精神、开拓学生的视野、增强实践能力、提高就业技能等。根据实践教学方案和每年实际情况编制的年度方案，明确该年的实践目标、实践形式、实践内容、指导教师的职责和分配等。实践教学的方式可以采取座谈、旁听、见习、实习等方式。以法学专业为例，学生可以担任法官助理，协助审判员审查诉讼材料，送达诉讼文书，接待案件当事人、代理人，草拟相关法律文书，学生也可以担任书记员、参与案件旁听、参与案件调研和讨论等。法学专业学生也可在检察院、律师事务所、政府机构和企业实习，协助检察官、律师、公务员及企业管理者处理法律事务。又如社会学专业的学生，可以在基地参与社区管理，通过理论学习结合实践，进行体验学习。总之，根据专业的不同特点，授权高校与基地可以根据协议，采取不同的实践教学形式。

（4）社会实践教学。将学生派往乡镇、社区、工厂的基层单位参与社会实践，通过社会调查和为社会提供专业实践服务，在实践中领会学习方法，学会与人沟通和合作的能力，提高分析问题和解决问题的能力，深化理论教学效果，提高就业能力。社会实践教学可规定社会调查教学、咨询性教学等方式，如社会调查教学，就是社会实践教学的好形式。通过社会调查，学生可以全面了解、接触、认识社会，从多角度看待、分析社会现象，学生可以到工厂、农村、社区、政府机构等部门了解与专业相关的社会现象，认知社会现实，还可以把专业知识带到相关部门，学生将实际工作状况写成报告，使学生广泛地认知社会和提高文字表达能力，提高就业的基本素质。咨询性教学，是指在特殊的日期，比如消费者权益保护日、记者节、法制宣传日等，学生可以深入公共场所，利用所学专业进行咨询解答，教师根据学生的实践表现，进行点评，指出不足，提高其理论联系实践的能力。

## 三、考评方式制度化

没有科学的评价方式很难保证教学的实践性特征，在完整的教学过程中，它是一个不可或缺的环节。[1] 2005 年，教育部颁布《关于进一步加强高等学校本科教学工作的若干意见》，提出“强化教学管理、强化教师教学工作制度，完善教师教学考核机制，高等学校要努力探索和建立本校教学质量保证与监控机制”等措施。教学评估是高校加强教学管理，增强教学质量的自我监控，提高教学质量的重要手段。建立科学、规范、有效的实践教学评估体系，是提高教学质量、实现人才培养目标、保证实践教育可持续发展、促进就业的现实需要。

实践作为一个系统，必须要有考评。考评是在教学过程中，对教师教学、学生学习的情况进行分析，根据相关的考评体系，把教学过程中发生的情况真实、全面予以反馈，用以发现问题，提高各方面素质，它是教学质量监控系统中的一个重要环节，是提高教学质量的极其重要的因素。考评的内容和方式应当规范化、制度化，教育部应颁布规范性文件，考评应当包括对学生的考评和对实践教学教师的考评。对教学的考评应当包括教学理念、业务能力、师德师风、教学内容、教学方法、因材施教、教学特色、教学效果等方面。对学生的考评应包括学习态度、团队

---

[1] 兰刚：“新建地方本科院校实践性教学模式的构建”，载《中国高教研究》2007 年第 8 期。

合作能力、职业道德、工作能力等。

为确保对学生学习成绩和教师教学效果检验的客观公正性，应建立以基本理论和基本技能为基础，以综合运用能力为重点，以学习态度为参照的综合考评体系，构建师生共同参与的考核机制，注重考评方式的多元化和考评指标的规范化。根据各类实践教学形式，建立相应考核方法和考核指标体系。例如，以法学专业实践教学为例，应根据不同的实践教学形式，采取不同的考核方法：

（1）全真案例教学课程的考核方法：案例讨论表现（40%）+案例分析报告（50%）+实践态度（10%）。

（2）实践课程的考核方法：平时成绩（30%）+实践报告（70%）。

（3）模拟法庭考核方法：庭审水平（80%）+司法礼仪（20%）。

（4）专业实训考核方法：项目小组评分（20%）+实习单位评分（30%）+实践报告（50%）。

（5）模拟实习考核方法：①考勤成绩占20%，由指导老师和组长评定；②模拟法庭展示成绩占30%，由实务部门指导老师评定；③总结汇报成绩占20%，由评委老师评定；④实习报告及实习资料整理占30%，由指导教师评定。

（6）毕业实习的成绩评定：由考核成绩和平时表现两部分组成。①考核成绩依据实习报告或调研报告以及实习日记评定，占总成绩的70%；②平时表现由实习指导老师评定，包括遵守纪律、学生自我评价和考核意见等，占总成绩的30%。

（7）毕业设计评价方法：①指导教师建议成绩（40%）；②评阅教师评定成绩30%；③答辩小组推荐成绩30%。

## 第三节　就业指导法制化

一般认为，就业指导是指根据求职者或劳动者自身的爱好和特长，结合社会职业的需要，帮助选择能够最大限度发挥自身特长和才能的职业，以充分实现自己的人生价值和社会价值。高校的就业指导工作，更能让学生及时根据自身情况调整学习计划和努力方向，缩短进入社会之后的适应期和磨合期，就业指导应当是一项服务性质很强的全程化工作。随着我国高校毕业生就业制度改革的深入发展，我国高校毕业生就业总的指导思想是：以市场为导向，国家进行宏观调控，学校和各级政府提供就业指导和服务，毕业生和用人单位双向选择；发展和规范以高校为基础的毕业生就业市场；加强就业指导工作，转变就业观念；改革社会用人制度，拓宽毕业生就业渠道，增加毕业生就业机会，创造“人尽其才，才尽其用”的就业环境。我国《高等教育法》第59条规定，高等学校应当为毕业生、结业生提供就业指导和服务。我国教育部要求，从2008年起，全国范围内所有普通高等院校必须开设职业发展与就业指导课，规定学生从新生入学开始就接受就业指导教育，规划职业生涯。[1] 这些法律和政策规定，明确了高校在就业指导中的角色和基本职能。然而当前的高校就业指导在指导机构、指导内容、指导方法等方面还具有单一性和不确定性，应当逐步建立高校就业指导法律机制。

---

[1] 王洋：“就业指导课‘对口不对味’”，载《中国大学生就业》2008年第11期。

## 一、就业指导机构和职能法定化

就业指导包括政府和高校两个方面，就高校而言，应当成立专门的就业指导机构，并通过充分利用企业资源、行业资源、校友资源的方式开展形式多样的就业指导活动，同时，明确高校就业指导的基本职能。（1）指导、教育、培训大学生就业能力的职能。大学生的成长过程中最主要的任务一直是学习，对于今后步入社会，他们通常是无所适从的。帮助大学生与社会接触，形成基本的就业观念、技能是高校就业指导的首要责任。就业指导机构是大学生就业能力提高的来源和动力。指导大学生掌握求职应聘的技巧与方法、教育大学生职业观念的养成、培养大学生从事某项工作的技术与能力、帮助大学生了解自身的个性特点，指导大学生择业等都是高校就业指导机构中心任务。（2）协调沟通职能。高校指导机构需要向大学生介绍就业信息、专业就业方向与前景、做好校内的信息传播和就业指导工作，也要积极向社会推荐毕业生，向用人单位宣传学校的办学理念，各专业人才培养目标、各专业学生的技能特点等。它在大学生与用人单位之间起着沟通、协调和桥梁的作用，还应当定期举行大规模的校内招聘会活动，为供需双方搭建公开自由选择的平台。（3）反馈职能。在毕业生就业后，就业指导机构应当适时进行回访，了解毕业生在工作单位的情况，单位对毕业生使用情况的反映，将这些意见和建议带回学校，反馈给相应的职能部门，从而进一步修改人才培养方案和就业指导方案。(4）保障大学生劳动就业权职能。大学生就业过程中，权益被侵害，应当由相应部门依法给予保护，但作为专业的就业指导机构，也负有保护的职能。大学生对于就业政策、法律法规知之甚微，对于自身权益的保障意识淡薄。高校就业指导机构有责任和义务向大学生宣传国家有关就业的法律法规以及相关政策，调研考察用人单位的资质，并如实向学生进行介绍，为维护大学生的就业权益提供帮助。（5）法律法规规定的其他职能。高校就业指导机构应当建立长期化的就业指导服务制度，明确规定就业指导和就业服务的具体职能，如为大学生提供就业咨询服务、组织开设就业指导课程、毕业生就业协议的签署以及相关毕业材料的整理等。

## 二、就业指导专业师资制度化

当前，我国高校中从事就业指导工作的人员大多数是团学工作者，一般由学校就业指导中心的工作人员、学院分管学生工作的书记、副书记、分团委书记、学生辅导员等不太熟悉专业知识的教师担任。由于这些教师基本缺乏系统的专业知识和缺乏就业指导专门培训，他们同时也有兼任其他工作，往往很难真正投入和胜任就业指导工作，大部分就业指导老师仅仅只能忙于收集、发布各类招聘信息，做一些派遣等工作，这样的就业指导存在较大的问题，充其量是对学生进行形式意义上的就业指导，对促进大学生就业没有实质的帮助，专业素养不足。例如，从就业指导理论的发展来看，“心理学”是就业指导工作的一项重要辅助学科，就业指导工作人员应具有扎实的心理学功底，但上述人员中，大部分“心理学”的专业知识不强，一般只是具有丰富的学生管理经验，缺乏对大学生进行针对性就业心理指导的能力。

近年来，各高校加强了对专职就业指导人员的专业素质培养，通过职业指导师培训等课程加强理论学习，同时在高校心理咨询机构开展了大学生就业生涯指导和咨询等工作，对建立专业化的就业指导队伍起到了积极作用，但与专业化、职业化的就业指导要求仍然存在较大差距。为此，应当建立专业化、职业化的就业指导师资制度，明确规定就业指导老师应当具备的素质、条件和责任。[1]

（1）思想素质。就业指导老师应当具备强烈的事业心、进取心和创新精神，思想素质高尚，能够了解学生，关心爱护学生，尽心为学生服务。

（2）专业素质。熟悉掌握社会学、心理学、教育学、法学、人力资源开发学等多项学科的专业知识，具有宽阔的知识面，掌握职业选择的理论、方法和技巧，并有较强的社会工作能力；熟悉国家对大学毕业生就业政策法律和有关的具体规定，了解地方性大学生就业政策规定等。

（3）指导形式，包括指导教师个人指导和专业团队指导，指导团队中可以由校内、校外的指导专家组成。为了保证有效的就业指导，就业指导教师队伍必须能够主动了解市场，加强与市场的联系，掌握就业市场用人要求的细微变化，特别要具有较强的分析和研究能力，对人才市场的供求变化、职业发展前景能做出科学的前瞻性的预测和研究。掌握咨询方法和技巧，具有较强的协调能力、应变能力、语言表达能力等。建立就业指导工作队伍人员专业化、专家化和职业化的就业指导形式，并形成制度化。

（4）培训义务。就业指导教师负有接受培训，提高就业指导能力的义务。提高就业指导教师队伍整体素质可以采取多种方式，如出国培训、国内集训、参观考察、与兄弟院校就业指导机

[1] 我国《普通高等学校毕业生就业工作暂行规定》第16条规定，毕业生就业指导是高校教学工作的一个重要组成部分，是帮助毕业生了解国家的就业方针政策，树立正确的择业观念，保障毕业生顺利就业的有效手段。但对高校就业指导教师应当具备怎样的素质和条件缺失规定。

构交流工作经验等。[1] 就业指导人员加强理论、专业和法律政策学习，有利于促进就业指导模式改进，提高就业指导层次和水平，推动就业指导向科学化、专业化、系统化的方向发展。为此，立法应当明确规定接受就业指导教育和培训，既是就业指导人员的权利，又是他们的义务。

（5）考核机制。为构建专业化、职业化的就业指导师资队伍，必须建立考核机制，确定指标，创新考核方法，加大考核力度，根据考核结果来进行奖优罚差。将业务素质、就业落实率、就业质量等作为考核就业指导教师和工作部门的指标，实行定期考核制度，并实行相应的奖惩措施，有利于促进就业指导队伍整体素质和水平的提高，提升大学生的就业能力。

## 三、就业指导内容规范化

高校就业指导内容应革除以往的单一性和不确定性特点，并且应在高校就业指导条例或规章中，规定就业指导的原则和内容，原则应当包括：（1）科学性原则。大学生就业指导内容体系应遵循社会政治、经济和文化发展的现实和规律，并且服务于社会、经济和文化的发展，因此在构建就业指导内容体系要与社会发展规律相协调，同时，就业指导内容要以大学生的心理特点和变化发展规律为依据，针对不同的学生因材施教，坚持科学化的就业指导原则。（2）全程化原则。不同的年级有不同的心理特征和需求，而大学生职业生涯规划又具有连续性和系统性，这就要求就业指导要坚持阶段性和全程化相结合的原则，针对不同阶段学生的特征和需求制定不同的指导内容，使用不同的指导方

[1] 李国茜：《中美高校就业指导工作比较研究》，中南民族大学2008年硕士学位论文，第47页。

式，系统性地贯穿于大学四年。（3）发展性原则。高等教育的人才培养是为了满足经济社会发展的客观需求，而社会经济发展是一个动态的过程，因此，高校就业指导应以学生的终身发展为本，就业指导同样要体现出终身教育的理念，要针对学生不同的职业选择，加强大学生对职业和生涯环境变化的适应能力和应对能力培养，促使其适合职业生涯需要，坚持发展性的就业指导原则。（4）实效性原则。就业指导内容体系的构建要以现实为依据，并对其可行性进行研究，预测它可发挥的作用，实现主观择业愿望与客观现实的统一。依据不同个体的特性，指导内容要具有极强的针对性，在指导过程中运用心理学、法学、社会学、教育学等多学科的理论知识来指导就业指导的实践，针对毕业生心理变化、经济发展、社会需求等因素进行分析总结，有针对性和实效性地开展就业指导工作。

明确规定各阶段就业指导的主要内容。大一年级主要介绍就业指导的相关理论，使学生了解社会职业的基本知识，结合自己的特长和社会的需要，确定自身的职业方向和目标。大二年级侧重进行职业发展规划指导，可以开展职业兴趣、职业能力等方面的测试，帮助学生确定符合自己特点的初步职业规划。大三年级开始初步的职业规划指导，培养其职业目标相适应的能力，对其进行各种技能培训和素质拓展训练，鼓励他们通过参加各类社会实践活动，提高自身的职业素养。[1] 大四年级应当侧重提高毕业生找工作的综合能力，强化对毕业生的就业指导工作和就业指导服务工作，为学生提供多方面的就业指导和职业信息，帮助他们尽快找到适合自己特长的职业。

[1] 单晨茜：《高校就业指导工作中存在的问题及对策研究》，山西财经大学2011年硕士学位论文，第27页。

明确规定就业指导内容体系。就业指导内容体系应体现上述原则，具体包括：（1）就业政策法律指导。国家对人力资源的政策往往体现在就业政策当中，且在不同时期实行不同的就业政策，学生掌握现行的就业政策及法律法规规定，有利于帮助毕业生准确进行职业定位，明确自己的就业方向，这是其获得就业成功的重要因素。毕业生也必须在现有的就业政策法律框架下进行自主择业。（2）就业心理指导。这包括对学生进行心理健康、心理咨询指导和心理挫折指导，对不能进行自我心理调节的学生，应及时开展心理健康指导，以形成健康的职业心理；对大学生在就业时遇到的各种心理问题，为他们及时提供心理咨询指导，培养他们积极的就业心态；对就业过程中遇到挫折的毕业生，对其及时进行心理挫折指导，提高其抗打击能力，使其能够面对现实，合理定位，正确选择适合自己的职业。（3）就业观指导。大学毕业生应当遵循“先就业、后择业”的就业理念和原则，引导毕业生的人生观和价值观，明白最能体现自身价值的就业岗位，了解基层单位更有利于积累经验，增长才智，发展完美自我，克服盲目追求的心理。（4）职业生涯指导。由于高校与职业之间存在一定程度的脱节现象，因此，有必要对大学生确定职业发展方向进行指导。学生就业准备的核心是制定职业发展规划，应针对不同的专业学生，就如何拓宽就业面，帮助学生科学、合理地进行职业设计和规划。（5）就业信息指导。高校应与用人单位建立联系，将专业、数量、需求层次、用人要求等信息，及时向学生公布，方便毕业生搜集一切有效的就业信息，让学生自由选择。（6）就业技巧指导。毕业生就业时，一个重要环节就是要学会掌握各种就业技巧，才能在自荐、面试、笔试等过程中取胜，因此就业指导的内容应当包括指导学生掌握正确的求职技巧。在就业指导中，应通过富有丰富经验的求职者或典型案例，强化对毕业生就业技巧方面的指导，提高他们的就业成功率。（7）创业指导。创业既能实现本人就业，又能带动就业，达到双重效应，是我国极其鼓励的就业政策，创业指导是高校就业指导的重要内容，❶ 创业指导应当包括对学生的创业思维、创业技能和创业方法的指导。

## 四、就业指导方法制度化

高校就业指导方法是就业指导体系中的重要因素，它将直接影响就业的成功与否。为能有效开展毕业生的就业指导工作，对就业指导方法应当进行规范，建立规范性就业指导方法体系和制度。

（1）规定就业指导的方法类型。明确就业指导方法种类，有利于对不同的群体、不同的个体，采取不同的指导方法，达到事半功倍的效果，是构建就业促进法律机制的必然要求。高校应当根据本校实际情况，在就业指导工作中，根据学校自身特色，使用符合自身特点的就业指导教材，针对不同的年级和个体，开展不同形式的就业指导，以提高学生的综合素质和就业能力。可见，立法应当明确规定就业指导方法大致的体系或种类，同时赋予高校一定的选择采用的权利和履行创新就业指导方法的义务。就业指导方法一般应包括主题班会、游戏、专题讲座、集体活动、职业测评、案例分析、经验介绍、面对面咨询、自我推销、专业实训、模拟招聘等。在就业指导工作中，应根据不同学院、学科和专业的学生进行分类指导，根据学生的就业要求和相关条件灵活分类；以活动为载体，注重培训，让广大学生在具体的活

---

❶ 《高等教育法》明确规定，培养具有创新精神和实践能力的高级专门人才是高等教育的重要任务。

动中接受指导、提高认识，形成良好的职业观念，真正使学生通过参与和实践培养职业兴趣。[1] 同时，结合人才培养目标和就业指导师资队伍，在培养过程中融入就业指导理念，以社会需求为目标开展就业指导工作，将就业指导融入大学培养的整个过程，[2] 结合学生个性化差异实施不同的指导方法，使就业指导真正符合学生需求。

（2）明确各种不同的方法类型的适用范围。学生在不同的年级阶段，具有不同的思想认识和不同的专业基础，因此，要采取不同的方法适用不同的对象或阶段，当然划分不是绝对的，只是侧重采取哪些指导方法，更符合此阶段特点，指导效果更好而已，立法只能作出原则性规定。例如，大一年级新生通常对就业考虑的并不多，此时就要采取活泼有趣的指导方法，吸引他们的注意，通过主题班会、游戏、讲故事的方式让学生学会了解自己和他人等。大二、大三阶段则侧重于采用专题讲座、职业测评、案例分析、经验介绍等方式，指导学生根据自己的特长，准确进行职业定位。大四阶段更多的要传授应聘技巧，应侧重采用自我推销、面对面咨询、模拟招聘等指导方法，为他们提供较为直接的求职练习机会，发现与改进自己的不足。当然，这些就业指导的方法只是部分方法，随着社会的发展以及应聘单位要求的变化需要适当变更就业指导方法，在实践中不断创新指导方法，并且要根据不同年级阶段以及不同学生的兴趣爱好，综合运用多种就业指导方法。

---

[1] 姜琳琳："谈高校就业指导工作"，载《太原城市职业技术学院学报》2012 年第 6 期。

[2] 王泰鹏、阎艳："'融入'式就业指导方法研究与实践"，载《人民论坛》2010 年第 5 期（中）。

## 第四节　建立校企合作法律机制

大学生就业法律机制的构建，决定了高等教育必须与社会实践相结合，一方面，高校对学生进行知识传授、能力培养、德育教育和个性发展，这本身就是对学生就业的最基础性的培养，是人的职业生涯的基础阶段；另一方面，高校教育必须坚持教育与实践的结合，树立“教育与生产劳动相结合”的理念，才能为学生打好职业生涯的基础，才能从根本上有利于促进学生就业和创业。“校企合作”有利于学校与企业双方资源的共享，有利于培养符合社会发展需要的实用人才，是提升高校办学质量，促进大学生就业的重要途径。然而，我国现行校企合作政策保障制度存在缺陷，构建校企合作法律制度势在必行。

### 一、我国校企合作保障政策的不足

普通高校学生的就业途径越来越多元化，进入企业工作已经是普通高校学生就业的主流方向。高校学生在毕业前，通常只能通过短暂的工厂实习与企业直接接触。学生毕业后，虽然有比较丰富的理论知识，但是缺乏实践经验，不能完全胜任企业的岗位要求。校企合作可以为高校学生提供更多接触实践的机会，使学生在实践中加深对理论知识的理解和掌握，增强理论和实践相结合的技能，提高就业努力。大学生就业，实际上就是实现学生的角色向社会角色的转变，仅靠高校方面的工作是远远不够的，需要同企业等社会实践部门相结合才能收到理想效果。这就要求高校要从制度上和组织上建立起一个能保证与企业有效沟通的机制，这是至关重要的。[1] 而校企合作机制的建立和有效运行，需要多方力量参与，仅依靠高校一方无能为力，也就是说，需要构建一个相对稳定的政策保障制度。

当前，我国高校的校企合作合作方式单一、合作效果不佳，其主要在于缺乏一套与高校校企合作的政策保障制度和相关配套运行机制。其主要表现在：（1）在高校人才培养方案中缺乏企业参与的法律制约机制。企业参与高校的教学活动较少，学生到在企业实习实践的机会也不多。我国《职业教育法》明确规定企业应当承担职业教育的责任，包括免费接收职业学校实习生，但对企业参与普通高等学校的教学活动的规定缺失，缺乏体制、机制和法律制度方面的保障，导致校企合作的稳定性、长期性较差，合作的效能得不到充分发挥，合作机制难以得到可持续发展。（2）政府教育行政主管部门对校企合作的政策支持力度不大。各级教育行政部门在各类工作会议上一般都强调校企合作的重要性，也有部分高校在会议上介绍校企合作经验，部分高校与企业签订了校企合作协议。但这些做法多半停留在口头上或书面上，高校为企业作出的贡献少，企业为高校作出的努力少，行动不多，究其原因政府主管部门对高校与企业合作的政策制度支持力度不足，例如，在财政、金融、税收、劳动人事等方面，没有形成倾斜性的措施，导致校企合作缺乏保障措施。（3）校企合作评价机制缺失。尽管在实践工作中积累了一些校企合作的经验，但缺失激励机制和评价机制，评判标准不明确，例如，对作出贡献的企业，在企业人才培养创新、技术创新立项、企业综合实力评估和人力资源开发战略实施上是否给予倾斜；对开展校企

[1] 邓文萍：《高职院校校企合作促进机制研究》，湖南师范大学 2011 年硕士学位论文，第 39 页。

合作良好、成果突出的学校在资金分配上是否给予倾斜，在重大项目上是否给予优先支持等，缺乏制度性的评价机制。这都使高校办学与企业生产经营要素之间难以进行有机结合，形成具有特定功能的完整系统，难以实现高校和企业的深度合作，难以实现办学目标和预期效果最大优化。（4）相关配套制度缺失。2012年5月，教育部颁发《关于全面提高高等教育质量的三十条意见》，第16条规定："支持高校参与技术创新体系建设，参与组建产学研战略联盟。开展产学研合作基地建设改革试点，引导高校和企业共建合作创新平台"。此外，我国《职业教育法》及《国务院关于大力推进职业教育改革与发展的决定》规定："发展职业教育要充分依靠行业、企业，企业与高职院校间要提高合作层次，实行产学研结合，充分依靠企业力量，服务于区域经济建设"。然而，迄今为止，我国的法律和政策仍停留在"大力号召"的层面，其规定具有明显的原则性和抽象性，还没有出台相应配套措施、保障体系和具体可操作的校企合作实施细则，没有明确政府、高校和企业在校企合作中的权利、义务和责任，没有理顺不同主体之间的权责与关系。

## 二、校企合作立法的必要性和可行性

### （一）校企合作立法的必要性

加快校企合作立法，推动校企合作法制化，具有极其重要的必要性，主要表现在以下方面：

（1）校企合作法制化，是实现高校办学目标的有力保障。当前，多数高校办学理念清晰，办学目标明确，人才培养目标自成体系，校企合作成为实现高等教育目标的有效途径。但是，在校企合作中，院校一方态度积极，企业一方却比较冷淡，企业出于自身利益考虑缺乏合作意向；有些校企合作停留在表层，学生在企业实习往往是参观工作流程，讲解安全知识而已，没有实际参与企业的工作；还有一些实际上是空头书面合作，没有实质性合作内容；合作单位要靠私人关系、个人感情才能联系到。[1] 校企合作缺乏制度推动、法律保障、政策支持，致使多数高校的校外实习实训基地流于形式，学生实践教学难以按计划付诸实施，学生职业技能的训练受到限制，严重影响高校人才培养目标的实现。因此，加强校企合作法律机制建设，是确保校企合作的长期、稳定、可持续发展的关键所在，是实现高校办学目标的重要保障。

（2）现行高等教育立法，难以促使企业参与高等教育活动。我国提倡校企合作的政策性文件较多，但大多数是鼓励性措施，法律法规规定较少，涉及校企合作内容的法律只有 1996 年 5 月通过的《职业教育法》，第 23 条规定，职业学校、职业培训机构实施职业教育应当实行产教结合、为本地区经济建设服务、与企业密切联系、培养实用人才和熟练劳动者；第 36 条规定，职业学校和职业培训机构可以聘请专业技术人员，有特殊技能的人员和其他教育机构的教师担任兼职教师、有关部门和单位应当提供方便；第 37 条规定，企业、事业组织应当接纳职业学校和职业培训机构的学生和教师实习，对上岗实习的，应当给予适当的劳动报酬等。《职业教育法》只是概括性或原则性地规定了企业、学校开展职业教育的义务，没有对校企合作各方的行为和关系作出比较全面规范的规定，只是强调了学生、教师、企业、高校应当参加校企合作的义务，对于如果一方不参加或不履行，应当承担的法律后果，则没有规定，导致权利和义务不对等，可操作性

[1] 康敬华："论高职教育校企合作的机制建设"，载《山西财政税务专科学校学报》2010 年第 2 期。

差，难以促使企业真正参与到高等教育活动中来。

（3）校企合作法制化，是高等教育发展的客观需要，促进大学生就业的必然要求。校企合作是一种以市场和社会需求为导向的运行机制，是学校和企业双方共同参与人才培养的过程，通过课堂教学与学生参加实际工作相结合，提高学生的技术应用能力，培养学生良好的职业道德，增加学生的就业能力、创新能力，以适应当前激烈的社会竞争。[1] 企业作为劳动力市场需求的主体，其劳动就业分工决定了劳动力市场的专业化程度，其实际用人标准决定了劳动力市场的职业资格标准，直接影响高校人才培养标准，其拥有的资源是除学校以外的教育资源的最大提供者，因此，企业既是高等教育的需求主体，又是高等教育办学主体。通过校企合作，学生可以在企业中得到实践锻炼，提高职业技能和就业能力，是当前高等教育发展的客观需要，也是促进大学生就业的必然要求，所有这一切，都必须将校企合作纳入法制化视野，因为法律制度是促使企业积极参与高等教育的重要保障。

（二）校企合作法制化的可行性

（1）校企合作法制化的法理基础。政府要从法律上、制度上、政策上努力营造公平的社会环境，从收入分配、利益调节、社会保障、公民权利保障、执法司法等方面采取切实措施，逐步做到保证社会成员都能够接受教育，都能够进行劳动创造，都能够平等地参与市场竞争、参与社会生活，都能够依靠法律和制度来维护自己的正当权益。对于就业来说，就业作为公民获得生存与发展的基本手段，就业权是公民的基本人权，且就业权是公民

[1] 姜群英、雷世平：“职业教育校企合作立法的思考”，载《职教论坛》2010 年第 34 期。

的普遍权利，不属于某些特定群体的权利。构建校企合作法律制度，有利于明确合作各方主体的权利和义务关系，推动合作履行各自的职权、职责、权利和义务，保障高质量、强就业技能的人才培养质量，促进大学生就业，保障就业平等权的实现。

（2）校企合作法制化的法律依据。我国《职业教育法》第23条规定，职业学校、职业培训机构实施职业教育应当实行产教结合、为本地区经济建设服务、与企业密切联系、培养实用人才和熟练劳动者；第36条规定，职业学校和职业培训机构可以聘请专业技术人员，有特殊技能的人员和其他教育机构的教师担任兼职教师、有关部门和单位应当提供方便等。《职业教育法》规定了各方开展合作的义务，为校企合作立法提供了直接依据。《高等教育法》《就业促进法》《合同法》《劳动合同法》等为校企合作各方权利义务规定、合作协议、合作方式等方面提供了法律依据。

（3）校企合作法制化的政策依据。2002年8月24日，国务院发布的《关于大力推进职业教育改革与发展的决定》明确指出，企业要与职业学校加强合作，实行多种形式联合办学，开展“订单”培训，并积极为职业学校提供兼职教师、实习场所和设备。2004年，教育部颁发的《关于以就业为导向，深化高等职业教育改革的若干意见》中提出，高职教育的发展道路，即以服务为宗旨，以就业为导向，走产学研结合。2006年6月，中共中央办公厅、国务院办公厅《关于进一步加强高技能人才工作的意见》提出，建立高技能人才校企合作培养制度，并要求成立高技能人才校企合作培养协调指导机构，明确了该机构的职责，对高校、企业、政府三方在校企合作培养制度中应承担的责任进行了明确界定。2010年7月，《国家中长期教育改革和发展规划纲要（2010～2020）》（征求意见稿）再次将校企合作制度提到一个非常重要的地位，指出要制定促进校企合作办学法规，促进校企合作制度化。这些校企合作政策性文件的颁布实施，为校企合作法制化提供了政策依据。

（4）校企合作法制化的实践依据。近年来，我国积极探索“校企合作、工学结合”的人才培养模式，形成了许多富有成效的校企合作模式和实践经验。如由企业专家参与成立顾问委员会、定期召开咨询会议、根据企业行业发展趋势确定课程设置及教学内容、企业负责为学校教师培训提供机会、学生顶岗实习、学校组织专家为企业提供咨询和向雇员开展培训等。这些校企合作实践活动，有利于学校根据企业的需求设置相应专业，有利于企业为学校师资和学生提供实习实训锻炼平台，充分发挥学校与企业各自的长处，真正提高学生的实践技能，促进大学生就业，促进高等教育的进一步发展。我国现行校企合作的实践经验，为校企合作法制化提供了现实依据。

## 三、校企合作法律机制的构建

校企合作立法，必须以党中央、国务院以及政府职能部门制定的有关校企合作的政策性文件为立法基础，广泛借鉴世界各国校企合作立法实践的成功经验，结合我国现行校企合作成功做法，在时机成熟时，制定《中华人民共和国校企合作促进法》，并完善相应配套措施，具体应当侧重以下几方面内容：

（1）明确校企合作制度的适用范围。校企合作是教育与经济合作的具体化形式，校企合作制度就是教育与经济相结合的一种具体制度，目的是培养学生的就业技能。人才是劳动力市场的创新，因此，《宪法》《劳动法》《高等教育法》等是《校企合作促进法》的立法依据。校企合作制度主要是指学校和企业合作培养人才的一种制度，《校企合作促进法》适用于各类高校（包括普通高等学校和职业学校）与企业之间的合作。对学校而言，应当主要包括职业院校以及部分普通高校；对企业而言，应当规定凡是达到一定规模的企业都必须与高校进行合作，积极参与高等学校人才培养活动。

（2）明确规定校企合作的合作方式。当前我国现行校企合作方式极为单一，主要体现在学生在企业实习和企业为学生提供实训基地两方面，即实践教学上，而对于教师到企业实践以及企业员工到学校继续培训、校企合作共同进行技术研发等很少。为此，《校企合作促进法》应当明确规定，基于平等、合作、互利的原则，学校可以采取的合作类型，企业也可以采取的合作类型，根据校企合作自身情况及平等协商，合作双方必须采取3~5种合作方式，鼓励采取形式多样的合作形式，可以满足不同学生的不同需求。

（3）明确校企合作的运行机制。校企合作法律机制的构建应当建立有效的校企合作运行机制，才能真正促进校企合作的有效进行，促使企业运行与办学诸要素之间有机结合，相互作用，起到合作办学效果。①应当成立校企合作运行机构。在政府层面，成立校企合作指导委员会或指导小组；在学校层面，成立校企合作处；在企业层面，成立校企合作部，并明确政府、学校、企业在校企合作中的地位和职责。②明确校企合作的基本资格条件、报批和审核程序以及相关事项的审核范围和审核程序。③明确规定校企合作人才培养制度、联席会议制度、评估制度、师资交流培训制度、教师聘用制度等相关管理制度，以确保校企合作机制有效运行。

（4）明确校企合作的激励和监督机制。要确保校企合作的有效运行，必须要有相应的激励机制。美国职业教育校企合作法律制度的出台具有针对性，它结合社会经济的发展需求和教育发展的内在需求，政府加大财政经费投入。《从学校到工作机会法》规定，学校和企业必须一同工作以创造合作关系，建立就业及学校之间的沟通，这是美国职业学校和企业合作能够有序、规范、高效进行的必要保障。[1] 为此，政府应当采取一定的措施，围绕就业能力的提升、就业岗位提供、就业技能培训，既使高校提高人才培养质量，又提升企业核心竞争力，双方实现互利互赢的目标。①立法应明确规定利用财税金融政策来刺激校企合作。通过设立奖励基金、财政贴息、社保扶持、税收减免、信贷倾斜等财税金融政策来扶持校企合作制度。②建立互利互赢的利益激励机制。政府通过建立校企合作专项基金，对评估优秀的高校和企业，在人才引进、场地使用、设备购买等方面提供倾斜政策。③建立监督机制。西方国家建立了行之有效的校企合作评估、监督制度。我国应根据自身情况，组建相应的校企合作质量评估机构，该机构由来自政府、科研机构、高校、企业的人员共同组成，负责对校企合作水平和毕业生就业质量等进行评估和监督，并在立法中作出明确规定。

（5）明确校企合作各方的权利和义务。在校企合作关系中，存在政府、行业组织、企业、学校、教师、学生等多重主体，他们在校企合作关系中处于不同的地位，发挥着不同的作用，因此，校企合作立法应当明确这些主体的权利、责任和义务。政府及其教育、劳动等职能部门，主要负责校企合作的宏观调控和指导，包括校企合作的发展规划、校企合作中的资源配置、条件保障、政策措施的落实等，同时负责对本地区的校企合作进行督导、检查、评估以及校企合作过程中双方利益的协调等；行业组

---

[1] 尹金金：“德、美、日职业教育校企合作制度比较研究——基于历史视角与特征的分析”，载《职业技术教育》2011 年第 19 期。

织应当引导和鼓励本行业企业与高校开展校企合作，并发挥行业资源、技术、信息等优势，参与校企合作项目的评估及相关事项的监督管理工作；企业为学校改善硬件设施、为教师提供比较好的实践和研究平台、为学生提供实习实训场所、参与学校课程开设、参与学校学科研究、派专家到学校兼职等；学校给企业员工培训、为企业培养毕业生、为企业提供技术支持及技术指导、对专业和课程开设有决定权、对企业竞争力有评价权等；对于教师、学生和企业专家，既要明确他们有相互到对方单位进行上岗实习、实践、参与教学和研究的权利，又要明确规定他们负有遵守对方单位规章制度和劳动纪律，保守企业商业秘密等方面的义务。

（6）明确合作各方的法律责任。校企合作立法不仅要明确参与主体的权利和义务，更要明确不履行义务所应承担的后果，《校企合作促进法》可以规定违反义务者应当承担责任的方式，也可以规定依据相关法律的规定对未履行义务的行为主体追求相关法律责任。例如，政府违反职责，可以采取责令改正、继续履行、引咎辞职等责任方式；对于高校和企业在校企合作中违反有关规定，没有履行法律规定的义务或侵害实习学生、教师合法权益的，应当依法承担相应的法律责任，可以依据相关法律责令相关主体继续履行、赔偿损失等；对于教师、学生、企业专家和员工违反法律和协议，违规操作造成安全事故，或泄露对方商业秘密的，依照相关法律法规，当事人、单位负责人承担经济责任、民事责任、行政责任直至刑事责任。

## 第五节　建立学生个人就业责任制度

虽然目前大学生就业呈现出的是“有业难就”的形势，但大学生人才对于用人单位来说还是极其需要的。笔者认为，在招聘时，若用人单位秉持客观公正，对于大学毕业生经常说的“就业难”，则主要存在于在各领域中无所长、能力弱、综合素质差的大学生劳动者群体；而对于各方面能力强的大学生劳动者来说，在其表现良好的情况下，若遇到会识人、善用人的用人单位时，则不会遭遇被拒签。这正印证了“千里马终会遇伯乐”的古语。因此，各高校加强培育高素质并拥有较强综合能力的人才是从根源上解决大学生就业难题最重要的方法之一。由此可见，作为人才培养基地的高校，在高素质人才培养方面起着不可小觑的作用。当然，实现培养高素质人才以解决就业之目标，仅靠高校单方面的努力是远远不够的，这意味着，在高校履行自己教书育人义务的同时，政府、社会、用人单位同样需要付出努力、提供支持；此外，还需要大学生自身的努力——端正其态度、有就业积极性、努力学习并掌握知识技能等，具体来说，需要做到如下几点。

## 一、转变就业观念

大学生就业观念是指大学生劳动者在择业时所持有的就业态度和基本观点，是大学生对职业岗位在认知上、情感上的初步定位，其受大学生自身的就业理想和社会观念、需求影响，因此，其具有变化性、发展性、独特性的特征。

大学生就业观是大学生进行自主择业的基础，它指引着大学生劳动者就业方向，是大学生在就业时对岗位的评判准则，为大学生劳动者谋求就业岗位提供动力。由此可见，大学生的就业观念在大学生就业时显得异常重要。因此，为了促进大学生就业，树立能指导毕业生对职业进行正确评价并进行准确定位和合理选择的就业观念迫在眉睫。分析当前我国的就业状况，不难发现，造成就业难的一大因素便是部分大学生劳动者树立了赋予过高期望值的与客观实际不相符的就业观念。具体存在如下情形：

（1）过于强调寻求专业对口的工作岗位。笔者在和任教学院的历届本科毕业生聊天中得知，80%以上学生希望从事法律工作或与法学相关的岗位，然而在学校举办的众多校园招聘中，绝大部分用人单位招收法学院学生相当少，并且就算安排了从事法律工作的岗位招聘计划，招收的人员也不多。因此，在此种情形下，形成了仅持有寻求专业对口岗位就业观念的毕业生千军万马过独木桥之势，最终导致就业不顺畅，从而影响就业率。

（2）就业积极性低下，依赖性过高。作为21世纪的大学生，很多都是独生子女，他们吃苦耐劳的能力相对于父辈、祖父辈人来说较弱，对于求职应聘这件既耗费体力又耗费精力的“苦差事”，往往“三天打鱼两天晒网”，主动性、积极性较差。而家庭条件好的学生就业时更加呈现缺乏积极性、主动性而过多依赖父母的特点。其中，部分学生通过父母关系就业，因此，在大学期间没有明确的就业目标和为此目标而努力奋斗的历程；部分学生依靠家庭条件优越而怠于找工作或根本不找工作。就业积极性低下，过多依赖家庭条件的就业观念导致就业率低下的状态产生，而公众也将此归结为“就业难”。

（3）过于强调谋求稳定性强、地域好的工作。现在越来越多的人考公务员，其中一大原因为公务员是大众公认的“铁饭碗”（虽然国家一直在采取措施改变此观念，但目前并未使所有人转变该观念），笔者在网上搜寻近几年的国家公务员招录比例，发现一年比一年高，尤其是近三年，更是由原来的10（左右）：

1一跃上升为2012年的74：1，[1] 而在公务员报考大潮中，大学生占很大一部分比例，很多本科毕业生在毕业时都选择报考公务员，并且他们中很大一部分人采取一心考公务员的方式而不去任何用人单位进行招聘面试。可是查阅笔者任教学院的近3年本科生就业去向，在有近200名本科毕业生的规模下，仅有不到10人成功考入公务员系统，剩下没有考入的学生一部分仍然选择准备接下来的考试而不去找工作，另一部分虽选择参加招聘会，但是对于这一部分同学来说，其承担了很多机会成本。除了这些关注报考公务员的学生，还有很多学生过分强调工作岗位的地域，不愿意到偏远的、经济不发达的地区工作。因此，对于很多条件达不到预期的岗位，其都选择不去应聘。

这一系列消极的就业观都严重影响了大学生的就业状况。马克思唯物辩证法认为“内因是变化的根据，外因是变化的条件，外因通过内因起作用”。将该原理运用于改变大学生劳动者就业观念问题，就需要大学生劳动者树立积极、正确、良好的就业观，而作为外因的政府、社会、高校和用人单位应发挥其最大作用以支持大学生劳动者改变消极、不良的就业观念以促进就业。

1. 改变内因——大学生劳动者自身

每一个岗位都有自身存在的价值，大学生劳动者不能只看眼前利益而忽视该工作的未来发展前景，不能只考虑安逸享受而不愿吃苦，因此为了实现自己的社会价值和人生价值，应树立正确的就业观：（1）要立足于当下、顺应实际，制定符合当前就业形势的职业规划目标，形成适当的就业期望。（2）锻炼自己的

---

[1] 华图教育网：历年国家公务员考试招考职位丨报名人数丨招录比例统计，http：//jx.huatu.com/2012/0926/373728.html，2013年10月22日访问。

心理素质，不应因为一时找不到合适的岗位就对自己的能力和社会失去信心，应具有面对挫折不气馁并坚信“是金子总会发光”的强大心理素质，坚持不懈为就业而奋斗。（3）树立“先就业再择业”的积极就业态度或“自主创业”思想，不应过度依赖良好的家庭条件而消极就业，或干脆不就业。在就业条件达不到自己预期的情况下，应贯彻“先就业”的思想，锻炼自己的实践能力，为今后选择更好的单位或岗位奠定基础。大学生劳动者应敢于开创新的就业途径，自主创业以实现就业。（4）不可盲目追求稳定性强、地域好的单位。实际上，某些单位虽然偏远，但是有很大的晋升、发展空间，也更能锻炼自己的综合能力。大学生劳动者在就业形势严峻的情况下，可以选择“曲线救国”模式，先积攒经验、锻炼能力，而后寻求机会争取更好的岗位。

2. 改善外因——政府、社会、高校及用人单位

（1）政府方面。政府作为国家调控管理全局的有形的手，肩负着经济发展、社会稳定的重任。因此，为促进就业，其在改善大学生劳动者就业观念方面也应履行好相应职责。对于政府这只有形的手，最主要的是制定和完善相应政策，如制定具体规制用人单位平等招聘大学生劳动者的政策，使其不盲目设置就业门槛，阻碍大学生劳动者就业；完善就业保障体系，对前往偏远地区的大学生劳动者给予适当保障，使其工作条件和其他地区相当或无过大差距。此外，政府还应大力构建良好的就业、创业的外部环境，加大对大学生就业服务体系的完善力度，为大学生就业提供全面的服务与帮助，使大学生劳动者就业更加便利高效，从而提升其就业信心。

（2）社会领域。不论是古代的“士农工商”观念，还是如今的“发达地区岗位”“稳定岗位”优先观念，我们都可从中体会到社会对职业仍然有“三六九等”之评判，这是职业差别、

职业歧视存在于人的思想意识的外在表现。由于此种观念的存在，很多人对于某些就业形式嗤之以鼻，最为典型的实例便是2003年北大才子陆步轩因卖猪肉而引起广大市民的热议与质疑，广大市民认为高校毕业生（尤其是名校毕业生）不应从事这种低级的岗位。尽管时至今日，其在该岗位已经取得不小成就，却仍争议不断。[1] 对于这种错误观念，社会公众应尽快转变为正确就业择业观念——只要能发挥社会价值，实现人生价值，促进社会经济发展便是好的就业途径，正所谓“行行出状元”，职业不应有高低贵贱之分。

（3）高校范畴。当前毕业生就业工作的重点和难点在于教育学生如何转变就业观念、调整就业期望值。[2] 高校作为培育高素质人才的基地，在专注于其知识素养的积累同时，还应注重其正确思想观念的塑造。为此，其应做到如下几点：①开设就业指导课程教授就业技巧的同时注重提高大学生的思想觉悟，让其正确认识就业不是一味“就好业”“谋高岗”，应根据自己的能力理性设定就业期望；②加强和企业的交流与合作，让大学生了解企业需要何种人才，使其制定切合实际的明确奋斗方向；③时时了解社会就业形势的动态，及时将信息反馈给大学生劳动者，以便其随之调整就业观念，不盲目跟从大流或以自己喜好行事。

（4）用人单位层面。用人单位作为解决就业的关键环节，直接决定着大学生能否就业。用人单位的众多行为都影响着大学

[1] 新华网：“北大猪肉佬返母校回应质疑，亲自叫卖高价猪肉火”，http：//news. xinhuanet. com/fortune/2013 - 10/20/c_ 125565941. htm? prolongation =1，2013年10月22日访问。

[2] 韩兴房：“关于转变高校毕业生就业观念的思考”，载《山东省农业管理干部学院学报》2009年第23卷第1期。

生的就业观念。比如用人单位盲目招收成绩好、证书多的学生，导致部分大学生在校期间仅关注成绩而忽视其他方面的培养，持有“多证在手工作不愁”的观念，当真正就业时遭遇现实社会竞争中居于劣势的境遇，产生现实与理想的落差。因此，用人单位在招收大学生劳动者时，应真正做到“按需设岗”“以才用人”。施行此种用人制度，有利于大学生按此原则树立正确的就业观念及培养自己的就业竞争力。

## 二、提高就业能力

培养学生的就业能力，提高就业本领，既是高等教育的责任和义务，也是大学生自身的责任。

大学生就业能力，是指大学生通过在校期间的知识学习和素质开发而累积的、能够使之成功就业、持续就业并在岗位上取得优秀工作绩效的综合能力。[1] 在内涵上，大学生就业能力是一个直接反映高校办学效益、大学生就业竞争力、社会对高校评价及其毕业生择取标准的重要概念。对大学生个人而言，就业能力包括个人获得成功就业、维持就业以及获得晋升的能力，并且拥有可以随时获得成功就业的相对机会。实际上，就业能力是在学习基础上发展起来的与职业相关并嵌入个体身心的一种综合能力。也就是说，就业能力是大学生个人素质的综合表述，也是充分就业的有效保证。对大学生个体而言，就业能力主要包括以下6种能力。

（1）基本工作能力。基本工作能力，也称基础能力，是指大学毕业生就业和成功发展职业生涯所必须具备的基础性的一般

[1] 韩月纪：“高等院校提升大学生就业能力的对策分析”，载《科技创业》2010年第8期。

技能，包括阅读、写作、计算、倾听和表达能力，管理信息、数字处理、现代信息技术运用能力，还包括科学思维和正确分析、判断、解决问题的思考能力。[1] 一般而言，基本工作能力就是实现顺利、充分就业的首要标准，这是作为高等教育人才区别于普通低技能劳动者必须具备的能力。具体而言，基本工作能力是一般社会脑力劳动者都应该具备的基本素质和能力，也是大学高等教育培养大学生能力目标的最低标准。

（2）专业技能。所谓的专业技能是指“大学生经过严格的专业训练、全面系统地掌握了本学科、本专业的基本理论和方法，将其运用到实践中分析解决问题，结合实际创造性开展工作，并不断结合新情况学习新知识、技能，解决新问题”[2] 的能力。具体来说，包括对学科知识的系统理解能力、实践动手能力、独立从事工作的能力、专业领域与职业方面初步的创新意识与创新能力。专业技能是专业知识和专业能力的结合，是理论水平和实践能力的汇通，是方法论和实践论的汇通。

（3）环境适应能力。环境适应能力是指大学生对于其即将面临的新环境、新事物能否恰当融入，并和睦相处与合作的能力。[3] 大学毕业生一般都是怀着满腔热情，抱着远大理想投入到社会当中，但实际上会发现生活中有种种不尽如人意，甚至残酷无情。此时，适应环境能力对于避免埋怨，调整状态，快速融入

[1] 李恩平等：“大学生就业能力的结构维度探讨与对策建议”，载《生产力研究》2010 年第 3 期。

[2] 代洪甫：“大学生就业能力的构成及提高对策”，载《人才资源开发》2009 年第 1 期。

[3] 梁静：《我国大学生就业能力问题研究》，山西财经大学 2012 年硕士学位论文，第 9 页。

社会尤为重要。因此，从某种程度上讲，环境适应能力是人们获得事业成功的关键，大学生应当在学习、生活实践中积极地锻炼、培养自己的适应能力，为就业选择并走向成功打下坚实基础。

（4）心理适应能力。心理适应能力是人们能够自我调整的一种综合素质，大学生毕业前以为生活空间较为简单，人际关系不是很复杂，而毕业后就会意识到社会和人际关系的复杂性，两者形成强大的反差。因而，当面对困难和挫折时，如果没有良好的心理调适能力，就会应顾不暇，产生消极情绪。此时，良好的心理适应能力就显得尤为重要，只有具备这种能力，才能积极应对求职之路的种种变化，助推顺利就业。

（5）创新能力及创业能力。大学生要自觉培养自身的创新能力，努力提高创新意识、创造技能，树立创业精神，这是新时代人才的重要标准，也是提高大学生的创业能力、适应时代发展要求的必然选择。

（6）社会认知能力。社会认知能力是指大学生在就业时，对社会经济发展总体情况、就业形势、就业政策等方面有清晰的认识和判断，理性面对就业。

大学生自身是提高就业能力的“实施者”，要自觉拓展专业知识，做好职业生涯规划，提高心理抗压能力，主动参与社会实践活动，加强责任意识修养，教育行政主管部门应对大学生自觉提高就业能力制定行为规范。

## 三、增强维权意识和技能

朱文星在《加强大学生就业法律意识教育的对策研究》[1]中定义大学生就业法律意识为：大学生群体对就业相关的法规、法律或其现象的反应形式，即心理、知识、观点和思想，包括对相应法律的情感、认知和信仰等的内心体验。笔者认为，维权意识即是建立在法律意识基础之上，当就业权利遭受损害时，大学生劳动者会采取一系列手段维护自己的权益不受侵害，或在被侵害后，通过法律的或非法律的其他合法途径进行弥补损失的救济。就目前社会就业实践来说，大学生劳动者就业时还是遭受了众多利益损害之行为，如性别歧视、学历歧视、身高外貌歧视，有些单位甚至将星座、属相设置为就业门槛。然而，面对这些无理的、违背《劳动法》平等就业规定的非法行为，大学生却很难说“不”而只能忍气吞声，他们在权益遭受损害时普遍缺乏意识，或者就算想要奋起反抗，但是囿于寻求维权途径之限，或不具有维权技能而不得不承受权益侵犯的不良后果。这些弊端导致的后果便是大学生劳动者对于用人单位或扩大来说整个就业环境都持有质疑态度，打击大学生劳动者就业积极性，在一定程度上对就业也产生了消极影响。

为了营造一个良好的就业环境，增加大学生劳动者的就业信心及积极性，保障大学生劳动者就业合法权益，大学生劳动者的就业维权意识及技能亟待提高。

（1）国家应加快制定规制用人单位招聘行为及明确惩治措施的法律文件，并完善就业服务保障体系的内容。虽然国家在

---

[1] 朱文星：“加强大学生就业法律意识教育的对策研究”，载《科技创业》2009年第11期。

《劳动法》《劳动合同法》等促进就业的法律明确提出保障劳动者的平等就业权利，但是对于这种宽泛的、原则性的规定，很容易被用人单位采取各种方式钻法律漏洞。因此，为了切实规制用人单位的招聘行为，维护大学生劳动者的就业权益，制定细致的规定用人单位招聘行为及明确惩治措施的法律文件刻不容缓。此外，国家虽设立了公共就业服务机构，但仅仅是负责大学生就业服务和管理，主要涉及信息咨询与发布、失业登记等，然而缺乏对大学生就业权益保护意识培养及技能培训的规定，这方面的缺失也直接影响了大学生劳动者获得来自国家对于大学生增强维权意识及技能的扶持。因此，通过公权力的支持，更能让公众重视大学生维权意识及技能方面的重要性。

（2）高校应开设全面的增强就业维权意识及技能教育课程。高校作为大学生的摇篮，不仅需要承担培育知识型人才的重任，而且应培养其形成维护合法权益的意识及教授其维护权益所需的技能。对于提高大学生劳动者就业维权意识及技能教育之途径，笔者构想高校开设全面的增强就业维权意识及技能的教育课程。所谓“全面”，即构建贯穿于大学教育阶段、理论和实践相结合的课程体系。“贯穿于大学教育阶段”是指高校开设此课程不应仅针对毕业生，而应贯穿整个大学阶段，使大学生在进入校门便形成良好的就业维权意识，并使之内化为自己知识体系构成的部分。此外，该课程不应仅仅依靠一本《思想道德修养和法律基础》便粗略地完成塑造大学生就业权益维护意识及教授权益保护技能这一重任，应该将增强大学生劳动者就业权益保护意识的理论知识详尽地编写成教材，以此为教授依据。“理论联系实际”是指对大学生在获得理论知识增长的同时应结合实际。高校在教授理论知识时应创造条件，与校外单位（如法院、仲裁机构、人民团体组织等）合作，实现理论与实践的结合，让大学生劳动者知道实践中当权益受到损害时采取何种措施进行维权及如何维权，切实掌握维权技能。

（3）大学生应主动树立维权意识，寻求一切机会掌握维权技巧并敢于说“不”。作为生活在法治社会中的21世纪当代大学生，要将法治意识深刻融入思想，认识到当就业权益遭受侵害时，自己是有理的一方，应有底气为自己的合法权益抗争：可以和用人单位协商，或通过第三方作为调解中介进行“斡旋”以和平解决，也可以通过法律途径，先采取劳动仲裁，若权益仍不能获救济，可采取诉讼程序。另外，目前媒体的力量在维权征程上越来越凸显出其作用，当权益经过前述途径仍未获救济时，大学生劳动者可以寻求媒体帮助，通过媒体，对用人单位的违法行为进行披露。媒体是对外的一个重要窗口，大学生劳动者采取此途径应保证自己的权益确实遭受用人单位的非法侵犯，且媒体披露不能侵犯用人单位的其他合法权益，采取的方式要适当。

综上所述，在大学生劳动者自身对自己权益保护提高重视的基础上，注入国家政策的支持、高校相关课程设置的完善，个人责任制度的设置将更加全面，大学生劳动者权益将能获得更加强有力且全方位的保障。

# 第六章　用人单位及就业服务机构促进大学生就业法律机制研究

## 第一节　完善用人单位择人法律机制

大学生具有先进、科学的体系化知识结构与素养，是促进各企业效益提高、规模增大、竞争力提升的主要动力，企业为获得发展应广泛吸纳拥有丰富知识、能力强的大学生人才。然而，纵观我国历年来的大学生就业形势，就业市场上出现了“有业难就、有业不就”的现象。这一现象产生的一大重要原因是用人单位未能很好建立职位分类及用人标准制度，使大学生劳动者在进行就业信息搜索时，对该用人单位未能形成一个整体的体系化认识，阻碍其顺利就业。此外，不完善的招聘考评制度也对大学生劳动者就业产生消极影响。因此，为解决大学生就业难的问题，需要完善以下制度，使大学生劳动者自主择业时对用人单位具有明确的体系化认识，了解所谋职用人单位是否符合自己的要求、自己能否胜任该岗位，实现长久持续就业。

### 一、完善职位分类及用人标准制度

我国存在纷繁复杂的用人单位，根据用人主体的不同可以分为国家机构、事业单位和企业。虽然不同主体的职位分类及用人标准不同，但是总的来说都存在一些弊端。

（1）定岗不合理。不论是国家机构、事业单位还是企业，都或多或少存在“人少岗多”“人多岗少”的问题。“人少岗多”会导致人员不足，影响单位发展；而“人多岗少”则导致晋升机会少，打击员工积极性，“人多岗少”也会导致“大锅饭”现象产生。此外还存在设置岗位类别、分工不明确，比如，某高校管理学生事务的负责老师有3人，其中两个老师分别负责学术性硕士、专业型硕士，另一个则负责学院所有学生，但经常出现一件事情涉及三部分学生，已由一个老师负责安排后，学生又接到其他老师的安排，导致信息重复，浪费人力资源。

（2）岗位招聘时无明确的用人标准制度，盲目设置招聘门槛。各类单位招聘存在一个严重的不良现象，便是未制定明确的用人标准，对本单位的各个岗位只设定笼统的条件，这将导致该岗位真正的人才优势发挥不出来，也将影响单位今后的发展。另外，现在单位都盲目提高招聘门槛，很多都招聘大学生，而且逐步向硕士或更高学历转移，而很多部门提供的岗位并不需要该阶层的学历，却因为人云亦云的趋势，过多要求应聘者，阻碍其就业。而身高、长相、家庭背景等门槛也屡见不鲜。更有甚者，竟将星座不合作为拒绝大学生求职者的理由，[1] 就业歧视畸形多样。

（3）缺乏明确具体的法律规制。虽然国家出台了《公务员法》《事业单位人事管理条例》《劳动法》等来规制用人单位招聘等行为，但是并未制定专门的针对用人单位比较典型的具体化法律，这样容易使用人单位钻空子，逃避法律规制。在普遍适用的法律规制下，仍然有部分用人单位不按照法律规制行事。另外，大学生劳动者在因为用人单位无理设置就业门槛而就业受

---

[1] 新华网：《雷人招聘条件涌现：居然因星座被拒绝录用》，http：//www.yn.xinhuanet.com/newscenter/2013－08/12/，2013年9月10日访问。

阻，合法权益维护无门。

为使我国用人单位招聘大学生劳动者做到“人”和“事”匹配，人力成本和人力资源价值的相对一致性，不阻碍大学生就业，需要从以下几方面完善职位分类及用人标准制度：

（1）按需设岗，因事用人，严格围绕“事”进行职位分类和制定用人标准。用人单位招聘大学生的最终目的是完成本单位的工作任务以促进发展，采取“何事”设“何岗”招“何人”的措施，对于用人单位来说，能达到资源的优化配置，使人力成本和人力资源价值相一致；对于正在或将要求职的大学生劳动者来说，能明确用人单位的真正需求，按照岗位需求来判断自己是否符合该岗位的要求，若是自己心仪的岗位，可以按照明确的要求提升完善自己，努力获得该就业机会；对于已经被该岗位录取的大学生劳动者来说，可以发挥自己最大的人生价值，并且在了解明确的职位分类和用人标准后，对于其今后的发展有重大作用，可以提高其工作积极性。

（2）建立用人单位内部的针对职位分类与用人标准合理化的考评制度。马克思唯物主义辩证法认为，事物是变化发展的，作为物质存在于世界的市场经济每天也在发生着巨大变化，社会经济的细胞——企业等用人单位为适应社会、经济的变化发展，应定期对本单位各方面进行考评，测量是否适应变化，是否能够在竞争力强劲的社会中生存、发展、强大。用人单位存在才能吸纳就业，才能解决大学生的发展问题，因此，建立良好的职业分类和用人标准制度是前提，而对该制度的定期考评是保障。考评应组织专门的小组进行考评，为保证考评结果公平公正，真正符合本单位发展，可以委托具有管理等专业知识的无利害关系第三人进行，或吸纳该人才加入小组。

（3）建立并细化规制职位分类与用人标准的法律制度，并坚决贯彻执行该制度。实践中，由于没有专门的立法对用人单位的职位分类进行具体的规制，仅仅是宽泛、普遍性的规定，导致用人单位在职位分类时规避法律，钻法律漏洞，有朝令夕改的行为，[1] 而用人单位制定用人标准更显随意，众多不良行为司空见惯，典型的就是就业歧视现象，更有甚者，在招聘对象明明已经由单位内定的情况下，却为了符合形式要求，对外发布招聘信息，导致应聘者浪费精力和钱财前往面试，应聘者有时将由于用人单位的不良行为承担不必要的机会成本。为了规制用人单位的职位分类及用人标准的行为，使其符合法律要求，不损害大学生劳动者的合法利益，规制职位分类与用人标准的法律制度亟待建立并需将其细化，当然法律制定出来将其束之高阁是不可行的，其价值要通过对该制度的贯彻执行来实现。

## 二、完善招聘考评制度

目前，我国大学生参加的招聘主要包括公务员招聘、事业单位招聘以及其他企业招聘。大学生在参加这些招聘时，或多或少会遇到不公平、不公开、不公正等问题。究其原因是我国现有公务员招聘考评制度、事业单位招聘考评制度、企业招聘考评制度等招聘考评制度不健全、不完善，缺乏制度保障所造成的。保障大学生就业权益，实现大学生充分就业，需要在招聘考评制度上的不断完善。

---

[1] 笔者所指导的2013届毕业生在参加2013年的国考时就遇到此种情况。该学生考取的分数虽达不到填报的岗位，但是达到湖北省某县一个岗位的调剂线，他便填报了该岗位的调剂，填报调剂完成时岗位还在，过了几天调剂截止，此岗位被撤销，最终导致其错过其他岗位的调剂机会。

1. 完善公务员招聘考评制度

现阶段我国公务员招录制度，存在管理体制不健全，技术操作方法不完善等问题。为贯彻公开、平等、竞争、择优的原则，依照法定的权限、条件、标准和程序进行招录，要求不断优化公务员考录制度，可以作如下努力:[1]（1）建立独立的录用管理机构。考试录用管理部门不能成为其他机构的附庸机构，应该保证考试录用管理部门的独立性，建立独立于政府行政系统之外的主考和主管部门，不受个人与其他组织的影响，以保证公务员考录的独立性与公正性。（2）完善考试制度。一方面要丰富考试方法及内容，借鉴国外笔试、口试、品能测试、技术考核、个别测验等相结合的考试内容，统一考录标准；另一方面实行面试考官和报考者双抽签制度，确保程序公正。（3）完善考官制度。公务员考录工作中，无论是笔试还是面试环节都离不开考官队伍。因此，要建立专业化的考官队伍，做好考官的选任工作、培训工作、考核工作、职业化工作等。（4）科学设定报考资格。录用主管部门，在广泛调查研究的基础上，以职位本身的要求为中心进行报考资格条件的统一设定，只有科学设置考录的资格条件，才能充分保证考录过程中的均等机会，实现公平价值观。

2. 完善事业单位招聘考评制度

当前，我国事业单位都是参照党政机关的管理方法运行和管理，长期以来都没有制定适应事业单位工作性质与特点的完备的人事管理制度。因而，导致事业单位公开招聘考评制度的权威性不够、考试内容与方法不科学、甄选过程缺乏规范性等不利于保障大学生就业权益、促进大学生就业的现象。完善我国事业单位

[1] 陶莉：《论企业招聘机制创新对公务员考录制度的启示》，南昌大学2009年硕士学位论文，第38~48页。

人员招聘应考究招聘理念、招聘管理、招聘方式方法等因素，具体可以从以下方面着手：[1]（1）树立科学招聘理念。坚持“凡进必考”的科学理念；坚持选最合适的，不选最优秀的，将招聘人员与选拔标准进行比较。（2）推进事业单位人员招聘的配套法制建设。加强公开招聘法规体系建设，加快事业单位人事管理的制度建设，建立健全监督体系。（3）加强事业单位招聘管理。加快推进现有事业单位人员编制管理，政府宏观管理与落实用人单位自主权相结合，科学合理设岗，加大舆论宣传，确立公开招聘的权威性。（4）完善公开招聘方式方法。严密招聘程序，加强笔试科学性，丰富面试方法。（5）创新招聘形式。考虑招聘成本的关系，运用科学测评手段选人，特殊人才特殊定制，依靠考试机构，实行招聘外包。

3. 完善企业招聘考评制度

市场经济下的大学生就业，企业在毕业生去向中所占比例最高。然而由于我国现代公司制度还没植根于广大民众心中，所以导致企业的招聘考评也存在一些问题亟须解决。（1）完善招聘制度。①做好工作分析，及时与用人部门沟通，把做好工作所需的知识、技能、能力和个性等方面的内容进行量化，并加以分析，制定出岗位所需素质的数据，据此数据作为人员筛选的标准规范。②预约正式面试前，引进电话面试程序。③引进心理测试技术和情景模拟技术。④对招聘人员进行专业培训。⑤合理评估招聘结果与流程。（2）创新招聘及考评方式。灵活运用“人才派遣”方式，可以说人才派遣的就业形式快速促进了毕业生向高绩效职业人的转变；开发提升网络招聘系统，通过强大的系统技术支持和

[1] 井阳：《我国事业单位人员招聘存在问题及对策研究》，大连海事大学2013年硕士学位论文，第33～40页。

网络平台建立人才库，促进用人单位公平招聘，公正考评。

## 第二节　完善用人单位单方解雇法律制度

### 一、我国用人单位单方解雇制度立法现状

我国大力构建和谐社会离不开和谐的劳动关系，劳动者作为促进经济发展的主要动力，和谐稳定的劳动关系是调动其积极性和主观能动性不可或缺的要素。劳动关系的建立依据的是劳动合同，用人单位和劳动者作为合意订立合同的当事人应受到尊重和允许意思自治，当其订立劳动合同后劳动关系不能维持时，为了维护社会稳定、保护劳动关系双方当事人的合法权益，法律在一定范围内，允许双方当事人在具体法定条件时解除劳动合同，然而劳动合同不同于一般的民事合同，当事人经济地位不平等，劳动者处于弱势地位决定了国家对于劳动关系必须强制，法律对其干预应加强。劳动合同的解除，是指劳动合同有效成立后，尚未履行完毕或未全部履行以前，由于法定的事实出现（或具备合同解除条件时），导致劳动合同当事人一方或双方依据其意思表示，可以提前终结劳动关系的法律行为。劳动合同的解除根据不同的依据可以进行不同的分类，若依据解除方式的不同可分为协议解除和单方解除。劳动合同协议解除又称为双方解除或协商解除，是指当劳动合同有效成立后，因主客观情况之变化，在合同未履行或未全部履行前，合同双方当事人经协商一致而解除合同的法律行为；劳动合同单方解除又称为法定解除，是指劳动合同有效成立以后，尚未履行或全部履行前，因一定法律事实的出现，由一方当事人依法提前终止劳动合同的法律效力，单方解除劳动合同约定的双方权利义务关系而无需经对方当事人同意的法律行

为。围绕此行为形成的劳动合同单方解除法律制度包括劳动合同单方解除的适用情形、限制、程序以及法律后果等。此种分类中的单方解除依据解除权行使主体的不同又可进一步细分为劳动者单方解除（即辞职）和用人单位单方解除（通常称之为解雇、辞退），前者着重保护劳动者这一弱势群体的权益，后者则侧重体现对用人单位利益的保护。用人单位单方解除劳动合同是由劳动合同“解雇自由与解雇保护”的价值理念所决定的，这一理论对用人单位来说是促进企业发展，提高生产效率，保护企业合法权益与维持企业秩序的重要手段，而目前占主流观点的是“正当事由说”，此说对解雇自由权作了很大限制，认为非正当事由，不得解雇。[1] 用人单位的单方解除，关涉到的不仅仅是合同制度的严肃性，更是涉及处于弱势地位的劳动者的生存权及劳动权，所以各国劳动立法对劳动合同的单方解除的规定尤其是用人单位单方解除可说是慎之又慎。

目前，我国关于用人单位单方解雇制度的规定存在于1995年1月1《中华人民共和国劳动法》第25~27条和2008年1月1日实施的《中华人民共和国劳动合同法》第39~41条。这两部法律在明确列明用人单位可单方解除劳动合同的情形后在其他条款中规定了用人单位单方解除的限制及通知工会受其监督的程序性要求。细细研读《劳动法》和《劳动合同法》，不难发现《劳动合同法》对《劳动法》关于用人单位单方解除劳动合同的规定进行了补充和完善，并且为了充分保护作为弱势群体的劳动者一方，国家在立法上坚持了赋予用人单位单方解除权的同时为防止其滥用该权力对于其解除权的行使条件及程序更加严格的态度。此外其还加强了工会在用人单位单方解除劳动合同时的权

[1] 黄越钦：《劳动法新论》，中国政法大学出版社2003年版。

力。由于《劳动合同法》就《劳动法》关于用人单位单方解除劳动合同的规定更加全面，且对于劳动者和用人单位的劳动合同纠纷来说，《劳动合同法》为新法且为特别法，故本书这一部分的论述将关注于《劳动合同法》。

《劳动合同法》第39～41条，笔者将用人单位单方解除劳动合同概括为过失性解除、非过失性解除和经济性裁员三种情形，而且在随后的条款中对用人单位单方解除劳动合同（解雇）理由和相应的解雇保护作出了较为严密的规定，并明确用人单位单方解除劳动合同有过错将承担法律责任，这一系列的规定有利于防止用人单位滥用这一解雇权，侵犯劳动者合法权益。

（一）过失性解除劳动合同

过失性解除劳动合同，又称为用人单位即时解除劳动合同，是指用人单位在劳动者存在一定过失的情况下，不需预告、不需经劳动者同意即可解除劳动合同的法律行为。

纵观世界各国，有的国家对于过失性解除劳动合同的规定涉及面较宽，如《土耳其劳工法》规定为不健康、不道德或不光彩行为和不可抗力之情形，而我国对于过失性解除劳动合同的解雇适用情形之规定则较细致、明确，其体现在《劳动法》第25条规定的四种情形之中，《劳动合同法》第39条在其基础上增加了两种情形，使用人单位因劳动者（雇员）的过失行为而单方解除劳动合同扩大到了六种情形：

（1）在试用期间被证明不符合录用条件的。在试用期间，用人单位对劳动者从各个方面进一步做全面的严格考查，发现有不符合合同条款或有关规定的，如身体条件、文化程度、个人专业等不符合录用约定条件的，或是经试用期培训后仍不能胜任其工作岗位要求的，用人单位有权解除劳动合同。《劳动合同法》对用人单位的这一权力做出了一定限制，其第21条规定："在试用期中，除劳动者有本法第39条和第40条第一项、第二项规定的情形外，用人单位不得解除劳动合同”。用人单位要在试用期解除劳动者的劳动合同，必须提供不符合录用条件有效证据，若其无法提供有效证据则不能解除劳动合同。而证据的来源在于用人单位是否对岗位的工作性质及要求作出明确的描述和是否对于劳动者在试用期内的表现进行记录。

（2）严重违反用人单位的规章制度。用人单位的规章，又称为工作规则、劳动规则等，是指用人单位制定适用于单位内部的用以规范和管理劳动过程中各种行为的规则，其对用人单位和劳动者均具约束力。[1] 规章制度的制定一方面是用人单位对职工的权利，另一方面是用人单位对国家的义务，如《法国劳动法典》规定，当正常情况下聘用20个员工的工商企业、律师事务所、机关办事处、协会等用人单位必须制定雇佣规则；每个企业对其各个部门或各个领域的人员都要制定出特别的规则；我国台湾地区的现行“劳动基准法”规定，用人单位雇佣员工人数30人以上的，应根据其事业性质，就法定事项制定工作规则。我国《劳动合同法》中“总则”部分明确规定用人单位应当依法建立和完善劳动规章制度，保障劳动者享有劳动权利、履行劳动义务。劳动者严重违反劳动纪律、操作规程及用人单位的规章制度，从而影响生产、工作秩序，用人单位即有权根据本单位的规章制度解除其劳动合同。但是，用人单位据以解除劳动合同的规章制度必须对劳动者具有约束力，即在劳动规章制度制定主体、内容合法，经过法定程序并且采取合理的方式予以公示，使劳动者了解知悉其内容。只有合法有效的规章制度才是双方所必须遵

[1] 赖达清、刘杰：《新编劳动法学》，中国政法大学出版社2010年版。

守的。如果规章制度不合法，即便是劳动者有严重违反用人单位规章制度的情况，也不能解除劳动合同。

（3）严重失职，营私舞弊，给用人单位的利益造成重大损害的。劳动者坚守工作岗位，尽心尽责地工作，按照劳动合同的约定完成工作任务是劳动合同的实质所在。劳动者擅离岗位，工作上玩忽职守，损公肥私，给用人单位经济上造成巨大损失的，用人单位有权解除劳动合同。而“重大损害”的界定可以依据劳动部《关于〈中华人民共和国劳动法〉若干条文的说明》规定：“本条中的‘重大损害’由企业内部规章来规定，因为企业类型各有不同，对重大损害的界定也千差万别，故不便对重大损害作统一的解释，若由此发生劳动争议，可以通过劳动争议仲裁委员会对其规章规定的重大损害进行认定”。

（4）劳动者同时与其他用人单位建立劳动关系，对完成工作任务造成严重影响，经用人单位提出，拒不改正的。实践中，我国在一定程度上一定范围内承认兼职的存在，因此，《劳动合同法》基于这一客观需要，对兼职现象做出了规定，即是否允许兼职的存在，法律赋予劳动者与用人单位双方决定，双方对这一行为予以认可，兼职则可以合法存在。而当兼职劳动者同时与其他用人单位建立劳动关系，并且对完成本单位的工作任务造成严重影响，或者劳动者同时与其他用人单位建立劳动关系，经用人单位提出，拒不改正，则用人单位有权解除劳动合同。

（5）劳动者以欺诈、胁迫的手段或者乘人之危订立劳动合同致使劳动合同无效的。劳动者以欺诈、胁迫的手段或者乘人之危，使用人单位在违背其真实意思的情况下订立劳动合同而致使劳动合同无效的，用人单位具有解除该劳动合同的权利，这是对用人单位的自由用工权的保护，也是公平正义原则的体现，且此种情形下，用人单位解除劳动合同不需支付经济补偿金。

（6）被依法追究刑事责任的。劳动者本人被依法追究刑事责任，人身自由、民主权利等方面都可能受到极大限制，这将影响劳动合同正确、及时、有效地履行。劳动者的犯罪行为本身也可能违反劳动合同的约定和用人单位的劳动纪律、规章制度，并给用人单位的声誉造成不良影响。立法考虑到这些因素，因此规定劳动者在被依法追究刑事责任的情形下，用人单位可以单方解除劳动合同。[1] 根据劳动部《关于〈中华人民共和国劳动法〉若干条文的说明》第 29 条规定，其是指被人民检察院免予起诉的，被人民法院判处刑罚的，被人民法院依据《刑法》第 32 条免于刑事处分的。劳动者被人民法院判处拘役、3 年以下有期徒刑缓刑的，用人单位可以解除劳动合同。

（二）非过失性解除劳动合同

非过失性解除劳动合同又称为预告性解雇或预告性辞退，是指在劳动者无过错的情况下，由于主客观情况变化而导致合同不能继续履行而使用人单位在提前 30 日或者额外支付一个月工资时可单方解除劳动合同。简而言之，即用人单位须向对方预告后才可解除劳动合同。

在其他国家和地区的立法中，就预告辞退的情形进行了规定，如《利比亚劳工法》规定，在企业全部或部分永久关闭或关闭连续 2 个月的时间，或者劳动合同仅涉及暂时性工作情况下，允许预告辞退。我国立法对于预告辞退也作出了相关规定。根据《劳动合同法》第 40 条规定可知，此种情况下用人单位单方解除劳动合同存在三种情形：

（1）劳动者患病或者非因工负伤，在规定的医疗期满后不

[1] 杨德敏：“论用人单位单方解雇制度”，载《甘肃政法学院学报》2008 年第 11 期。

能从事原工作，也不能从事由用人单位另行安排的工作的。这是因劳动者的健康而致使劳动合同不能履行，而赋予用人单位以预告解除的情形。一方面，劳动者生病实非劳动者的过错，如果规定用人单位可以即时解除劳动合同，会使劳动者本已困难的生活更加拮据；另一方面，在法定医疗期内劳动者可以享有医疗和休息的权利，但在期限届满后，其就应履行劳动之义务，若其不能胜任原来的工作和调岗后的工作，在此情况下仍要求用人单位聘用该劳动者，对于企业的发展极为不利。因此，法律赋予用人单位提前预告性解除权。

（2）劳动者不能胜任工作，经过培训或者调整工作岗位，仍不能胜任工作的。“不能胜任工作”是指不能按要求完成劳动合同中约定的任务或者同工种、同岗位人员的工作量。[1] 如果劳动者不能胜任工作，即不能依据劳动合同付出劳动，或者付出的劳动对用人单位来说属于无效劳动。那么，劳动者的劳动就失去了实际的意义。劳动合同就没有继续履行的必要，如果继续维持劳动合同关系，会增加用人单位的人力资源成本。因此，法律赋予用人单位可以预告解除劳动合同的权利。当然，其适用的前提是用人单位不能故意提高定额标准，使劳动者不能完成工作。为了保护居于弱势地位的劳动者，对于《劳动合同法》此款之规定的理解还应注意：当劳动者不能胜任工作时，用人单位不能预告辞退，必须经培训或调整岗位后仍不能胜任方可预告辞退劳动者。

（3）劳动合同订立时所依据的客观情况发生重大变化，致使劳动合同无法履行，经用人单位与劳动者协商，未能就变更劳动合同内容达成协议的。当劳动合同订立时所依据的客观情况发

[1] 王全兴：《劳动法学》，高等教育出版社2004年版，第166页。

生重大变化而使得合同不能继续履行，用人单位经过与劳动者根据合同的诚实信用原则进行平等协商变更之程序仍无法达成合意时才能单方解除劳动合同。此处的“客观情况”包括不可抗力原因、情势变更情况下造成劳动合同内容不能履行或者履行将造成显失公平等，但不包括企业破产整顿、生产经营状况发生严重困难或一次性解除人数超过 20 人或占总数 10% 的情形，因为它将按经济性裁员程序执行。

（三）经济性裁员解除劳动合同

经济性裁员，是用人单位濒临破产进行法定整顿期间或者生产经营状况发生严重困难，为改善生产经营状况而辞退成批人员。❶ 如果说前述两种解除合同的种类属于属于用人单位个别运用劳动合同解除权的话，经济性裁员则属于用人单位集体性解除与劳动者的劳动合同。❷ 我国在立法上允许用人单位满足一定条件及程序时可进行经济性裁员。如《企业经济性裁减人员规定》第 2 条：“用人单位濒临破产，被人民法院宣告进入法定整顿期间或生产经营发生严重困难，达到当地政府规定的严重困难企业标准，确需裁减人员的，可以裁员”。另外，2008 年 1 月 1 日实施的《劳动合同法》第 41 条对于经济性裁员给出了明确的四种适用情形：

（1）依照企业破产法规定进行重整的。所谓重整是指当企业出现破产原因或有破产原因出现的危险，同时又有振兴和再生的希望时为防止企业破产，经企业或企业的利害关系人申请，在

---

❶ 林嘉：《劳动合同法热点问题讲座》，中国法制出版社 2007 年版，第 191 页。

❷ 郑尚元：《劳动法学》，中国政法大学出版社 2004 年版，第 134 页。

法院的干预下对该企业实施强制治理以促进其恢复的制度。重整的目的是要从根本上恢复企业生产经营能力，这样就需要根据企业的情况对人员进行重新调整，实际上是国家立足于社会整体经济利益的提高而进行干预，保护的是大多数债权人的利益以及更多劳动者的利益，因此，允许用人单位在此情况之下进行裁员。

（2）生产经营发生严重困难的。生产经营发生困难通常表现为无力偿还到期债务，资金难以回笼，生产资金周转困难。为降低人力成本，用人单位可通过裁员的形式来达到维持正常的生产经营。这是市场竞争的要求，体现了对用人单位经营自主权的尊重以及对劳动者群体长远利益的保护。然而我国《劳动法》《劳动合同法》《劳动合同法实施条例》均未对“严重困难”进行界定，为防止企业滥用此种情形以采取经济性裁员，实践中应对“严重困难”从严把握。

（3）企业转产、重大技术革新或者经营方式调整，经变更劳动合同后，仍需裁减人员的。该情形是《劳动合同法》在《劳动法》基础上新增的条款，但是在该法实施前，部分地方性规章中就有此规定，如《广东省劳动合同管理规定》第19条规定：“因生产经营、技术条件发生变化，经劳动行政部门确认，用人单位无法安置的富余人员，用人单位可以解除劳动合同”。由于技术进步会使企业对劳动者的需求发生变化，如不允许用人单位进行经济性裁员可能会阻碍技术进步，影响经济发展。《劳动合同法》增加此款规定顺应了时代的进步、科技的发展。需要注意的是，为保护劳动者权益不受侵害，此种情况下需要首先变更合同，如经变更劳动合同后，仍不能解决问题，可以经济性裁员。

（4）其他因劳动合同订立时所依据的客观经济情况发生重大变化，致使劳动合同无法履行的。此款规定是兜底性条款，防止实践中出现除前三种情形外的情况时，无法用以采取经济性裁员方式解除劳动合同。这款中所表述的情形同用人单位的预告性解除劳动合同中的情形相似，但不同的是，在经济性裁员中，由于客观经济情况发生重大变化导致大量劳动合同无法履行，而在用人单位预告性解除中，只是导致个别的劳动合同无法履行。

## 二、用人单位单方解雇制度立法的不足

### （一）过失性解除劳动合同存在的问题

（1）试用期内，用人单位解除劳动合同，限制过于严格，与法律规定和客观实际均不相吻合。《劳动合同法》第21条规定，在试用期内，除劳动者有本法第39条和第40条第一项、第二项规定的情形外，用人单位不得解除劳动合同。用人单位在试用期解除劳动合同的，应当向劳动者说明理由。《劳动合同法》第40条规定在三种情况下用人单位可解除劳动合同，但第21条规定用人单位在试用期内解除劳动合同又排除了第三项的适用，即“劳动合同订立时所依据的客观情况发生重大变化，致使劳动合同无法履行，经用人单位与劳动者协商，未能就变更劳动合同内容达成协议的”。这明显是自相矛盾的。根据《劳动合同法》第19条第四款规定，试用期包含在劳动合同期内，试用期是劳动合同期限的一部分。立法规定单位遇第40条第三项情形可以解除合同，当然应当包括在试用期内遇此情形也可以解除劳动合同，否则，单位试用期内解除劳动合同，规定得过于严格，与法理和客观实际均不相融。这是因为，①“客观情况发生重大变化”完全有可能正好发生在试用期内；②试用期本身就是劳动合同期限的一部分；③“正式期”用人单位可依据第40条第三项解除劳动合同，那么，双方仍处于互相考察阶段的“试用期”有什么理由不能够依据该项解除劳动合同呢？

（2）解雇理由较为抽象、笼统，客观标准不明确。“严重违纪”标准如何规定，“严重失职”的标准以什么来衡量，“重大损害”的标准如何确定，兼职行为对本单位造成严重影响，何谓“严重影响”？从司法实践来看，用人单位既是客观标准的制定者，也是客观标准的衡量者，劳动者处于十分被动的地位。❶ 从原劳动部的相关规定❷中可见，该条中的“严重违纪”“严重失职”“重大损害”都由用人单位根据其具体情况在内部规章制度中进行规定，并且可以成为解除劳动合同甚至是仲裁委员会及人民法院处理劳动争议案件的依据。规章制度对劳动者的利益关涉如此之大，尽管《劳动合同法》在第 4 条明确规定了“劳动规章制度”的内容及程序，但在我国现行劳动监察不力的情况下，用人单位很容易滥用这一权利，侵害劳动者的利益。

（3）劳动合同无效作为劳动合同解除情形，没有法理依据，造成条款之间冲突，实践中也不便操作。《劳动合同法》第 39 条规定，劳动者以欺诈、胁迫的手段或者乘人之危，使对方在违背其真实意思的情况下订立劳动合同的，用人单位不需要提前预告，可以随时解除劳动合同。按照劳动合同法的理论，劳动合同的解除是以劳动合同的有效为前提的，自解除之日起失去法律效力。但劳动合同无效则是自始就不发生法律效力。另外，《劳动

---

❶ 徐智华：“劳动合同解除之法律适用——兼对劳动法第 25 条规定之评析”，载《中南财经大学学报》2000 年第 5 期。

❷ 劳动部《关于贯彻执行〈中华人民共和国劳动法〉若干问题的意见》第 87 条规定：“劳动法第 25 条第（三）项中的‘重大损害’，应由企业内部规章来规定，不便于在全国对其做统一解释。若用人单位以此为由解除劳动合同，与劳动者发生争议，当事人向劳动争议仲裁委员会申请仲裁的，由劳动争议仲裁委员会根据企业类型、规模和损害程度等情况，对企业规章中的重大损害做出认定。”

合同法》第26条第二款规定，“对劳动合同的无效或者部分无效有争议的，由劳动争议仲裁机构或者人民法院确认”。按照我国劳动争议处理的体制，劳动合同的无效，首先由劳动行政部门或劳动争议仲裁委员会确认，在当事人不服劳动行政部门或劳动争议仲裁委员会的确认而依法提起诉讼的情况下，才由人民法院确认。[1] 而第39条规定属用人单位可随时解除的情形，此种规定存在矛盾，实践中也无法操作。

（4）依法被追究刑事责任可即时解除劳动合同的规定不尽合理。根据原劳动部《关于贯彻执行〈中华人民共和国劳动法〉若干问题的意见》第29条对劳动法第25条第（四）规定的“被追究刑事责任”进行了解释，并特别规定“劳动者被人民法院判处拘役、三年以下有期徒刑缓刑的，用人单位可以解除劳动合同”。这种做法不妥。从劳动者的资格看，只要达到法定的就业年龄，具有劳动权利和劳动能力的都可称为劳动者，都有劳动权利和作为公民的基本生存权。那些未被限制人身自由被判处管制、罚金、剥夺政治权利及缓刑的公民依然具有在用人单位劳动的行为能力，该条等于剥夺了犯罪但并未失去人身自由的人的就业权和劳动权，进而剥夺了其作为公民的基本生存权。这无异于雪上加霜，影响社会的和谐和稳定。

（二）非过失性解除劳动合同存在的问题[2]

（1）调整工作岗位，是由用人单位单方调整还是由双方协商调整，劳动合同法对此规定不明确。劳动者第一次不能胜任

---

[1] 石广先：《劳动合同法深度解释与企业应对》，中国法制出版社2007年版。

[2] 杨德敏：“论用人单位单方解雇制度”，载《甘肃政法学院学报》2008年第11期。

后，经过调整工作岗位后，仍不能胜任工作的，用人单位可以解除劳动合同，调整工作岗位属于变更劳动合同内容，根据《劳动合同法》规定，变更劳动合同，应当双方协商一致，达成协议方可变更，否则，就不符合法律规定。但是，在非过失性解除劳动合同中，立法是否赋予单位有权单方调整工作岗位权，而劳动者无权拒绝调整岗位呢?《劳动合同法》对此规定不明确，对实践操作也会带来不便。

（2）对关键用词缺少必要的界定，可操作性差。“两次不能胜任工作”即可解除劳动合同，这一条款在实践中争议很大。何谓“不能胜任工作”，原《劳动部办公厅关于〈劳动法〉若干条文的说明》中的解释是指不能按要求完成劳动合同中约定的任务或者同工种、同岗位人员的工作量。但是，有些岗位的工作无法量化，是否能胜任无法考核，能否完成工作任务的时间段也无法衡量。另外，“客观情况发生重大变化”界线不明确，认识上容易产生争议，损害劳动者权益，如有些单位因年度发生亏损，就认为“客观情况发生重大变化”，解除劳动合同。

（3）无固定期限合同解雇保护的适用范围太窄，对老职工的保护不利。无固定期限劳动合同属于劳动合同的一种类型，只要符合第39条和第40条规定的法定情形，用人单位仍然可以行使解除权。《劳动合同法》第42条规定了非过失性解除劳动合同的禁止条件，也就是说，单位要行使解雇权，要具备第40条规定的许可条件和不具有第42条的禁止条件，如果劳动者同时具备第40条和第42条的规定，则优先适用第42条规定，该条第五项规定“在本单位连续工作满15年，且距法定退休年龄不足5年的”，单位不得行使解除权，根据第14条规定，此种情况应当属于无固定期限劳动合同，其立法目的很明显，是为了保护老职工的权益，也就是说，并非所有的无固定期限合同都是禁止解除的，只是那些为数不多的、工作时间比较长的少数老职工才能享有解雇保护，适用范围太窄，不利于劳动者权利的保护，这不能不认为是劳动合同法的又一大缺陷。

（三）经济性裁员解除劳动合同存在的问题

（1）裁员条件的适用范围较宽泛，实际中容易造成滥用。《劳动合同法》对裁员条件的规定，突破了劳动法的立法模式，采用了列举和概括相结合的立法方式对裁员理由和条件做出了规定，既能体现法律的确定性，又能适应市场不断变化的情况，具有灵活性。但第 41 条第 1 款第四项规定，“其他因劳动合同订立时所依据的客观经济情况发生重大变化，致使劳动合同无法履行的”，可以说在很大程度上放宽了用人单位裁减人员的条件。对“订立劳动合同时所依据的客观情况发生重大变化”，法律并没做出明确规定，实践中容易导致这一条款的含义被放大，如生产条件的变化、销售条件的变化、劳动安全卫生条件的变化等，都可能被认为是客观情况发生重大变化。另外，“生产经营发生严重困难”，同样界限模糊。

（2）被裁减人员的顺序、标准不明。《劳动合同法》立足于用人单位的角度，对企业可以裁员的情形做出了明确的规定，并明确规定了三类人员必须优先留用，比劳动法的规定明确、具体且具有可操作性。但劳动合同法仍然没有解决被裁减人员的顺序和标准问题，而被裁员人员的标准和顺序涉及实体及程序的公平正义，涉及劳动者的切身利益，也极易引发争议和矛盾。较为详尽、合理的裁员标准和顺序，是实践操作的砝码，也是保护弱者和实现公平正义的工具。应以什么原则、标准和顺序来裁减人员，立法也没有作出规定，可能会使被裁减人员的标准完全掌握在用人单位一方，从而侵害处于弱者的劳动者的合法权益。

（3）重新招用人员，失去监督，且“同等条件”界线不清。

《劳动合同法》规定，用人单位按规定裁减了人员，如果在六个月内重新招用人员，应当通知被裁减的人员，并在同等条件下优先招用被裁减的人员。用人单位重新招人时应通知曾被裁减的人员，这个过程如何实现，应该由谁来监督？同等条件下，用人单位应优先招用被裁减的人员，“同等条件”应如何界定？劳动合同法并没明确，给实际操作带来困难。❶

## 三、完善我国用人单位单方解雇法律制度的措施

### （一）过失性解除劳动合同的完善建议

（1）在立法技术上，应综合采用列举和概括两种方式。我国对过失性解雇理由，立法上采取了列举式的方式加以规定，应当说，在规定过失性解雇的理由时，单纯运用列举或概括式均无法适应纷繁复杂的现实社会生活。概括式虽然灵活、适应性强，但却过于笼统、抽象，难于操作。此种立法模式赋予法官或劳动行政部门较大的自由裁量权，要求执法人员具备较高的法律素质，这与我国现实状况有一定差距；列举式明确、规范、易于操作，但又因难以对未来事务进行充分预见而流于疏漏，因其僵化而滞后于现实生活的需要。因此，我们有必要借鉴其他国家和地区的经验，采用列举与概括并行的方式规定过失性解雇理由，对于“严重违纪”“重大损害”“严重影响”也可适当列举几种常见情形，以指导用人单位规章制度的制定，至于如何断定是否达

---

❶ 杨德敏：“论用人单位单方解雇制度”，载《甘肃政法学院学报》2008 年第 11 期。

到过失性解除的条件，则可借鉴法国、德国、日本等国家的规定，[1] 授权劳动争议仲裁委员会的仲裁员和法官根据法律予以判断，将立法考量和司法考量相结合。

（2）在执法方面，应加大对用人单位劳动规章制度的监察力度。“严重违纪”“严重失职”“重大损害”“严重影响”，从这些解雇理由来看，劳动合同法赋予用人单位以规章制度来加以规定，并以此作为解除劳动合同的依据，为防止用人单位滥用规章制度来解除劳动合同，应完善劳动合同监察制度，加大劳动行政部门对用人单位制定劳动规章制度情况监察力度：①已制定劳动规章制度的种类；②已制定劳动规章制度的内容是否合法；③已制定劳动规章制度的程序是否合法；④劳动规章制度的遵守情况；⑤是否存在需要进一步完善或者更改。另外，是否达到严重、重大的程度，则可借鉴发达国家的做法，发挥仲裁委员会或人民法院的作用。否则，法律上的漏洞就为用人单位滥施权利、随意解除劳动合同留下了隐患。

（3）今后在修改《劳动合同法》时，应将部分条款进行调整。首先应把《劳动合同法》第40条第三项解除劳动合同情形，

---

[1] 综观各国和地区对过失性解雇的规定，可以分为以下两种模式：一是概括式规定，在具体纠纷解决中加之法官的判断和相应的程序。《法国劳动法典》第122条，企业辞退雇员必须有实际的和严肃的理由。德国将解雇分为“正常”解雇和“非正常”解雇（或“即时”解雇）。雇主在发现存在某种“重大事由”时，可按照《德国民法典》第626条所规定的非正常解雇方式，不经任何通知而终止雇佣关系。日本的劳动合同和其他国家一样，可以划分为定期合同和不定期合同，不定期合同的解除比定期合同要宽一些，可由对方当事人预告后解除，如有“正当理由”，也可不经预告予以解除。二是具体列举式，将劳动者过失性行为予以列举，符合条件的可以即时解除劳动合同。

即“劳动合同订立时所依据的客观情况发生重大变化，致使劳动合同无法履行，经用人单位与劳动者协商，未能就变更劳动合同内容达成协议的”纳入第 21 条规定，把它变为试用期内用人单位遇此情形也可以解除劳动合同，这样更符合情理，合乎逻辑，在试用期遇此情形，不必要等到试用期后的正式期才解除，就可直接适用。其次，对第 39 条第五项规定的无效劳动合同的解除应给予调整，建议将该款从该条删除，或者把该款与第 28 条合并，或者作为特殊情形单列成一条文，但不作为随时解除情形。

（4）修改被追究刑事责任可以即时解除的规定。过失性解除劳动合同应当与其劳动行为的过失相关联，如果劳动者的犯罪行为是职务行为，或与其工作有关，或在工作场所发生，用人单位可解除合同，但如果没有关联，用人单位以此解除劳动合同就是不妥当的。因此，有些国家和地区在规定即时解除劳动合同时都以被追究刑事责任时被判处有期徒刑并失去人身自由为限，如我国台湾地区、古巴等。这体现了对公民人权的尊重和保障。我国应当借鉴这一规定，对现行立法予以修订。

（二）非过失性解除劳动合同的完善建议

（1）明确单位调整工作岗位的权利。劳动者不能胜任工作，调整工作岗位后仍然不能胜任工作，劳动者本人负有一定的责任，法律赋予单位单方解除劳动合同的权利，即使理论上认定双方均无过错，也只是对劳动者做出有利的解释。故劳动者第一次不能胜任工作后，单位有调整工作岗位的权利，因为两次不能胜任工作，单位有解除合同的权利，这种理解或规定与《劳动合同法》第 40 条所规定的精神是相吻合的。

（2）对“不能胜任工作”应建立合理的考核制度，经过程序公示、职工认同后，明确规定在集体劳动合同中。如果企业没有健全、合理的考核制度，则无法说明职工是否胜任工作，考量一个员工是否胜任工作，企业应建立起合理的考核制度，该制度需依照《劳动合同法》的规定依法建立，其中的考核指标，或尽管无法约定一定的指标，但可以根据不同的岗位情况，达到一定的要求视为“胜任工作”，经过程序公示，职工认同，然后在集体劳动合同中再次明确，由此而解除职工劳动合同则应予以支持。“客观情况发生重大变化”立法应给予列举一些确定的情形，如所依据的法律、法规已经废止或修改、企业被兼并、资产转移等；并明确规定一些不属于“客观情况发生重大变化”的情形。

（3）适当扩大无固定期限合同解雇保护的适用范围。为了保护老职工的利益，《劳动合同法》第 42 条第 1 款第五项规定，“在本单位连续工作满 15 年，且距法定退休年龄不足 5 年的”，单位不得依据第 40 条之规定行使非过失性解除权，可见，对无固定期限合同解雇保护的适用范围太窄，因为劳动者连续工作满 10 年或连续订立二次固定期限劳动合同，都有可能无固定期限合同。笔者认为，《劳动合同法》第 42 条关于对老职工的解雇保护范围应当扩大到第 14 条第 2 款第二项规定，首先这两个条款的立法目的、保护对象一致；其次，更有利于保护老职工的利益；第三，并不意味无固定期限合同就是终身合同，其他类型的无固定期限劳动合同照样适用非过失性解雇理由。

（三）经济性裁员的完善建议

（1）明确“生产经营发生严重困难”的最低标准。实际上，国家制定统一的认定企业达到“严重困难”的标准恐怕不能切合实际，但国家可以根据全国的经济发展水平明确“严重困难”的最低标准，无论在何地也无论是何企业在裁员时，其所谓的处于“严重困难”的标准均不得低于法律所规定的“最低标准”，否则，裁员无效。当然，各地方性法律可根据本地区不同的经济发展水平制定相应的标准，但不能低于“最低标准”，高于最低标准时则以地方性法律为准。另外，我国也可在界定“严重困难”的同时，将实践中一些典型的不属于“严重困难”的情形列举出来。这样正反结合，以更好地规范用人单位的裁员，更好地保护劳动者的权益。

（2）制定合理的被裁减人员的原则和标准。如果真正想利用经济性裁员作为发展企业的契机，管理者就应当有一定的原则和标准来裁减人员，而不是借机来坑害劳动者。笔者认为，美国的“先任权原则”值得借鉴，即考虑员工的工龄，在同等条件下，先裁后入厂的员工。企业应根据不同的岗位情况，制定裁员范围和标准征求工会或职工代表的意见，并向全体职工告知，以此作为被裁减人员的原则和标准，因为在立法中不可能做出统一规定，但立法可以对此标准做出原则性规定，并授权行业协会和地方政府作出具体规定，从而有利于监督、规范企业行为。劳动合同法的实施，在劳动规章制度、劳动合同管理等方面，都需要企业必须坚持并完善平时的业绩考核制度，这样可以明确每位劳动者生产技能和业绩。

（3）明确监督主体，限定适用范围。立法应明确工会或劳动行政监察部门为企业经济性裁员的监督主体，明确监督职权，进一步明确对企业裁员的条件适用、遵循标准、重新招人等环节履行监督职责，明确企业违反裁员标准，违背重新招人规定所应当承担的法律责任。对“其他因劳动合同订立时所依据的客观经济情况发生重大变化，致使劳动合同无法履行的”可以裁员的情形，同样可以采取列举式与概括式相结合的方法，进行必要的限定，同时，对一些明显不属于客观经济情况发生重大变化的情

形，如生产条件的变化、销售条件的变化等也做出列举性的规定。❶

总之，只有明确标准，规范制度，才能有效规范用人单位的解雇行为，维护劳资关系的稳定性，从而有利于促进大学生就业。

## 第三节　构建反就业歧视法律制度

### 一、明确就业歧视的含义及类型

#### （一）就业歧视的含义

对于就业歧视的含义，我国立法上还没有明文规定，理论界也没有形成共识，主要有广义和狭义之分。广义说认为，就业歧视不仅包括劳动者在求职过程中遭受的就业歧视，还包括从事职业过程中的就业歧视。如2009年《中华人民共和国反就业歧视法（专家意见稿）》第2条规定，是指“用人单位基于劳动者与职业能力和职业内在客观需要不相关的因素，在就业机会或职业待遇上做出任何区别、排斥或优惠，从而取消或损害劳动者平等就业权利的行为”。狭义说认为就业歧视仅指劳动者在求职过程中遭受的就业歧视。如周伟认为，就业歧视指“不以劳动者的劳动能力、工作经验、工作水平、专业技术等岗位所需的条件为录用劳动者的条件，而是以与岗位工作性质没有必要联系的劳动者的身份、性别、地域、户籍、种族、年龄、容貌或其他与劳动岗位职责无关的条件为标准，对劳动者求职过程中进行的区别对

❶ 杨德敏：“论用人单位单方解雇制度”，载《甘肃政法学院学报》2008年第11期。

待，即排除某些群体的少数劳动者从事某些劳动岗位，限制剥夺他们劳动的基本权利”。[1]

笔者赞成广义的就业歧视说，简而言之，就业歧视指用人单位基于不正当理由对劳动者在求职过程中或受雇后进行的差别对待。其特点主要有：（1）发生的时间具有全程性。即就业歧视行为可能发生在就业全过程中，劳动者可能在求职过程中也可能在从事职业过程中遭受用人单位差别对待。（2）产生原因的自然性。用人单位可能因民族、种族、性别、宗教信仰、地域、户籍、外貌等因素的不同对劳动者产生歧视，而这些原因的共同点在于都具有自然性，是不易或不能改变的，与劳动者的个人能力无关。（3）表现形式的多样性。在劳动者求职过程中，就业歧视通常表现在用人单位选聘职工时，并不是依据劳动者个人的劳动技能和素养，而是按照上述各种客观的自然因素来决定。如某些用人单位在招聘广告中明确标明“只限男生”、本地户口优先、身高要求等不公平的要求。在劳动者受聘后从事职务过程中，就业歧视主要表现用人单位对劳动报酬、福利待遇、工作条件、职务升迁等多种形式实行不公平的对待。（4）歧视领域的广泛性。就业歧视领域主要涉及平等就业和选择职业的权利、劳动报酬的权利、休息休假的权利、获得劳动安全卫生保护的权利、接受职业技能培训的权利、享受社会保险和福利的权利、提请劳动争议处理的权利等方面。

（二）就业歧视的类型

根据不同的标准划分，就业歧视类型呈现出多样性特征。本书主要是针对就业歧视行为发生的原因的不同进行以下分类。区

---

[1] 周伟：《中国的劳动就业歧视：法律与现实》，法律出版社2006年版，第301页。

分劳动者是基于何种原因受到歧视，有助于对不同的歧视行为确定不同的方法来进行规制。

（1）民族歧视。民族歧视指由于民族的不同，用人单位对劳动者做出的区别对待。由于我国主要以汉族为主，相较于外国，就业中民族歧视并不严重，但也并不排除存在这种现象。在少数民族地区或多民族聚集地区比较明显，用人单位可能基于民族的文化差异、风俗习惯、民族保护的因素而对大学生进行歧视。

（2）性别歧视。就业领域中的性别歧视由来已久。由于受中国传统女性地位低下的影响，即使进入男女平等的现代社会，在就业中也没能做到真正平等。性别歧视主要表现在以下方面：在招聘中，用人单位可能往往直接列出只限招男性或男性优先等不合理条件；在职业分布上，男女也存在不公平现象。女性所从事的职业逐渐被边缘化和“女性化”，并且多是些收入低、福利少、环境差的职位，家庭岗位几乎成了女性的专属，如服务员、销售员、收银员等；在职业培训、升迁等方面，女性进入职场后，仍可能遭受歧视。用人单位通常会加强对男性职工的进一步培养，有受训或重要的工作更多会考虑给男性职工机会。这样，导致女性职工在升迁中丧失更多的机会。在劳动报酬等方面，歧视表现在同种工种、相同劳动数量和质量的前提下，女性收入低于男性。性别歧视中对女大学生歧视尤为严重，如在招聘过程中，用人单位可能考虑到需要女性经期、孕产期等特殊保护，隐性地做出差别对待。

（3）宗教信仰歧视。宗教信仰歧视指劳动者因为自己的宗教信仰的不同在就业过程中受到用人单位的差别对待。我国法律规定公民具有宗教信仰自由的权利，但实践中可能存在用人单位基于宗教信仰的不同或对某种宗教存在偏见而在就业过程中对大学生进行差别对待，干涉和侵害劳动者的宗教信仰自由，属于不公平的歧视。

（4）年龄歧视。年龄歧视指“在劳动力市场上，雇主依据求职者的年龄因素在求职者具备工作的条件下却做出不予雇佣的决定或依据年龄因素给予在职职工不同待遇的行为”。[1] 年龄歧视在我国就业领域中普遍存在，在一些招聘广告中，我们经常可以看到有关年龄的限制条件，如招收某岗位，对年龄作出限定，大龄劳动者成了现在就业中受歧视的弱势群体。即使是对大学生这一年龄分布相当集中的阶段，用人单位也进行差别对待。

（5）疾病歧视。疾病歧视指因劳动者患有某种疾病，但该疾病并不足以影响生产，而用人单位却对合格的求职者予以剔除或对受雇者予以辞退的行为。虽然我国《就业促进法》第 30 条规定：“用人单位招用人员，不得以是传染病病原携带者为由拒绝录用”，但实践中对乙肝病毒携带者的歧视尤为严重。只要不是法律、行政法规和国务院卫生行政部门规定的易使传染病扩散的工作，乙肝病毒携带者仍然可以参加工作，并不会给用人单位和社会带来危害。只要不影响正常的生产经营，用人单位不能以疾病为由，对疾病大学生差别对待。

（6）地域歧视。地域歧视指用人单位对来自外地、农村或某些地区的劳动者的一种就业歧视，我国地域歧视最为典型的代表为户籍歧视。它是指用人单位可能基于劳动者长期稳定性或用人单位的乡土情结等因素的考虑，在招聘过程中会考虑拥有本地户口的求职者优先，在劳动者从事职业的过程中，会更加照顾和侧重发展本地人或老乡。全国各地高校的大学生都分别来自五湖

[1] 邓蓓蓓：《我国反就业歧视法律制度研究》，西南政法大学 2008 年硕士学位论文，第 28 页。

四海，毕业后，有部分大学生可能会更多地选择在外地发展，但他们遭受的就业地域歧视越来越明显。

（7）身高与外貌歧视。人们普遍存在着喜高厌瘦、爱美的心理，用人单位以塑造和维持企业的良好形象为由，并不考虑大学生的实际能力，在招聘广告中公然开出对身高要求，尤其对女大学生要求面容姣好等不公平的条件。这些不公平的对待，不仅侵害了大学生平等的就业权，而且间接损害了大学生的人格尊严。

（8）就业经验歧视。用人单位为了减少职工培训的成本，招聘职位时往往要求有经验者。一般情况下，工作经验会对雇主的工作产生积极的影响，因为劳动者经验往往代表着其工作的能力，在一定程度上是可以理解的，因为它体现了应得原则对能力的要求。[1] 但对于一些经验要求和工作属性之间没有必然联系的岗位，即使是大学生也可以取得同样的劳动效果，用人单位还进行经验要求的限制，则构成就业歧视。工作经验是刚毕业的大学生无法解决的障碍，该项要求严重地阻碍着大学生就业率的提高。

（9）报酬歧视。用人单位基于大学生刚刚步入社会，缺少实践经验为由，把大学生当做廉价劳动力，支付少额报酬。同时，大学生的各项劳动权利也得不到保障，甚至出现用人单位向其收取一定职业培训费的现象。在就业形势严峻的环境下，很多大学生遭受不公平的对待，往往采取忍让的态度，更加助长了用人单位的各种歧视。

---

[1] 刘勇：《就业公平保障法律制度研究》，西南交通大学出版社 2012 年版，第 219 页。

## 二、明确就业歧视行为认定的一般原则和构成要件

（一）就业歧视行为认定的一般原则

（1）平等就业原则。平等就业原则是认定就业歧视行为的一项核心原则。平等就业指每个劳动者在相同条件下享有相同的就业权利，得到相同的待遇。平等就业权是公民的一项基本权利，主要体现在公民平等地享有就业权利和资格；平等地参与就业竞争；平等指就业全过程的平等，即包括在求职过程中和从事职业过程中。如果用人单位以工作无关的联系实施差别对待，违背了平等就业原则，则可能视为就业歧视行为。

（2）纠偏行动原则。仅依据"平等就业原则"认定是否为就业歧视行为有失偏颇，因为平等原则下要求的无差别对待对一些特殊群体反而显得不平等，如用人单位不能以一个健康人的标准去要求一个残疾职工，此时应该根据实际情况不同对待，给予残疾人适当的照顾，即应遵循纠偏行动原则。纠偏行动原则主要来源于国外，在美国、加拿大等国家的立法中有明确的规定。纠偏行动（即纠正歧视行为）指"立法机关通过立法，行政机关通过制定行政计划或行政措施，一些社团或企业组织采取一些方法措施对处于不利境地的个人或团体的处境加以改善的活动的总称"。[1] 所以，如果用人单位是基于对特殊群体或处于不利境地的个人或群体的考虑而做出的不同于一般劳动者的照顾对待，则不认为是就业歧视行为。纠偏行动原则是平等就业原则的一种补充，只有综合两项原则，才能更加准确地认定是否为就业歧视行为。

---

[1] 张明锋："加拿大的纠正歧视行动及其对我国的启示"，载《比较法研究》2006 年第 7 期。

### （二）就业歧视行为认定的构成要件

构成要件理论多运用于刑法学中分析犯罪构成和民法学中分析侵权责任，就业歧视行为可能是民事侵权、行政违法或刑事犯罪。明确就业歧视的构成要件是司法认定就业歧视的基本理论问题，也是就业歧视行为实施者承担法律责任的前提。❶ 就业歧视行为其实是侵权行为的一种，其构成要件有以下四点。

1. 就业歧视行为

就业歧视行为指用人单位基于不正当理由对劳动者在求职过程中或受雇后进行的差别对待的行为。该行为主要表现为区别、排斥、限制或优惠。如在求职申请、面试的安排、面试时所提的问题、工作条件的协商、建议雇用名单等过程中按某种标准对求职者进行分类、区分，拒绝、排除或限制某种类型求职者的权利、职位、机会，给某些人的权利、职位、机会比其他人更优越。❷

用人单位实施的就业歧视行为还应具有违法性，即就业歧视行为是由法律明文禁止的。从现有的立法来看，就业歧视行为的有关规定不一。在 1958 年《消除就业和职业歧视公约》中规定了种族、肤色、性别、宗教、政治见解、民族血统和社会出身等事由的歧视。我国《劳动法》和《就业促进法》等虽然列举了民族、种族、性别、宗教信仰、残疾、健康、户籍等事由的歧视，但这种例举式条款涵盖的范围狭小且具有滞后性，急需出台反就业歧视法对就业歧视行为进行进一步的规范。

---

❶ 冯祥武：《反就业歧视法基础理论问题研究》，中国法制出版社 2012 年版，第 213 页。

❷ 张姝："论就业歧视的狭义界定——我国就业歧视法律规制的起点"，载《当代法学》2011 年第 4 期。

2. 损害结果

就业歧视损害结果指用人单位在劳动者具有相同条件下，基于不正当的理由给予差别对待，而导致劳动者不能平等地享有就业权利、机会或待遇等结果。差别对待只有造成损害结果才构成就业歧视行为，该损害结果可以是直接损害也可以是间接损害。直接损害表现为求职者被拒绝或雇佣者工作条件差等平等就业权的损害。如在面试中，未经任何考查，仅因为身高偏矮而直接不考虑雇用；在从事职业过程中，仅因为是外地人，给予的劳动报酬比本地人低。间接损害是由直接损害引发的人格尊严的侵害和物质利益的损失。如用人单位因劳动者相貌、年龄、身高、社会地位的不同而进行差别对待，使劳动者产生一种严重的侮辱感，侵害劳动者的身心健康和人格尊严。物质利益的损失不仅包括实际的物质利益损失，也包括期待的物质利益损失，如在没有受到歧视的情况下，求职者在获取工作后或受雇者在从事工作中可能获得的物质利益。

3. 因果关系

就业歧视行为与损害结果之间存在因果关系是认定就业歧视行为的一个重要标准，只有用人单位实施的歧视行为造成劳动者利益的损失才能构成就业歧视，如果即使用人单位实施了歧视行为，但并没有引起劳动者的就业权利的损害，则不构成就业歧视。然而直接歧视并不强调就业歧视行为与损害结果之间的因果关系，往往直接基于是否从事法律禁止的行为来认定是否为就业歧视。

4. 用人单位的过错

各国就用人单位的主观过错是否作为就业歧视行为的构成要件存在着很大争论。英国采取的是客观主义，即判定就业歧视行为只看行为、损害结果和因果关系，不考虑用人单位是否具有歧视的故意。美国采取区别对待：在差别对待歧视中，要求用人单位具有歧视的故意，原告在主张用人单位存在歧视行为时，需证明用人单位存在就业歧视的意图或动机，存在过错。但差别影响歧视则与差别对待歧视的主观构成要件恰恰相反，在差别影响歧视诉讼中，不论动机如何，劳动者无需证明用人单位存在就业歧视的故意。

我国立法对就业歧视行为的规制还不完善，用人单位的过错是否为就业歧视行为的构成要件，法律缺乏相关规定，理论界对此也存在着肯定说和否定说。谢增毅赞成否定说，认为“我国应采用英国的作法，在认定歧视时，不必要求雇主具有主观故意，而应以行为结果和因果关系作为歧视的构成要件。只要雇员因为法律禁止的事由受到相比其他群体雇员不利的待遇，雇主就应该承担责任，雇主故意与否不影响就业歧视的成立”。[1] 笔者赞成肯定说，即认定就业歧视行为应考虑用人单位是否存在过错，有的歧视行为并不出于用人单位的过错，则不能认定为歧视行为。但由于用人单位的雇用具有很大的自主性，且很多歧视行为也是隐性的，劳动者要证明用人单位具有过错十分困难。所以，在司法实践中，法官可以采用过错推定原则实行举证责任倒置，即先认定用人单位的行为为歧视行为，除非用人单位能够证明其不具有过错。

## 三、明确歧视者的法律责任

就业歧视者的法律责任指就业歧视者因其实施的歧视行为违反了反就业歧视的法律规范而应承担的不利后果。严格规范就业

---

[1] 谢增毅：“美英两国就业歧视构成要件比较——兼论反就业歧视法发展趋势及我国立法选择”，载《中外法学》2008 年第 4 期。

歧视者的法律责任，给予受歧视者合法救济，有利于对歧视者产生威慑和教育作用，维护劳动者平等的就业权。

各国对歧视者的法律责任都有相关规定，尤其是一些发达国家做出了具体规定。如美国对歧视者的惩罚主要是经济赔偿，包括补偿性赔偿和惩罚性赔偿；法国对就业歧视者法律责任的规定主要表现在恢复原状（即要求恢复受歧视者在歧视行为之前所有权利，如恢复原职）、经济赔偿和刑事处罚；英国的反就业歧视法律规范规定歧视者的赔偿包括实际损失和精神损失；芬兰对歧视者的赔偿针对的是就业歧视违法行为本身，即不管是否给受歧视者造成经济损失，都要进行赔偿。韩国对歧视者的法律责任规定更为全面，歧视者不仅要承担民事责任，还可能要负刑事责任和行政责任。

我国现有法律虽然对反就业歧视行为有相关规定，但对歧视者的法律责任的规定则过于原则化。《就业促进法》也只是间接地规定了歧视者应当依法承担民事责任和刑事责任，但具体应如何承担没有细致的规定。歧视者承担的法律责任应当包括民事、刑事和行政责任，我国立法急需对其进行规定。就业歧视者的民事责任指歧视者依法应当承担的，向受歧视者给付一定财产、做出一定行为等方式恢复其特定权益或补偿其损害的法律责任。就业歧视在民事上主要表现为民事侵权，侵犯的是劳动者平等就业权和人格权。用人单位因不正当理由，在招聘过程中或雇用过程中对相同条件下的劳动者进行差别对待，就是侵害劳动者的平等就业权。一个人的尊严是人格权的重要体现，不能被剥夺，尊严往往会因为被歧视而受到侵犯，给被歧视者带来物质和精神上的损害。如果一个人因为个人的身份、性别、社会出身等个人特征剥夺了就业机会，他的人格尊严就会受到侵犯，受到不平等的对待。[1] 劳动者的平等就业权和人格权应受到法律保障，所以，法律应该规定歧视者因侵权行为所应承担的民事责任。同时，如果就业歧视者的歧视行为给被歧视者造成身体上的伤害或财产上的巨大损失或给社会造成恶劣影响的，法律还应追究歧视者的刑事责任。如法国在《刑法典》中专门规定了歧视罪，可能处于有期徒刑。此外，还应规定歧视者的行政责任，我国现有法律还没有对就业歧视行为的行政责任作出全面具体的规定，今后反就业歧视法应当完善歧视者的行政责任内容，如罚款、责令改正、对用人单位主要责任人员进行免除职务等处分。

## 四、完善被歧视者权利救济制度

被歧视者尤其是大学生的就业权利得不到保障，不仅是因为我国反歧视的法律规范不够完备，还因为没有程序性权利给予支持，缺乏一套完整的权利救济机制。所以，完善被歧视者的权利救济制度显得尤为重要，被歧视者主要可以通过以下几种方式维护自己的权利。

（1）与用人单位协商。当劳动者认为具有与其他劳动者相同条件却受到差别对待时，可以和用人单位协商，要求用人单位说明理由，如果不能说明理由或基于不正当理由的，劳动者可以要求用人单位改正。协商是被歧视者与用人单位解决纠纷成本最低的方式，不仅有利于维护劳动者就业权利，而且也缓和了与用人单位之间的关系。

（2）调解或申诉。我国立法并没有把遭受就业歧视作为调解的事由，今后我国法律应该加强对该方面的有关规定。当劳动

---

[1] 李薇薇：《反歧视法原理》，法律出版社2012年版，第116页。

者遭受就业歧视时，可以到企业劳动争议调解委员会，依法设立的基层人民调解组织或在乡镇、街道设立的具有劳动争议调解职能的组织申请调解。如果就业歧视发生在从事职业过程中，受雇者还可以向企业内部申诉。

（3）仲裁。我国法律并没有直接规定对遭受就业歧视行为可以向仲裁机构申请仲裁，虽然《劳动争议调解仲裁法》第2条列举的劳动争议范围包含就业歧视行为，规定这些劳动争议可以向仲裁机构申请仲裁，但“即使这些劳动争议依法得到仲裁，问题得到解决，也都并非以就业歧视的名义提出，所保障和强调的也不是平等就业的权利”。[1] 所以，我国今后应加强完善仲裁制度，充分发挥仲裁机构在规范就业歧视行为方面的作用。

（4）设立反就业歧视的专门机构。我国现阶段并没有设立反就业歧视的专门机构，国外许多国家已经通过反就业歧视专门机构成功地解决就业歧视问题，这些有益经验值得我们借鉴。反就业歧视的专门机构，不仅可以为被歧视者解决所遭受的歧视行为，而且可以向政府、用人单位提供咨询和建议，同时通过加强对社会的宣传和教育，从各方面防止就业歧视行为的发生，保障劳动者平等的就业权利。

（5）司法救济。运用司法手段进行救济，即劳动者可以通过诉讼的方式维护自己的就业权利，这是遭受就业歧视行为后寻求救济的最后途径。《就业促进法》第62条规定，“违反本法规定，实施就业歧视的，劳动者可以向人民法院提起诉讼”。法律明确规定被歧视者可以通过诉讼维护自己的就业权利。

[1] 刘小楠主编：《反就业歧视的策略和方法》，法律出版社2011年版，第248页。

## 第四节 构建企业社会责任法律机制

传统的企业目的理论认为，企业的存在即为了实现股东利益最大化，而随着社会的发展，传统的企业目的理论受到巨大的挑战，企业作为社会的一个不可或缺的“细胞”，影响着社会生活和社会发展，“企业社会责任”理论便在对传统的企业目的理论的不满中应运而生。企业社会责任最早的雏形是1929年由美国通用电器公司的一位经理（Owen D. Young）提出的对利益相关者负责的理论，企业社会责任就是以此为基础发展而来的。他提出的这一理论受到学术界的热烈回应，一些支持此观点的学者在经过探讨后提出企业在追求利益最大化，实现股东权益之余还应保障其他利益相关者的权益，其将后者（企业保障其他利益相关者权益）称之为企业社会责任。当时的另一经济强国——英国，其接受此理论的时间远远晚于美国，20世纪70年代，相对保守的英国理论与实务界才开始接受企业社会责任观念。而对于经历了计划经济的我国，由于商业活动、市场经济发展较落后，近些年来这一重大理论才真正进入学界的研究视野。随着社会发展，我国经济体制由计划经济转变为市场经济，社会商业生活日益纷繁复杂，企业不再仅仅是为了创造利益而运作，其行为与利益相关者息息相关，面对实践中产生的种种现象及问题，新修订的《公司法》第5条明确了企业应承担社会责任，其也应为社会责任的承担主体。“企业社会责任”这一颇具内涵的理论一经提出，便成为学术界及其他各个领域津津乐道的“宠儿”，引起各界的巨大争论和探讨。虽然企业社会责任的内容、范围和性质并不清晰明确，但并未妨碍企业社会责任思想的流行。对于企业社会责任的定义，国内外众多学者从法学、管理学、经济学等不同角度给出了不同领域的阐述。被卡罗尔（Carroll）推崇为“企业社会责任之父”的霍华德 R. 鲍恩（Howard R. Bowen）在其著作《商人的社会责任》（*Social Responsibilities of the Businessman*）一书中首次对企业社会责任作出了明确定义：商人具有按照社会的目标和价值观去确定政策、作出决策和采取行动的义务，包含责任主体、责任实施者、责任原则三大内容。詹姆斯 E. 波斯特（James E. Post）等人在其编著的《企业与社会：公司战略公共政策与伦理》（*Business and Society, Corporate Strategy, Public Policy, Ethics*）一书中认为企业社会责任（corporate social responsibility）意味着企业作出任何行为时，均应考虑因该行为遭受影响的大众（包括团体和环境），并对其行为负责。[1] 就国内而言，广东省企业社会责任研究会会长黎友焕给出的定义为在某一特定社会发展时期，企业对其利益相关者应该承担的经济、法规、伦理、自愿性慈善以及其他相关的责任，此定义被称为“黎友焕企业社会责任三层次模型”。[2] 卢代富在《企业社会责任的经济学和法学分析》一书中写到，企业社会责任是一种超越商人社会责任观的新观念，即企业在谋求股东利润最大化之外所负有的维护和增进社会利益的义务，进一步明确了企业社会责任的范畴应具体包括对雇员、消费者、债权人、所在社区的经济社会发展、环境与资源保护和合理利用、社会福利及社会公益事业的责任。国际组织及国外的一些机构也对企业社会责任进行了关注，对于企业社会责任也给出了自己的阐述。社会责任协会（Busi-

---

[1] James E. Post, William C. Frederick, Anne T. Lawrence, James Weber, Business and Society, China Machine Press, 1998, p. 37.

[2] 黎友焕等：《企业社会责任研究》，华南理工大学出版社 2010 年版，第 6 页。

ness for Social Responsibility）认为，企业社会责任是通过尊崇伦理价值及对人、社会和自然环境的尊重实现商业成功的。世界经济论坛（World Economic Forum）认为企业社会责任包括好的公司治理和道德标准、对人的责任、对环境的责任、对社会发展的广义贡献。世界可持续发展商业委员会（World Business Council for Sustainable Development）对企业社会责任的界定是：公司（企业）社会责任，是指企业作出的一种持续承诺，按照道德规范诚信经营，在为经济社会发展作贡献的同时，既改善员工及其家人的生活质量，又帮助实现所处社区甚至社会的整体生活质量的改善。[1] 社会责任国际（Social Accountability International，简称 SAI）界定为："企业社会责任区别于商业责任，是指企业除了对股东负责，即创造财富之外，还必须对全社会承担责任，一般包括遵守商业道德、保护劳工权利、保护环境、发展慈善事业、捐赠公益事业、保护弱势群体等"。国际和国内还通过了一系列关于企业社会责任的文件与制度，如美国的社会责任国际制度的 SA8000（《SA8000 社会责任国际标准》）、国际标准化组织的 ISO26000（《ISO26000 社会责任指南》）、《中国工业企业及工业协会社会责任指南》《中国纺织行业社会责任管理体系》等。纵观国内外，学者或机构给出的企业社会责任定义可知，企业社会责任是个复杂、内涵深、涉面广的概念，笔者涉猎众多关于研究企业社会责任的书籍发现，几乎所有的学者仅仅列明企业应承担对雇员（已成为企业内部成员之人）的社会责任，而未涉及关于即将或可能成为员工（应聘者）的社会责任。但笔者认为，企业作为当今社会解决就业、维护社会稳定不可或缺的主体来

[1] 曹海敏、隋静：《社会责任问题的研究》，北京交通大学出版社 2009 年版，第 19～20 页。

看，“企业社会责任”的题中应有之义理应包含促进就业，这一责任在另一方面可归结为企业对政府、对社会责任的延伸。对于历年来最热门的大学生就业难的棘手问题，企业作为社会主要的且不可或缺的社会构成，在追求其传统目标即创造利益、价值实现股东利益最大化的同时，应兼顾解决大学生就业，为其提供发挥知识技能的平台，从而最终维护社会稳定、促进社会发展。

## 一、明确企业社会责任的核心：促进就业

企业社会责任在众多学者看来不外乎是对于利益相关者权益的保护（当然，企业作为营利性组织必然不能抛弃为股东实现利益最大化的传统目的），而随着经济的发展需求，企业作为吸纳就业的最基本与主要的载体，应发挥其作用，承担促进就业的社会责任。

根据教育部《关于做好2013年全国普通高等学校毕业生就业工作的通知》可知，2013年的全国普通高校毕业生规模达到699万人，比2012年增加19万人。知名社会调查机构麦可思研究院开展了2013届大学生就业（从2012年12月12日开始到2013年1月11日结束）问卷调查，结果显示，本科毕业生签约率为38%，低于上届同期8个百分点。随着大学生就业形势日益严峻，而大学生作为未来社会主义建设的主要动力和中流砥柱，其人生价值和社会价值的发挥主要依赖于作为就业吸纳主体的企业给予其发挥“光和热”的平台。社会生活中的基础和主要细胞——企业——在承担社会责任的同时，便被着重强调履行促进就业的社会责任，尤其是促进大学生就业。

另外，企业的经济利益来源除了企业在经营运行中获得的收入与效益，还包括无形中带来的利益，如良好的企业信誉和民众评价，在另一层面促进企业的经营效益。而一个成功的企业，除

了应发挥其对国民生产总值和国内生产总值的促进作用外，还应承担企业社会责任。有的经营者说“我是企业家而非慈善家”，这句话在一定程度上是正确的，笔者不予否认，但是作为一个成功的企业家、一个屹立不倒的企业，建立良好的口碑，必然应以社会责任为己任，解决社会中众人公认的难题——大学生就业。

## 二、企业吸纳大学生就业和促进就业法制化

企业是大学生就业吸纳的主要主体已成为各界的共识，然而关注《中华人民共和国宪法》《中华人民共和国公司法》《中华人民共和国劳动法》《中华人民共和国劳动合同法》等相关法律，笔者发现绝大多数条文只是泛泛而谈企业社会责任和对于已就业劳动者的权益保护或禁止歧视劳动者，而针对具体的促进大学生就业的法律规定（如促进就业的方式和途径）却鲜见，随着《中华人民共和国就业促进法》的颁布实施，对于促进就业有具体的规定，如就业政策支持、公平就业、就业服务和管理、就业援助等，虽对于大学生就业有促进作用，但是由于未着重关注于大学生这一特殊群体，所以目前来看专门针对促进大学生就业的相关立法是欠缺的，然而国外对于促进就业就制定了专门的法律。如美国针对就业制定了《就业法》《人力开发和培训法案》《紧急促进就业法》《劳动力投资法案》等；德国为促进就业颁行了《促进就业法》，并为保证其实施，制定了一系列配套法律与之衔接，如《联邦教育促进法》《职业培训促进法》《解雇保护法》等；日本制定了《教育基本法》《劳动基准法》《职业安定法》《雇佣对策法》《最低工资法》等，使日本劳动就业领域形成一个系统化的保障就业的法律体系。为了使企业真正起到促进大学生就业、履行促进就业的社会责任，迫切需要制定相应的关于吸纳和促进就业的相关法律法规，使企业在法律法规规

定的范畴内履行法律责任，也为就业者尤其是大学生在就业过程中受到不平等或不合法的待遇时维护自己的合法权益提供了途径。为促进企业吸纳大学生就业，国家可以出台促进大学生就业满足多少比例予以减免一定税务，从而激发企业促进大学生就业的积极性。

## 三、构建企业促进大学生就业的实施机制

“大学生就业”从广义上来说包括考取公务员、考研、出国、三支一扶、村官、西部志愿者计划、应征入伍、选调生及到各类企业签约就业。企业特别是中小企业是吸纳就业的主要渠道，这是世界各国的共同特点。大学毕业生在众多就业途径中，占主要比例的是到企业签约就业。既然企业在大学生就业中占据举足轻重的地位，那么解决“就业难”这一现实难题，必然需要构建及完善“企业”这一主体对促进大学生就业的体制机制。

### 1. 拓宽企业招收实习生阶段

笔者查看了2013年江西财经大学招生就业网中企业招收员工的条件绝大部分为已毕业或应届毕业（即获得毕业证）的大学生，而并没有还在大学培养期的学生。从法学院本科生就业的负责人处得知，近期有银行联系学院给予提供在校大三学生暑期实习机会，并承诺若表现出色将在毕业时直接进入该银行就业。企业从大三学生中选取实习生提前培养，而非一味在毕业时招收实习生的方式，为企业择人用人提供更充裕的选择渠道，企业提前培养可以使大学生掌握更多的就业实践经历和能力，从而缩短大学生毕业后到该单位就业所具备的行业能力与该单位的实际需求之距离。此方式不仅使大学生在毕业时能更快地适应与上手真正的社会工作，而且避免了大学生毕业后在几个月的实习期内不符合要求而被直接解聘，使这些学生错过在其实习期间其他企业

的招聘会而丧失寻找其他工作的机会。

2. 建立和完善企业与高校联合培养机制

大学培养的人才不仅应拥有深厚的理论知识，还应具有与社会紧密联系的实践能力，然而纵观国内各高校，很少有学校在大学课程中设置重在培养学生实践能力，促进大学生在就业时能快速适应充满竞争力的社会的相关课程。笔者从与江西财经大学法学院的在校本科生及已毕业就业的大学生的调研中了解到，大部分学生都不具备从事与本专业相关的工作技能，其希望在大学开设培养其实践能力的课程。现阶段大学生就业难呈现出来的一大特点在于“有业难就”。笔者的一次调查发现，一场招聘会下来，提供的岗位有500多个，但招聘单位喊难招，求职者也说工作不好找，这种“就业错位”的现象凸显了大学生知识结构不合理，所学专业与社会需求不匹配的矛盾。社会需要技能型、应用型人才，对大学生能力和知识结构提出更多要求，而部分高校学科专业结构设置与人力资源市场需求脱节，学生所学专业无用武之地。一些高校为了吸引生源，社会上什么专业热就一窝蜂地设专业。专业趋同带来了高校无特点、人才无特色，培养出的大学生无明显优势、就业竞争力不强等一系列问题。尽管跟上了其他对于某方面办学有突出成就的院校的步伐，却摆脱不了某些学校毕业生就业难的瓶颈。在“经济转型与创新：认识、问题与对策——2013·中国企业家成长与发展专题调查报告”❶中，关于目前中国企业转型面临的最主要挑战的调查结果显示，超过半数的企业家选择了“人才缺乏”（55.1%），企业家认识到，人力

❶ “经济转型与创新：认识、问题与对策——2013·中国企业家成长与发展专题调查报告”，载中国企业家调查系统网 http：//www.ceoinchina.com/Item/，2013年9月28日访问。

资本和创新是确保企业持续发展最关键的因素，而高素质的人力资本是实现创新的重要基础。因此，笔者结合众多院校的办学课程设置与培养方案及社会实践需求提出如下构想：为培养竞争力强、高素质的大学生，学校可以和企业设立定向联合办学、订单式教育，即与专业相关的企业建立合作关系，开设与合作企业所需技能相关的课程，邀请具有实践知识的企业员工对学生进行知识传授，并在寒暑假向学生提供到企业实习的机会。这种途径可以使在校大学生真正做到理论和实践相结合，在毕业就业时不需从零开始、耗时耗力适应快节奏的社会工作生活，使自己的就业更加稳定长久。

3. 企业充当“职业培训师”角色

随着“就业难”形势日益严峻，各高校也更加重视寻求增强学生就业能力的途径。端正学生就业择业观念便是各高校着重的关注点之一。就笔者所任教的江西财经大学法学院来说，在新生入学第一学年就开设职业生涯规划课程，让新入学的大一学生尽早明确自己未来的就业方向与职业目标，为实现该目标在大学期间所应付出何种的努力，掌握何种理论知识、技能与素质。在随后的学习生涯中，学院还开设就业指导课程，学生社团举办“职业形象设计大赛”“面试技巧培训”等活动。笔者指导的学生担任举办该活动的实践与就业部负责人，其对活动参加者给其的印象评论是：参与的同学大多生活、学习在象牙塔中，未接触过社会，缺乏社会实践经验，他们的很多规划只停留在理论知识支撑的层面，并不能很好地与社会实践相结合。而“面试技巧培训师”仅由该部门的学长学姐从网上观看视频或从就业技巧的书本上学习相关技能后教授给参与者，他们并没有实践经验和技能。从其反馈的活动信息来看，该部门举办的旨在培养参与者就业竞争力和实战技能并未取得预期效果，理论与实践还是严重脱节。至于学院开设的前述课程，授课的老师虽为负责招生与就业工作，但是和在企业负责招聘工作的人员就实践中招聘面试官将提问面试者何种问题、关注应聘者何种能力的熟知程度不具可比性，若由后者教授学生关于面试、职业规划等方面的知识与技能，那么其产生的实效是巨大的。因此，为使在校大学生能够在完成学业、掌握理论知识的同时在就业时能有明确的职业规划、良好的心理素质，学院在设置的课程人员安排上可以做相应的调整，理论知识的教授由老师负责，而实践技能与素质的培养由对口企业的 HR 负责。在学习过程中由企业的工作人员担任面试培训师，实战演练，提高其理论与实践相结合的能力，以期在将来的就业面试过程中拥有全面的知识体系、熟练的面试技巧和良好的心理素质。

另外，大学生就业与否不仅仅在于毕业时是否找到工作，还应关注其就业后能保持已就业状态。若其辞职或被解雇后未能再次就业，仍然代表其未就业，会加剧就业难的形势。因此，为了真正解决大学生就业难问题，除了大学生自身要不断顺应社会的发展提升自己的竞争力，企业也应承担相应的社会责任——为已就业大学生进行各阶段培训，由企业担任全方位培训师，提升就业大学生各阶段技能，包括从业前培训、专业培训、学徒培训、在岗培训、转岗培训和其他职业性培训。企业全面的培训对大学生紧跟飞速发展、充满竞争的社会的步伐，从而不被社会所淘汰具有重大作用。

4. 形成科学的以情感为核心的具有人文色彩的企业文化

当前，很多企业在用人方面被迫选择“快餐文化”。“很多中小企业不喜欢招应届生，原因在哪?”❶ 这些企业为何更愿意用高薪去招聘有工作经验的人才，主要原因是，如果招聘应届生，他们往往不能直接上岗，要花时间、金钱和精力进行培养，等培养两三年后，刚刚用得上手，能够胜任岗位工作时，他们却选择了辞职，“在这样一种情况下，很多企业宁愿多花钱去挖人，而不愿意用应届生”。企业要想不面临这种境况，形成科学的良好的企业文化吸引人才、留住人才显得尤为重要，而在众多企业文化中，以情感为核心的企业文化发挥的效果是惊人的。它存在的基础不是金钱或其他物质，而是人和人之间的感情依托，是人心中最纯洁美好的情感，这种情感基础最为坚固。企业形成此企业文化，那么不论企业是何种存续状态（盈利或是处于经营困难期），员工都会竭尽全力服务企业。

## 第五节　构建就业服务机构促进大学生就业法律机制

大学生就业除了依赖用人单位用工需求、劳动者自身的能力，还离不开就业服务。劳动就业服务，是指以实现劳动者就业、用人单位招用劳动者为目的，由就业服务主体提供的社会服务。而就目前国内实践来看，我国主要建立的是公共就业服务体系，即政府为促进就业而出资并实施的，以劳动者和用人单位为享有主体的公益性就业服务。王全兴教授在其所著的《劳动法学》中写到：就业服务管理已形成一整套对就业服务实行统一领导和分级分部门（行业）管理的体制。其认为该体制包括国家

---

❶ 新浪新闻中心：“2013 年被戏称为史上最难就业季 你找到心仪工作了吗?”，http：//news. sina. com. cn/o/2013 - 04 - 10/，2013 年10 月1 日访问。

就业服务管理机构、地方管理机构、部门（行业）就业服务管理机构。[1] 总的来说，公共就业服务机构具有如下四点特征：(1) 由国家建立，由其统一领导开展就业服务活动并提供资金保障；(2) 由中央到地方形成体系化就业服务体制，尽可能覆盖全国地区；(3) 由专职的国家公务人员负责就业服务工作，以使就业服务工作能有序、有保障地施行；(4) 公共的就业服务系统所服务的对象应为劳动供求双方，且应提供免费的必要服务。[2]

公共劳动就业服务机构提供的服务包括向劳动者提供的就业服务活动，也包括对用人单位的就业服务活动。前者主要包括就业与失业登记、职业指导、职业介绍和就业前培训等，后者主要包括招聘用人指导服务、代理招聘服务、企业人力资源管理咨询等咨询、代理、招聘服务。为解决大学生就业难题，就公共劳动就业服务这一体系框架来说，需要着力完善和建立如下制度。

## 一、完善就业培训法律制度

职业培训，又称职业技能或职业技术培训，是指根据社会职业需求、用人单位共同的需求或特殊要求及劳动者的从业意愿及其自身条件而进行的，以就业、转业、创业或提高职业技能水平为目的的培训活动，主要包括职业技能和专业理论学习，必要的文化知识学习和创业能力培训以及职业道德、职业指导、法制观念等教育。法律也明确列举出几类职业培训，比如《职业教育法》第14条将职业培明确为从业前培训、转业培训、学徒培训、

---

[1] 王全兴：《劳动法学》，高等教育出版社2004年版，第315页。

[2] 郜风涛、张小建主编：《中国就业制度》，中国法制出版社2009年版，第377页。

在岗培训、转岗培训等职业性培训；《就业促进法》第46条则规定了就业前培训、再就业培训、创业培训和在职培训。而就业培训指前三种培训形式，即就业前培训、再就业培训及创业培训。

随着经济发展，社会竞争愈加激烈，加之劳动力供大于求的客观形势，使得用人单位对劳动者职业能力提出了更高的要求。另外，劳动者为实现社会价值和自我价值，也主动谋求更好、更全面的职业培训。这一系列的主客观要求及需求催生出以就业为导向的职业教育和培训体制，并将其置于促进就业的重要环节地位。因此，为实现促进就业的目的，急需完善就业培训法律制度。

1. 贯彻落实职业培训的立法原则

原则是贯穿于一切活动始终的指导准则，适用该原则的相关行为必须要严格遵行该原则。就业培训是职业培训的组成部分，因此，在就业培训活动中，培训机构及部门应严格按照职业培训立法原则行事。

（1）先培后用原则。先培后用即先培训后就业，该原则要求在劳动者就业前应该进行相关的职业培训，考核合格并取得就业资格证书后方可就业。在某些特定领域的特殊行业或岗位含有技术性或需要一定的专业技能，为符合该岗位定位及完成并促进工作履行效果，需要劳动者在就业前要经过严格的特定培训。

（2）按需培训原则。有些劳动者之所以能就业、好就业是因为其所具有的技能符合社会发展、企业发展的规划和需求，能为社会和企业带来经济效益。因此，为了使大学生在谋求岗位时能够顺利并高效，他们在接受就业培训时应该注重培训内容、方向和规模的选择，并且在培训时按照市场需求及时调整培训计划。

（3）学用一致原则。学用一致指培训机构应根据实际生产、操作需求对劳动者进行培训；用人单位应该为大学生劳动者提供适合其优势的岗位，使其发挥自己最大的才能推动企业发展、经济进步；大学生劳动者应该根据自己的专业或意愿从事的专业进行专业培训，以期对口就业。

2. 就业培训应明确培训主体、对象及形式

（1）就业培训职责的承担主体。①县级以上政府负责规划和组织。《劳动法》第 67 条规定："各级人民政府应该把发展职业培训纳入社会经济发展的规划，鼓励和支持有条件的企业、事业组织、社会团体和个人进行各种形式的职业培训"。另外，《就业促进法》第 45 条规定："县级以上人民政府根据经济社会发展和市场需求，制定并实施职业能力开发计划"。②职业院校、职业技能培训机构和用人单位负责实施。《就业促进法》第 46 条指出，县级以上人民政府应鼓励和支持各类职业院校、职业技能培训机构和用人单位依法开展就业前培训、在职培训、再就业培训和创业培训；鼓励劳动者参加各种形式的培训。在其他条文中明确规定了职业院校、培训机构、用人单位应履行该义务，做到"产教结合，为经济建设服务，培养实用人才和熟练劳动者"。

（2）就业培训所服务的对象。根据《就业促进法》的相关规定可知，就业培训服务对象主要为四类：①有就业要求的初高中毕业生。②失业人员。对于失业人员参加就业培训的，按照有关规定享受政府培训补贴。③进城就业的农村劳动者。④需要实行资格准入制度的特殊工种劳动者。

（3）就业培训的形式。就业培训的形式在《就业促进法》第 46 条和第 68 条明确表明包含就业前培训、再就业培训、创业培训和特殊工种培训。

3. 以法律形式明确怠于行使就业培训或违背免费培训之宗旨而应承担法律责任

我国相关法律在明确规定政府为职业培训义务承担主体及培

训的具体实施主体为职业院校、职业技能培训机构和用人单位后，在《就业促进法》中专章规定了具有义务的主体在违反职责或怠于履行职责时应承担法律责任及承担何种法律责任。具体为：第61条规定："违反本法规定，劳动行政等有关部门及其工作人员滥用职权、玩忽职守、徇私舞弊的，对直接负责的主管人员和其他直接责任人员依法给予处分"。第63条："违反本法规定，地方各级人民政府和有关部门、公共就业服务机构举办经营性的职业中介机构，从事经营性职业中介活动，向劳动者收取费用的，由上级主管机关责令限期改正，将违法收取的费用退还劳动者，并对直接负责的主管人员和其他直接责任人员依法给予处分"。第67条："违反本法规定，企业未按照国家规定提取职工教育经费，或者挪用职工教育经费的，由劳动行政部门责令改正，并依法给予处罚"。

此外，法律规定"县级以上人民政府建立健全公共就业服务体系，设立公共就业服务机构，为劳动者免费提供职业供求信息、市场工资指导价位信息和职业培训信息发布等服务"。由此观之，政府提供的公共服务应是免费的。而作为就业服务所涵盖的就业培训也应免费或者由政府给予补贴。2002年，教育部发布的《关于进一步加强普通高等学校毕业生就业指导服务机构及队伍建设的几点意见》中要求，"各高校要结合学校实际，根据就业工作的基本需要，按照毕业生人数核定拨付标准，并据此列入当年的预算予以重点保证和落实"。尽管法律、政府部门的规章明确指出"免费"或"补贴"二字，但是实践中还是有担负职业培训职责的部门乱收取费用，加重就业学生的负担，制约促进就业这一根本目标的实例。例如，2008年腾讯网就爆出成都理工工程技术学院乱收就业培训费事件。[1] 就此看来，要落实为民便民的就业培训机制，仅有法律的规定是不够的，还需要各界共同努力进行督促和监管。此外，不得不遗憾地指出，我国法律未有专门针对大学生就业培训的法律制度，这一方面的缺失在一定程度上未能使大学生就业情况获得显著的改善，因此，为解决大学生就业这一难题，专门针对大学生就业服务的法律亟待制定。

## 二、建立大学生就业市场信息系统制度

随着我国经济体制转型，社会主义市场经济的建立，就业市场便应运而生。加之 2002 年第一届扩招的大学毕业生由依照国家实行的计划性人才配置转变为自主择业，大学生就业市场也随之兴起。大学生就业市场是为大学生求职者和用人单位服务的，其主要是在国家宏观政策指导下，以高校和中介组织为参与者，利用市场机制来达到大学生人力资源的优化配置。该市场由有形就业市场和无形就业市场构成。有形就业市场是指毕业生和用人单位进行选择的活动场所。而无形市场是指按照市场法规，对毕业生的劳动力资源进行基础性配置的一种机制，是一定范围内毕业生的供需关系，是毕业生就业、用人单位挑选人才的市场行为总和，[2] 或者理解为没有有形的固定的就业场所，而是通过劳动者和用人单位协商适用的用于沟通、交流的虚拟平台，比如在网上通过远程视频进行面试。

---

[1] 腾讯大成网：“成都理工工程技术学院乱收就业培训费”，载 http：//cd. qq. com/a/20080711/，2013 年 10 月 15 日访问。

[2] 钟兴言：《就业信息与大学生就业问题研究》，福建师范大学 2006 年硕士学位论文，第 3 页。

大学生就业市场的主体是大学生劳动者和用人单位，其职能包括以下方面。

（1）为大学生劳动者和用人单位提供信息服务，为其进行自主择业、双向选择提供一个场所。实现大学生顺利就业、用人单位顺利招收符合本岗位需求的大学生劳动者的目标，需要构建一个信息充分、信息真实、信息顺畅的就业市场。一方面，若用人单位发布的信息不准确或为虚假信息，或者在就业市场上反馈出来的信息经过加工后失真，就会导致大学生劳动者不能获得有效信息，阻碍就业。另一方面，高校的生源情况（大学生劳动者的信息）也会在就业市场上反映出来，如果大学生的相关条件、能力、需求目标不能全面或有效表现出来，也会影响用人单位招收适合本单位发展的人才。这一切又最终导致经济发展受阻。

（2）服务大学生劳动者和用人单位，为其提供有关就业的一系列便利。如为劳动者提供各类有关招聘信息的发布平台，进行人事代理等服务；为用人单位提供发布信息的渠道，了解高校大学生生源情况，掌握大学生劳动者的需求以获得有竞争力的劳动力资源。

（3）监管大学生劳动者与用人单位之间劳动关系的建立，便于国家在就业市场自行运作不良的情况下适时适度介入，从而维护双方利益。就业市场是为大学生劳动者自主择业和用人单位和大学生劳动者双向选择的平台。当用人单位和劳动者在统一、公平、规范的条件下才能真正做到通过市场进行双向选择。[1] 此情况下更多体现的是自由选择和双方自主相互作用的结果。然而在当前出现的呈现“买方市场”状态的就业环境下，处于弱势

[1] 张小建主编：《中国就业的改革发展》，中国劳动社会保障出版社2008年版，第115页。

地位的大学生劳动者，经常会遭遇权利被侵犯的情况；而用人单位在某些情况下也会受到利益损害，如大学生就业者与其签订三方协议后正式入职时毁约，导致该单位人员紧缺，从而影响企业经济效益的创造。在此种情况下，国家这只有形之手便会适时介入，通过法律、政策的规制，维护双方的利益，促进市场秩序的稳定与和谐。

大学生就业市场的构建不单纯是以大学生劳动者和用人单位为主体的框架，还包含众多内容，其中，最为重要的便是以其为载体的就业信息。就业信息的顺畅沟通使得大学生能获得有效信息是大学生就业的关键环节，是大学生能否顺利就业的决定因素之一。就业信息，概括来说，是指由就业市场中相关参与者发布的关于就业岗位及所需人才种类的信息资源，其一般包括用人单位需求的人员数、专业要求、性别、岗位类型等。就业信息根据不同的分类标准可以有多种分类结果。比如，按真伪分，可分为真实信息和虚假信息。按作用分，可分为有效信息和无效信息。按内容分，可分为背景信息和岗位信息。所谓背景信息是指有关就业的背景资料、政策规定、就业形势等。而岗位信息是指与岗位直接相关的岗位需求、应聘条件、福利待遇等方面的信息，如用人单位或人才中介机构发布的招聘信息。[1]

大学生就业市场和就业信息不是两个孤立存在的与就业相关的因素，两者有机结合才可实现大学生顺利就业的目标。建立有序、全面、规则健全、服务完善的大学生就业市场，使其运作灵活是前提，在此基础上，出现在就业市场的就业信息在大学生劳动者进行筛选（对就业信息进行去粗取精、去伪存真之活

[1] 钟兴言：《就业信息与大学生就业问题研究》，福建师范大学2006年硕士学位论文，第2页。

动）——求证（对经过前步活动的信息进行真实性、有效性验证之活动）——归类（对获得的经筛选、求证的众多信息进行归类整理使之明了简洁的活动）这一连锁活动后，展现在大学生劳动者面前的便是有效、充实的，当他们进行积极行动（如打电话自荐、参加单位面试、通过朋友推荐等）后，便可顺利获得就业机会，成功就业。

虽然大学生劳动者和用人单位是就业市场的主体，但是为了营造更加有序、全面、规则健全、服务完善的就业市场，获取更加全面、对称的就业信息，除了大学生劳动者自身的努力，还离不开其他主体的共同努力。因此，为了促进大学生劳动者顺畅就业、实现就业，应构建大学生就业市场信息系统制度，该制度包括国家、高校、用人单位和中介机构各方对就业市场信息对等传播、获取的促进。

1. 政府方面

（1）健全劳动就业法律机制，制定明确规制大学生就业市场的法律，对于发布虚假信息或故意有碍大学生劳动者就业的欺骗行为给予法律处罚。大学毕业生就业具有较强的政策性和时效性，如果无法可依，大学毕业生就业市场就会处于一种无序的状态，大学毕业生、用人单位以及学校三者之间的责、权、利就会模糊不清。[1] 因此，大学毕业生就业市场必须建立在法制的基础上，获得明确、专门的法律规制，使大学毕业生、用人单位以及学校在信息沟通、自主择业与双向选择、推荐或招聘方式等有法可依、有法必依，并在大学生劳动者就业后建立劳动关系时也做到有章可循、有法可依。通过全方位、全过程（从大学生劳动者

[1] 刘志业：《教育过度与学校大学毕业生就业问题分析》，《高等教育研究》2003 年第 4 期。

谋求职业时到建立劳动关系后）建立法律规制机制，以保证大学毕业生就业市场的有序发展，保障用人单位和大学毕业生的合法权益。

（2）建立政府就业服务系统体系，为大学生劳动者提供就业信息真伪检测及收集各用人单位就业招聘信息，减少大学生劳动者的时间成本和其他就业成本。当前，由于大学生的实践经历少，众多经济骗子通过皮包公司或在根本没注册公司的情况下发布虚假就业信息，以骗取大学生劳动者的钱财。这一行为不仅使大学生在谋求职位时丧失对招聘单位的信任度，也严重影响招聘单位的招工效率。由此，政府就业服务的任务更加艰巨。建立就业服务体系，通过国家公权力对用人单位发布的就业信息进行严格的审核后在官方网站予以发布，可以使大学生劳动者更加放心，也使企业的招工效率更高，从而形成就业市场良好的秩序。

（3）健全完善大学生劳动者就业工作的动态监测和信息发布机制。当前就业难的一大原因就是大学生劳动者和用人单位之间信息沟通不畅。没有一个专门的机构对用人单位和大学生劳动者的信息进行统计，使得大学生难以获得准确、充分的用人单位信息，而用人单位也难以获得大学生劳动者的相关信息。故为促进大学生劳动者就业、用人单位招聘到高能力人才，需要做好高校毕业生就业统计和就业状况发布工作，建立健全高校毕业生就业统计指标体系和统计工作体制。此外，还需健全市场信息服务体系，建立常态化、实时性的就业岗位信息收集分析和发布机制。将此项工作推进网络化建设，依托现代化技术，使相关主体能更加便捷获得就业信息。当然，此机制的完善单凭政府是不够的，还需与各高校及中介机构协同合作。比如，以区域为单位，依靠高校统计、汇总详尽的每届大学毕业生的求职愿望、自身条件、推荐岗位等信息；由中介机构统计各用人单位的岗位需求、企业情况、待遇条件等信息；两方信息统计好后由政府部门这一公权力主体统一发布。

2. 高校方面

（1）随时掌握市场对于大学生劳动者需求情况。学校最重要的职责是培养学生的就业力，就业力是指“能获得初次就业、保持就业以及在必要时获得新就业的能力”。而为了培养该就业力不能脱离实际，盲目地根据自己主观臆断，必须严格时时随着市场上用人单位的需求变化进行培养方案的调整。此外还要广泛收集就业市场多方面的信息，了解就业市场的动态，使大学生和用人单位及社会大发展相匹配，从而顺利就业。

（2）有效过滤就业市场中的信息。人力资源需求和供给信息经过就业市场的传递，总不可避免或多或少的扭曲或出错。在大千世界中，有众多的用人单位，信息庞杂，大学生涉世不深，对于虚假、欺骗或受扭曲的信息的识别能力比较弱，这就导致大学生在就业时会遭受众多损害。因此，在大学生就业时，高校要担负起“保护伞”的重任，一方面做到对于来校招聘的单位进行信息核实，对于学生签约合同进行审核，及时发布获知的关于虚假就业网、诈骗的用人单位的信息，另一方面加强对大学生劳动者的信息甄别能力、自我保护能力、权利救济能力的教育与培养。

3. 用人单位方面

（1）依法发布就业信息。大学生劳动者实现就业的前提是用人单位发布招聘信息，而招聘信息发布的要求必须符合法律规定，不包含欺诈、失实、模糊因素。只有这样，大学生劳动者才能对等得获得有效、充足的信息。此外，若企业发布不实信息导致大学生劳动者的合法权益受到损害应承担赔偿责任，当存在严重的违法行为时，将受到刑法处罚。通过法律规制，促使企业遵纪守法，从而维护居于弱势地位的大学生劳动者的权益。

（2）对涉及本单位出现在就业市场信息进行核实。现在经济越来越发展，而经济类犯罪也有增长趋势，不法分子侵犯的对象倾向于涉世不深、经验不足、辨别能力差的大学生。笔者与在企业工作的多名学生交谈过程中了解到，有不法分子在网上冒用其所在公司名义发布虚假招聘信息的情况。因此，用人单位不能仅处理网络上已经出现的虚假信息，还应主动搜寻以其名义从事诈骗的信息，以维护良好的就业市场环境，保护自我保护能力较弱的大学生劳动者。虽然此种行为会导致企业相应成本的增加，但是这也会在一定程度上维护企业的形象与信誉，也是一种社会责任承担的表现，相比利弊来说，用人单位还是获益更多。

（3）加强与各高校、中介组织交流与沟通。企业在就业市场构建上不是孤立的，它所获取的信息有很大一部分来源于高校和中介组织：通过与高校的联系，了解到高校人力资源的构成，吸纳适合企业发展的人才；通过与中介组织的联系，能随时根据市场的变化，从中介组织获得信息、发布信息，进行企业发展规划的调整。因此，为构建就业市场上竞争力、生存能力均强的用人单位，使大学生劳动者在顺利就业后能持续就业，就需要通过与高校、中介组织的联系来不断完善就业市场的用人单位这一方主体。

4. 中介组织方面

随着营利性与非营利性的就业服务机构不断发展以及劳动力市场中介机构在市场上不断细分，逐步形成多种就业中介组织并存的就业中介市场。作为沟通大学生劳动者和用人单位的中介组织，在毕业生就业过程和用人单位择人中发挥了巨大的作用。为此，大学生劳动者就业中介市场建设要获得规制和完善，需做好以下工作。

（1）制定专门的规制中介机构在服务大学生劳动者与用人单位方面的法律。虽然我国在相关法律（如《就业促进法》）中规定了开办职业中介机构应符合何种程序及条件以及违反法律规定时应承担法律责任，但是并未明确在实施了何种行为时承担何种责任。这种模糊的规定不利于对中介组织进行规制，这有可能会对用人单位和大学生劳动者产生不利影响，故需制定明确的法律以使中介组织在法律规制内行事。

（2）加强中介组织市场信息网络建设。在现代化飞速发展的21世纪，网络信息化的趋势已不可阻挡，中介组织服务也应加快信息化建设，丰富信息提供途径，丰富就业市场，走网络化服务道路，这样使用人单位及大学生劳动者获取对自己有用的服务和信息时更加高效便捷，且节约成本。

（3）强化信息收集功能，丰富就业市场。中介机构应该做好就业市场的基础建设，搭建劳动力市场信息系统，完善大学生劳动者和用人单位的信息，并通过信息传递发挥自身就业促进作用。加强职位空缺、公司变化、大学生就业状态等信息的收集与发布，对用人单位和大学生劳动者作好事前诊断、测试及面试指导，从而完善就业市场建设。

## 三、建立大学生失业登记与变动制度

大学生失业登记和变动制度是规定在就业服务相关内容之中，是构建我国就业服务体系不可或缺的制度。为正确理解该制度，完善就业服务体系，有必要对其所涉及的相关概念进行认知与界定。

1. 相关概念界定

（1）失业，又称待业，是指当公民处于法定就业年龄期间，确应客观原因，使得其在具有就业能力与愿望的情况下未获得就业的状态。由于我国是城乡二元就业机制，政策法规中的“失业”限定为城镇失业，而乡村中的未就业者则被称为农村剩余劳动力。[1] 失业的法律特征为：①失业者仅限于依据有关法规和政策应当保证其就业的公民，而非法定就业年龄者、完全无就业能力者、无就业愿望者、在校大学生、现役军人及其他不需保障其就业的人员不在此范围；②失业者处于无就业岗位状态；③失业的表现形式仅为显性失业而非隐蔽性失业（即企业员工过剩而导致无工作可做，员工被迫从事不能完全发挥其劳动能力之岗位等）；④法律意义上的失业包括自愿失业（有业不就）和非自愿失业（无业可就）。大学生失业或待业人数居高不下，不仅影响大学生的个人发展、家庭幸福，还影响经济的发展、和谐社会的建立。大学生失业登记制度便是在此前提下应运而生。

（2）大学生失业登记制度是原国家劳动和社会保障部在2006年9月1日宣布的国家出台的促进就业八项措施中的一项，即从2006年9月1日起，没有找到工作的应届高校毕业生将可以在户籍所在地办理失业登记。此外，该政策中还包括对进行失业登记的毕业生，街道社区劳动保障工作机构将发放就业服务联系卡；对登记失业毕业生中求职困难或家庭困难的，将纳入重点帮扶范围；对灵活就业或在非公有制单位就业的毕业生，劳动保障部门将提供档案托管、社会保险接续等服务；登记失业的大学毕业生参加职业资格培训，所需费用将由政府给予补贴；对自主创业的高校毕业生，可以提供小额贷款；劳动保障部门还将定期收集适合毕业生的空岗信息，为他们举办专场招聘会。[2] 2007年

---

[1] 王全兴：《劳动法学》，高等教育出版社2004年版，第315页。

[2] “国家出台八项措施促进大中专生就业”，载新华网 http：//news.xinhuanet.com/edu/2006－09/01/，2013年10月1日访问。

8月30日通过《就业促进法》，在第四章“就业服务管理”中规定，县级以上人民政府建立健全公共就业服务体系，设立公共就业服务机构，为劳动者免费办理就业登记、失业登记等事务服务。其后，又公布《就业服务与就业管理规定》，规定了失业登记制度，[1] 并明确列举了登记范围的主体及存在何种情况将注销失业登记。

有关失业登记制度的一系列法规政策的实施，使城乡劳动力资源的分布及希望的就业方向、劳动力年龄、能力、就业需求等情况被很好地掌握，从而使劳动者获得就业机会；企业快速便捷搜寻到适合本单位职位需求的劳动者，使其降低招收劳动者的成本；政府能很好地制定进一步的就业援助与保护、监督政策。总而言之，失业登记制度不仅完善了我国的社会保障制度，还在一定程度上缓解了失业大学生压力，使其获得条件和能力实现就业。

此外，笔者所指导的本科生中也有2013级毕业生，在与其聊天中获知，其和其同学面对就业有十分大的压力，一方面是怕就业岗位不足，自己无业可就；另一方面是担心岗位充足但是招聘条件严格，自己达不到要求。另外，客观存在且较突出的现象是他们在求职过程中花费很高：有的为了将简历等客观材料包装得更加吸引面试官，导致开销是平常的两倍；有的因找工作需要经常联系朋友、面试单位，使其通讯费用也比平常要高出很多；为了找到一份心仪的工作，更有甚者前往省外或省内异地面试，

---

[1] 《就业服务与就业管理规定》第63条规定：在法定劳动年龄内，有劳动能力，有就业要求，处于无业状态的城镇常住人员，可以到公共就业服务机构进行失业登记。其中，没有就业经历的城镇户籍人员，在户籍所在地登记；农村进城务工人员和其他非本地户籍人员在常住地稳定就业满6个月的，失业后可以在常住地登记。

产生巨大的交通费用。从目前的就业趋势看，大学生为了找工作，其支付的就业成本将会逐年增加。

2. 贯彻落实国家法律与政策，切实建立大学生失业登记与变动制度

虽然国家在2006年就提出建立失业登记制度，并在随后的法律政策中进一步具体规定该政策，但是就目前客观实际来看，该制度的落实效果并不明显。就笔者所任职的江西财经大学法学院来看，笔者随机采访了2008～2013级本科毕业生（不论其是否为就业毕业生），询问其是否听说过失业登记制度或是否采取过此种方式，80%以上的同学给出的回答是未听过或根本没想过采取此种方式。当然，这种随机采访并不能和专业的数据分析中的数据及由其得出的专业性、准确度相提并论，但不可否认其在一定程度上也表现出毕业大学生对此制度的不熟悉，相关单位未很好地贯彻落实这一确实能为大学生就业带来裨益的制度。

另外，研读国家制定的就业服务相关法律、政策可知，国家在关注失业登记制度建立的同时，对于失业人员注销（变更）登记也进行了明确，如被录用的、成为自主创业者的、有不低于当地最低工资标准的稳定收入者、完全丧失劳动能力的、依法被限制自由的、终止就业要求或拒绝公共就业服务的等。当然，虽说有该制度存在，但是在采用失业登记的劳动者并非普遍，故该变更制度的落实效果也不是很乐观。

综上所诉，为了使大学生能高效率、低成本、有效果、更便捷地找到工作，免费的失业登记与变动制度必不可少，而且尽管制定了相关法律与制度，但将其束之高阁是行不通的。要想真正为大学生服务，解决大学生就业难问题，践行法律政策迫在眉睫。为此，政府、各高校和有关社会公益组织、媒体及法学自愿者可以加大宣传该制度优势的力度，让更多大学生失业者（待业

者）了解该制度，采用该制度，尽早实现就业。

## 四、建立单位、高校、中介组织联动机制

为促进社会主义和谐社会的建立、经济的发展，各界对于作为祖国未来发展的主要动力来源的大学生格外关注。随着大学生就业难问题进入公众视野，各界对此问题都给予高度重视：政府在2002年大学生面临自主择业后便加大了大学生就业的扶持力度，陆续发布各种通知以促进大学生就业，比如国务院于2010年10月发布《关于加强职业培训促进就业的意见》，2011年国务院发布《关于进一步做好普通高等学校毕业生就业工作的通知》，人力资源和社会保障部财政部于2012年12月联合发布《关于进一步完善公共就业服务体系有关问题的通知》，2013年6月人力资源社会保障部、教育部、财政部联合发布《关于做好高校毕业生求职补贴发放工作的通知》，2013年9月人力资源社会保障部办公厅发布《关于举办公共就业和人才服务业务培训班的通知》，等等；学者对大学生就业难问题的解决途径进行广泛的对策研究及讨论，其中有学者提出形成政府、社会、高校、大学生联动机制以促进就业；单位（主要是企业）对促进大学生就业开辟“招聘会进高校”“招聘信息入网”“网上面试”“提前招收实习生”等招聘途径；高校在新生入学便开设职业生涯规划课程，并在大学期间开设就业指导课程等与促进大学生就业相关的课程；中介组织提高了为大学生介绍就业的积极性，并开辟网络介绍就业的方式促进大学生就业。

根据国务院办公厅转发教育部等部门颁发《关于进一步深化普通高等学校毕业生就业制度改革有关问题意见的通知》，笔者认为，解决大学生就业难这一存在多年的难题，关键在于多方的相互配合、协调与努力，具体来说应构建一个联动机

制，即“政策促进、高校育人、市场导向、单位用人、大学生自身修为”等五个方面的联动机制，并应形成以“单位、高校、市场”为主体，“政策支持”为保障，“大学生自身能力与修为”为基础的模式。本书前几章已充分论述国家政策对大学生就业的促进，因此，联动机制中的国家政策方面此处不再赘述。另外，由于大学生为促进自己就业而提升自身素质修养方式众多，比如树立正确的就业观、择业观；扎实掌握专业知识与技能；锻炼自己的实践能力；培养人际交往能力等，且鉴于本章主要围绕用人单位及就业服务机构促进大学生就业之研讨，故关于“大学生自身修为”方面此处略述。因此，此节论述中仅关注“单位、高校、市场”之联动机制的建立。由于市场导向将严重影响大学生就业，大学生的培养要适合市场需求，而中介组织所从事的业务主要是为劳动者介绍用人单位，发布招聘、职业供求信息，为用人单位和居民家人推荐劳动者等，且其提供这些服务主要是依据市场需求，市场需求是一个内涵丰富、涵盖面广的动态概念，而本书的关注点是机制的构建，故对于作为联动机制的五个方面之一的“市场”的其他方面本文不予论述，仅在此节论述中介组织。

综上所述，本节将着重论述以“单位、高校、市场”三者为核心而建立的就业联动机制。

大学生就业联动机制，是指高校、单位、市场等主体以促进就业为目标，以提升大学生就业竞争力、实现大学生供需平衡为导向，共同承担责任，加强优势整合，实现互利共赢的一种相互配合、相互作用的合作过程和方式，并因其中一个或多个要素的变化而随之相对变化的动态机制。[1]

单位是招收大学生以发挥其才能、创造力、积极性，从而服务社会主义建设、促进经济发展繁荣的载体。其招收大学生劳动者的标准是能力强、有干劲、会创造财富。而此类人才的培养则需依靠高校。高校在大学生培养上担负举足轻重的责任。目前，就我国实践来看，各高校大部分都认识到自己责任重大，对大学生的教育下足了功夫，形成了由“良好的教育、能力的培养到高素质人才的塑造再到顺畅就业”这三阶层构成的不可割裂的链条，因此，为实现促进大学生就业这一根本目标，各高校开设了职业生涯规划课、模拟实习课、就业指导课等指导学生就业择业的课程。而作为沟通大学生和单位之间联系的桥梁的中介机构在促进大学生就业、企业招收先进人才方面发挥着重大作用，一方面为单位寻求能力强、符合单位要求、适合市场需求的大学生劳动者，另一方面为大学生劳动者提供准确的就业信息。结合三者的特征及我国现阶段大学生就业现状来看，解决大学生就业难题的重要途径是构建单位、高校、中介组织三者相互配合、相互作用的统一联动机制。

（1）大学生就业联动机制的实施机制。该联动机制的建立需要以切实可行的实施机制为基础。具体来说表现为：以各行业为单位，在政府牵头的前提下，以市场为导向，高校为主体，单位参与，中介组织起桥梁沟通作用的框架下建立联动信息沟通反馈机制，并由专人负责该机制的信息反馈工作，在客观情况变化下，及时和各主体沟通协商，尽快制定新计划以应对变化，使之不影响大学生就业。

[1] 励立庆、王志军：“大学生就业联动机制研究”，载《浙江工业大学学报》2008年第2期。

（2）大学生就业联动机制的责任分担机制。单位、高校、中介组织作为促进大学生就业的三大主体，都负有目标责任，其不仅需要为实现当前利益付出努力，还需为长远利益及大局利益服务。在笔者所认为的应构建的联动机制中，高校作为关键，应尽到其人才培养的重要职责与义务，着力培养适合市场需求、企业发展的高素质人才；单位作为最终解决大学生就业的载体，应发挥其解决就业、吸纳人才的能动作用；而中介组织应严格按照法律规定与合法程序，充分发挥其作为沟通大学生劳动者与企业的桥梁作用。由于这三大主体在促进大学生就业中占据重要地位，在一定程度上将带来牵一发而动全身的影响，因此，应制定专门的法律、政策对其作出严格的规制，即明确各方应对促进大学生就业采取何种措施，并指出违反相关规定应承担何种责任。

（3）大学生就业联动机制的资源整合机制。大学生就业促进离不开对单位、高校、中介组织及社会其他资源的优化配置及利用。为促进大学生就业，三个主体之间的资源利用达到一个极佳状态是必然趋势。对高校来说，关键在于明确市场需求，加强与系统外部环境的互动，拓宽办学渠道，建立企业实训基地，输送学生进行见习以增强实践能力，走与企业联合办学订单式教育路线；对于单位来说，关键在于利用自身的资金、载体优势，与高校进行合作，为大学生提供就业指导与培训，吸纳在读学生实习，尽早培养符合本单位要求的人才，以缩短大学生毕业后的实习期，使其在正式步入社会后能快速融入社会，实现社会价值和自我价值；中介组织应充分发挥其灵活、强搜索、信息来源面广的优势，为企业提供适合的人才，为大学生就业者提供就业岗位。此外，还应充分调动社会力量，加强社会监督，防止资源浪费，并重视发达的互联网的方便、高效作用，为实现大学生就业目标添砖加瓦。

然而，在三者统一的联动机制中，除了重视三者相互联系而产生的作用外，还需注重各自在促进就业中发挥的作用。

1. 用人单位：大学生就业促进活动的主动参与者

单位作为社会最基础的组成细胞，是促进社会繁荣、经济发展的基础动力，而单位的这一基础作用的发挥离不开大学生人才的引进。为引进大学生人才，单位需要主动参与到就业活动之中，为其提供就业岗位。

（1）信息公开，公平招聘。单位应提供一个平等公平的就业机会，让大学生就业者获知并了解就业信息，以期营造一个良好的竞争环境，若其因公平竞争而未获得就业机会，可使其为今后获得其他就业机会而发奋努力，这将会促使企业招收更好的员工，最终形成一个良性循环。

（2）深入学校，开辟校内招聘会途径。近年来，单位招聘不仅仅依靠中介组织介绍推荐适合的人才，还在其企业网站开设招聘专栏，更有甚者，逐步进入高校，在高校开设专场招聘会，直接和众多求职大学生面对面交流。此举大大降低了大学生的就业成本，而且来校开设宣讲会、招聘会的企业都通过了学校筛选，使大学生就业更加安全。

（3）切实承担企业社会责任，制定规章以明确违反所应承担的处罚。企业在社会生活中获取利益，离不开社会为其提供的条件及其利用的社会资源，因此，为促进社会发展，其理应反馈社会，形成良性循环。而社会的发展又离不开大学生这一带来创新的新鲜血液，因此，企业应为促进大学生就业奉献自己的力量。然而，某些企业打着企业社会责任的旗号却未真正履行社会责任，为防止此类现象出现不可遏制之势，虽然国家不能通过法律来强制要求其履行及未履行时承担法律责任，但是，作为企业规制的企业规章制度可以制定相关条款以敦促企业履行该社会责任。此外，媒体和公众也可以进行监督，督促其履行其已承诺履行的促进大学生就业的社会责任。

2. 高校：大学生就业促进的主体

高校作为培育大学生人才的摇篮，是大学生掌握深厚的理论知识技能的教授主体。生源质量的优劣直接影响人才培养质量，人才培养质量又与毕业生就业率紧密相连，就业率反过来又直接影响招生，这一连锁反应已成为社会公众和教育工作者的共识。[1] 因此，高校为了能够培育出适合单位需求、顺应市场发展的大学生，实现促进就业之目的，应建立招生、教育、就业的联动机制。具体来说需要做到如下几点：

（1）按需设专业，顺应市场需求。市场需求是决定大学生就业的根本，为使高校培养的大学生能在完成大学课程后顺利就业、对口就业，在设置专业时就应结合市场需求，以其为标尺，权衡专业设置，并在教学中重视市场发展，紧跟潮流变化，以市场所需为教，并结合实践案例，锻炼学生认识问题、分析问题、解决问题的能力。

（2）与企业合作，以需促教。高校培养学生应符合市场需求，而企业发展也应顺应市场需求。因此，企业理应招收符合市场需求的大学生劳动者。企业对于市场的反应是最迅速的，为促进就业，高校应和企业合作，让学生尽早获得社会实践，了解用人单位招收人才的条件，不断提升自己该方面的能力，以期在就业时拥有较强竞争力。

（3）建立完善的专门化就业指导机构。就业率是各高校都

[1] 谢爱军、王慧等：《建立高校招生、培养、就业联动机制，拓展大学生就业空间的思考》，《高等农业教育》2006 年第 5 期。

重点关注的一项指标，它不仅代表了该高校的教学成果，而且影响政府制定相关政策。因此，各高校都应建立就业指导机构，并由专门教师负责就业工作，比如由有就业经验的教师负责就业教育课程，由该机构联系招聘单位来校办招聘会，负责就业材料发放与整理工作等。建立专门机构，由专人负责大学生就业工作，有利于将就业工作更好地落实，并利于责任到人，推动就业工作的完成，最终使大学生获利。

3. 中介组织：促进大学生就业之桥梁

就业服务机构对促进大学生就业发挥着桥梁作用，我国已有相当数量的就业中介机构，它们可以为大学毕业生就业提供服务，主要有：（1）隶属于各级人力资源社会保障部门的公共就业和人才服务机构；（2）隶属于教育部门的高校毕业生就业指导机构；（3）社会职业中介机构，主要包括从事人力资源服务的经营性机构。❶ 对于第三种中介机构，法律专门对其进行了规定。❷《就业促进法》第38条规定："县级以上人民政府和有关部门加强对职业中介机构的管理，鼓励其提高服务质量，发挥其在促进就业中的作用"。由此条文可知，中介组织在促进大学生就业中起着重要的桥梁作用。虽然我国在众多法律中明确了中介机构应当遵循合法、诚实信用、公平、公开的原则，严格按照法律要求行事，但是实践中还是有中介组织违反法律，比如收取大

❶ 中国国家人才网：《主要有哪些机构为高校毕业生提供就业服务?》，http://www.newjobs.com.cn/zhuanti/zhuanti_dy/142337.html，2013年10月17日访问。

❷ 《就业服务于就业管理规定》第45条规定，职业中介机构是指由法人、其他组织和公民个人举办，为用人单位招用人员和劳动者求职提供中介服务以及其他相关服务的经营性组织。此条文以法律形式界定何为中介组织。

学生介绍费，却不按照合同要求提供就业机会。笔者在江西都市频道的《都市现场》栏目中看到一则新闻：江西南昌某一收费为大学生联系就业岗位的中介公司，采取一套人马挂两个牌子的方式，与大学生签订就业服务合同，但是开具的收费发票上却是另一公司的名称。这一行为导致很多学生在合同期满却未获得任何推荐就业机会时投诉无门。为防止此类情况的发生，工商部门等相关部门在该类公司设立时应严格把关，并随时抽查，做到各阶段严格监管，以防止其损害大学生劳动者利益。

# 参考文献

## 一、中文著作

1 刘勇. 就业公平保障法律制度研究. 成都：西南交通大学出版社，2012.

2 张抗私. 就业问题：理论与实际研究. 北京：社会科学文献出版社，2007.

3 冯祥武. 反就业歧视法基础理论问题研究. 北京：中国法制出版社，2012.

4 王晓初，信长星主编. 就业促进与职业能力建设. 北京：中国劳动社会保障出版社，2012.

5 杨河清. 劳动经济学. 第3版. 北京：中国人民大学出版社，2010.

6 杨德敏. 就业援助法律机制研究. 北京：中国法制出版社，2012.

7 孔泾源主编. 中国劳动力市场发展与政策研究. 北京：中国计划出版社，2006.

8 陈训敬主编. 社会法学. 厦门：厦门大学出版社，2009.

9 林嘉主编. 劳动与社会保障法. 北京：中国人民大学出版社，2011.

10 刘社建. 中国促进就业研究. 北京：中国社会科学出版社，2012.

11 曲顺兰. 就业再就业财税政策研究. 北京：经济管理出版

社，2006.
12 漆多俊主编. 宏观调控法研究. 北京：中国方正出版社，2002.
13 潘静成，刘文华主编. 经济法. 第3版. 北京：中国人民大学出版社，2008.
14 吴汉德. 大学生就业指导. 南京：东南大学出版社，2006.
15 王丽娟. 中国大学生就业权益的法律保护. 南京：南京大学出版社，2011.
16 陈济，许斌. 社会自治与政府职能的转变. 北京：中国社会出版社，2005.
17 杨德敏. 促进就业的财政法保障研究. 北京：中国政法大学出版社，2010.
18 林嘉，杨飞等. 劳动就业法律问题研究. 北京：中国劳动社会保障出版社，2005.
19 陈晓云. 就业行为管理. 上海：上海人民出版社，2007.
20 刘小楠主编. 反就业歧视的策略与方法. 北京：法律出版社，2011.
21 中国就业促进会主编. 聚焦2010中国就业. 北京：中国劳动社会保障出版社，2011.
22 杨紫烜. 经济法. 第4版. 北京：北京大学出版社，高等教育出版社，2010.
23 黎友焕等. 企业社会责任研究. 广州：华南理工大学出版社，2010.
24 ［法］卢梭. 社会契约论. 北京：商务印书馆，2001.
25 王莉，陈岩等主编. 大学生职业发展与就业能力培养. 武汉：武汉理工大学出版社，2013.
26 胡彩霄. 劳动法精要. 北京：中国政法大学出版社，2007.

27 熊志翔. 本科院校质量保障体系研究. 广州：广东高等教育出版社，2008.
28 张军涛，谢志平. 行政管理学. 大连：东北财经大学出版社，2010.
29 麦可思研究院编著. 就业蓝皮书：2013 年中国大学生就业报告. 北京：社会科学文献出版社，2013.
30 李福明. 大学生就业与创业指导. 成都：西南师范大学出版社，2013.
31 王全兴. 劳动法. 第 3 版. 北京：法律出版社，2008.
32 李运华. 就业权研究. 北京：中国社会科学出版社，2009.
33 李福清，王国贞. 大学生就业指导. 北京：知识产权出版社，2006.
34 王丽娟，王建富. 大学生就业创业法律问题研究. 南京：南京大学出版社，2012.
35 张小建. 中国就业的改革发展. 北京：中国劳动社会保障出版社，2008.
36 关怀，林嘉. 劳动法. 北京：中国人民大学出版社，2012.
37 王丽娟. 中国大学生就业权益的法律保护. 南京：南京大学出版社，2010.
38 黄越钦. 劳动法新论. 北京：中国政法大学出版社，2003.
39 赖达清，刘杰. 新编劳动法学. 北京：中国政法大学出版社，2010.
40 林嘉. 劳动合同法热点问题讲座. 北京：中国法制出版社，2007.
41 郑尚元. 劳动法与社会保障法前沿问题. 北京：清华大学出版社，2011.
42 石广先. 劳动合同法深度解释与企业应对. 北京：中国法制出

版社，2007.
43 周伟. 中国的劳动就业歧视：法律与现实. 北京：法律出版社，2006.
44 郜风涛，张小建. 中国就业制度. 北京：中国法制出版社，2009.
45 李薇薇. 反歧视法原理. 北京：法律出版社，2012.
46 曹海敏，隋静. 社会责任问题的研究. 北京：北京交通大学出版社，2009.
47 郭捷主编. 劳动法与社会保障法. 北京：中国政法大学出版社，2012.

## 二、中文期刊

1 韩桂君，刘金. 和谐社会视野下对《就业促进法》之审视. 法学评论，2008（5）.
2 徐静. 我国大学生就业难的制度因素及治理对策分析. 中国青年研究，2013（9）.
3 张勇. 高校毕业生就业见习的法律规范及权益保障. 河南师范大学学报，2010（6）.
4 张姝. 论就业歧视的狭义界定——我国就业歧视法律规制的起点. 当代法学，2011（4）.
5 张国权. 大学生就业权益保护探析. 湖南警察学院学报，2012（2）.
6 肖海芹，李玉雄. 大学生就业问题的社会控制：就业政策述评与反思. 广西教育学院学报，2013（2）.
7 孙海英. 促进大学生就业的对策及建议. 吉林工商学院学报，2011（6）.
8 孙步凌. 我国高校招生就业体制的历史演变探析. 中国成人教

育，2010（1）.
9 崔玉隆，秦岭. 劳动合同法对大学生就业机制完善的促进. 市场论坛，2009（12）.
10 王全兴，侯玲玲. 我国制定“就业促进法”的若干问题初探. 中国劳动，2004（7）.
11 娄玉珍. 关于建立大学生就业援助制度的思考. 黑龙江教育，2010（2）.
12 柏青江. 论经济法的法律责任及实施机制. 吉林省经济管理干部学院学报，2009（4）.
13 梁昌丹，郭学军. 大学生就业权益保护问题及对策. 经济与法，2012（3）.
14 杨为宗. 大学生就业促进法律体系的构建. 昆明学院学报，2009（1）.
15 谢增毅. 美英两国就业歧视构成要件比较——兼论反就业歧视法发展趋势及我国立法选择. 中外法学，2008（4）.
16 李清霞. 试论就业促进法与大学生就业. 咸宁学院学报，2008（2）.
17 高继花. 浅谈高校就业职业指导工作. 出国与就业，2012（2）.
18 杨德敏. 论用人单位单方解雇制度. 甘肃政法学院学报，2008（6）.
19 李怀军，杨志银. 完善我国当前就业和社会保障工作的初浅思考. 云南财经大学学报，2010（2）.
20 许建宇. 试论促进就业中的政府责任. 中国劳动，2007（12）.
21 黎建飞. 就业促进法中的政府责任与法律原则. 中国发展观察，2007（3）.
22 张世伟，张旋. 政府促进就业的责任及其实现路径. 理论月刊，2008（5）.
23 彭宅文. 我国社会保险制度与促进就业. 中国劳动，2008（8）.
24 杨伟国，王飞. 大学生就业：国外促进政策及对中国的借鉴. 中国人口科学，2004（4）.
25 叶荔辉. 贫困大学生就业促进政策的国际经验及借鉴. 内蒙古师范大学学报，2009（3）.
26 刘業. 大学生就业社会保障体系的建立与完善. 继续教育研究，2010（12）.
27 张明锋. 加拿大的纠正歧视行动及其对我国的启示. 比较法研究，2006（7）.
28 韩薇薇. 新形势下大学生灵活就业面临的问题及对策研究. 新西部，2008（22）.
29 夏道明. 公共政策执行中的问题及其对策. 党政干部论坛，2007（10）.
30 王珉，江沙. 大学生就业社会保障体系：问题与对策. 出国与就业，2011（8）.
31 高桥，刘春阳，等. 高等教育大众化背景下大学生就业权益保护问题研究. 教育与职业，2007（15）.
32 喻跃龙，王栋梁. 金融危机下中美政府促进大学生就业政策比较研究. 创新与创业教育，2011（6）.
33 吴立保，张斌. 日本和美国大学生就业促进政策及其启示. 教育发展研究，2011（9）.
34 钱再见，高晓霞. 日本大学生就业政策环境的优化及其启示. 甘肃行政学院学报，2009（3）.
35 谢勇. 日本的大学生就业促进措施及其对中国的启示. 外国教育研究，2007（9）.

36 刘建安. 大学生就业促进策略的国际经验及启示. 湖北第二师范学院学报, 2012 (12).
37 杜丽华. 国外促进大学生到农村就业、创业的主要经验. 新农村, 2010 (8).
38 石松, 邵存林. 国外大学生就业供给促进政策对我国的启示. 中国青年研究, 2011 (7).
39 周怀梅. 对平等就业权的简析. 法制与社会, 2011 (1).
40 邹霞. 论国家干预视角下毕业生就业法律制度的重构. 黑龙江高教研究, 2010 (6).
41 狄成杰, 朱明. 我国大学生就业难的成因及对策建议. 经济纵横, 2006 (11).
42 杨为宗. 大学生就业促进法律体系建构探析. 昆明学院学报, 2009 (31).
43 高见. 我国《高等教育法》的检讨与反思. 求索, 2010 (9).
44 金喜在, 朱志强. 我国大学生就业的现状、问题及对策. 经济纵横, 2005 (1).
45 王宏军. 论市场失灵及其规制方法的类型. 经济问题探索, 2005 (5).
46 励立庆, 王志军. 大学生就业联动机制研究. 浙江工业大学学报, 2008 (2).
47 王海岳, 顾志祥. 系统论原则下的高职院校“开放式”实践教学体系构建. 职业技术教育, 2010 (7).
48 匡旭峰等. 应用性人才培养目标下的法学实践教学研究. 中国成人教育, 2008 (7).
49 兰刚. 新建地方本科院校实践性教学模式的构建. 中国高教研究, 2007 (8).
50 王洋. 就业指导课“对口不对味”. 中国大学生就业, 2008

(11).
51 姜琳琳. 谈高校就业指导工作. 太原城市职业技术学院学报, 2012 (6).
52 王泰鹏, 阎艳. “融入”式就业指导方法研究与实践. 人民论坛, 2010 (5) 中.
53 康敬华. 论高职教育校企合作的机制建设. 山西财政税务专科学校学报, 2010 (2).
54 姜群英, 雷世平. 职业教育校企合作立法的思考. 职教论坛, 2010 (34).
55 尹金金. 德、美、日职业教育校企合作制度比较研究——基于历史视角与特征的分析. 职业技术教育, 2011 (19).
56 韩兴房. 关于转变高校毕业生就业观念的思考. 山东省农业管理干部学院学报, 2009 (1).
57 刘志业. 教育过度与学校大学毕业生就业问题分析. 高等教育研究, 2003 (4).
58 徐智华. 劳动合同解除之法律适用——兼对劳动法第 25 条规定之评析. 中南财经大学学报, 2000 (5).

## 三、中文译著

1 [美] 道格拉斯·格林沃尔德著. 经济学百科全书. 李滔等译. 北京: 中国社会科学出版社, 1992.
2 [英] 约翰·梅纳德·凯恩斯著. 就业、利息和货币通论. 高鸿业译. 北京: 商务印书馆, 1999.
3 [英] 霍布豪斯著. 自由主义. 朱曾汶译. 北京: 商务印书馆, 1996.
4 [古希腊] 亚里士多德著. 政治学. 吴寿彭译. 北京: 商务印书馆, 1965.

5 ［德］W·杜茨著. 劳动法. 张国文译. 北京：法律出版社，2005.
6 ［日］马渡淳一郎著. 劳动力市场法的改革. 田思路译. 北京：清华大学出版社，2006.
7 ［美］罗尔斯著. 正义论. 何怀宏等译. 北京：中国社会科学出版社，1988.

## 四、学位论文

1 姜世健. 关于我国大学生就业难问题的研究. 天津：南开大学，2010.
2 周毅. 论劳动权及其法律保障. 长春：吉林大学，2008.
3 李迎果. 国家促进高等学校毕业生就业政策的理论和实践研究. 昆明：云南大学，2012.
4 李雄. 论平等就业权. 重庆：西南政法大学，2008.
5 王宁. 当前形势下我国高校毕业生就业问题研究. 南京：南京师范大学 2012.
6 邓蓓蓓. 我国反就业歧视法律制度研究. 重庆：西南政法大学，2008.
7 郑万敏. 高校在人才强国战略中的地位和使命. 重庆：西南大学，2011.
8 奉海英. 大学生就业政策及保障体系研究. 长沙：湖南师范大学，2009.
9 高翔. 促进大学毕业生就业政策研究. 青岛：中国海洋大学，2011.
10 戴勇. 基于就业公平的转型期高校贫困学生就业扶助政策研究. 南京：南京大学，2011.
11 吴珊. 大学生自主创业的政府扶持政策研究. 长沙：中南大

学，2012.
12 周玲. 大学毕业生基层就业导向研究. 合肥：安徽农业大学，2012.
13 滕长宏. 促进大学生就业法律问题研究. 重庆：西南大学，2010.
14 王亚欧. 大学生就业保障机制研究. 西安：西安科技大学，2012.
15 杨涛. 大学学生就业问题分析和法治路径选择. 石家庄：河北师范大学，2011.
16 安锦. 高校毕业生就业促进政策与促进机制研究. 武汉：武汉大学，2011.
17 舒宇彤. 我国大学生就业中的政府责任研究. 长春：东北师范大学，2008.
18 万龙. 政府促进大学生就业：切入点与配套政策. 成都：西南财经大学，2012.
19 王君丽. 促进大学生就业中的政府责任研究. 武汉：华中师范大学，2009.
20 杨二辉. 我国高等学校专业设置与调整机制研究. 金华：浙江师范大学，2006.
21 李国茜. 中美高校就业指导工作比较研究. 武汉：中南民族大学，2008.
22 单晨茜. 高校就业指导工作中存在的问题及对策研究. 太原：山西财经大学，2011.
23 邓文萍. 高职院校校企合作促进机制研究. 长沙：湖南师范大学，2011.

## 五、英文原著

1 Anders Sundstrand and Lois Stevenson. *Entrepreneurship Policy for the Future, Swedish Foundation for Small Business Research*. Irwin, 2003.

2 Pound. *On My Philosophy of Law*. New Haven Press, 1942.

3 James E. Post, William C. Frederick, Anne T. Lawrence, James Weber. *Business and Society*. China Machine Press, 1998.

4 J. Luis Guasch. *Labor Market Reform and Job Creation: the Unfinished Agenda in Latin America and Caribbean Countries*. 1999.

5 Tony Eardley. *From Safety Nets to Spring Bards: Social Assistance and Work Incentives in the OECD Countries*. Social Policy Review, 1996.

## 六、网络资源

1 劳动和社会保障法律网：http：//www. cnlsslaw. com.

2 社会法网：http：//www. cslnet. cn/.

3 北大法律信息网：http：//www. chinalawinfo. com.

4 中国就业网：http：//www. lm. gov. cn.

# 后　记

曾经作为“天之骄子”的大学生深受人们的称羡，然而到20世纪末，随着高校扩招，大学毕业生人数增多，大学生就业问题逐渐开始凸显出来，大学生就业难已成为一个不争的事实。大学生作为社会中素质较高的一个群体，是人力资源的优势群体，是人才强国的重要力量，他们的就业状况自然引起了政府和社会各界的高度关注。为解决就业难问题，国家也采取了一系列的大学生就业促进政策和措施，如大学生村官选聘、大学生志愿服务西部计划、鼓励高校毕业生自主创业等，对促进大学生就业起到了积极作用。

大学生就业既涉及政府、高校，又涉及用人单位和就业服务机构等多方主体，就业政策固然是促进大学生就业的重要手段，但政策原则性强、实施机制弱、保障力不足，难以形成促进就业长效机制，为建立稳定的、长效性的大学生就业促进机制，必须将大学生就业促进政策纳入法制化视野。加强大学生就业促进法律制度建设，是大学生就业促进制度的重要内容，有利于有效保护大学毕业生就业权益、强化政府促进大学生就业的责任、规制用人单位用人自主权、明确高校人才培养质量标准和就业指导方法、规范劳动就业服务机构行为，使大学生就业促进工作朝着规范化、制度化和法治化的方向发展。

可见，大学生就业法律机制的构建，有利于明确相关就业促进主体的权、责、义关系，有利于推动和保障就业政策的具体落实，提高大学生就业能力，促使大学毕业生顺利实现就业，保障大学生劳动就业权，促进高等教育发展，从而促进经济社会可持续发展。基于此，笔者申报的“大学生就业促进法律机制研究”项目有幸获得教育部人文社科规划项目立项，并获得资助，本书即是该项目的研究成果。

在项目的研究过程中，得到王全兴教授、黎建飞教授、郑尚元教授、林嘉教授、谢增毅研究员的鼓励和指导，在此，对他们一并致以诚挚的谢意！同时，在撰写过程中，也参考了学界已有的研究成果，对这些作者表示感谢！

感谢谢德城、何潇潇、余鹏峰、方娜、曾杨欢等研究生对本项目研究给予的无私协助。

大学生就业促进法律机制的构建作为一个专题来研究，在我国并不多见，其中的参考资料极少，加上本人才学疏浅，本书内容定有许多不足之处，敬请学界前辈、同仁、读者指正。

杨德敏

2013 年 10 月 26 日